中国经济学与管理学研究热点

（2016—2022）

中国人民大学书报资料中心
《经济学动态》编辑部
著

中国社会科学出版社

图书在版编目(CIP)数据

中国经济学与管理学研究热点:2016－2022/中国人民大学书报资料中心,《经济学动态》编辑部著. —北京:中国社会科学出版社,2023.8

ISBN 978－7－5227－1776－0

Ⅰ.①中… Ⅱ.①中…②经… Ⅲ.①中国经济—经济管理—研究报告—中国—2016－2022 Ⅳ.①F123

中国国家版本馆 CIP 数据核字(2023)第 066138 号

出 版 人 赵剑英
责任编辑 王 曦
责任校对 阎红蕾
责任印制 戴 宽

出 版 中国社会科学出版社
社 址 北京鼓楼西大街甲 158 号
邮 编 100720
网 址 http://www.csspw.cn
发 行 部 010－84083685
门 市 部 010－84029450
经 销 新华书店及其他书店

印刷装订 北京君升印刷有限公司
版 次 2023 年 8 月第 1 版
印 次 2023 年 8 月第 1 次印刷

开 本 710×1000 1/16
印 张 14.5
插 页 2
字 数 189 千字
定 价 79.00 元

前　言

党的十八大以来，中国特色社会主义进入新时代。改革开放和社会主义现代化建设深入推进，中国特色社会主义制度更加成熟定型，谱写了经济快速发展和社会长期稳定“两大奇迹”的崭新篇章。习近平总书记在党的二十大报告中系统总结了新时代十年的伟大变革，深刻指出：十年来，党中央团结带领全党全军全国各族人民，“采取一系列战略性举措，推进一系列变革性实践，实现一系列突破性进展，取得一系列标志性成果，经受住了来自政治、经济、意识形态、自然界等方面的风险挑战考验，党和国家事业取得历史性成就、发生历史性变革，推动我国迈上全面建设社会主义现代化国家新征程”。新时代十年的伟大变革来之不易，在党史、新中国史、改革开放史、社会主义发展史、中华民族发展史上具有里程碑意义。

社会大变革时代往往也是学术和思想大发展时代。深入扎根变革的时代，立足中国、放眼世界、面向未来，通过理论创新科学回答中国之问、世界之问、人民之问、时代之问，为新时代伟大实践提供理论支持，是大变局时代哲学社会科学研究者的初心和使命，也是不断推动学术研究创新发展的动力源泉。只有中国的理论才能解释中国的问题，指导中国的实践。2016 年 5 月 17 日，习近平总书记主持召开哲学社会科学工作座谈会并发表重要讲话，明确提出加快构建中国特色哲学社会科学学科体系、学术体系、话语体系的重大论断和战略任务。这一重要战略考量的提出，关系我国哲学社会科学的长远发展，更关系中国特色社会主义事业发展的全局。在这样的时代背景下，自 2016 年始，中国人民大学书报资料中心经济编辑部和《经济学动态》编辑部成立联合课题组，以聚焦学术研究热点、记录学术发展足迹为宗旨，秉持学术性、社会性、重要性、包容性以及关注度等原则，遵循清晰严格的遴选程序并采用科学严谨的评价方法，连续多年对我国经济学与管理学领域具有原创性、民族性、时代性、系统性、专业性的理论研究成果进行系统的梳理、总结与提炼，以期为构建中国特色、中国风格、中国气派的经济学与管理学理论体系提供扎实的思想基础和有力的理论支撑。

转眼间，“中国经济学与管理学研究热点”的研讨与发布工作已进行到第七年。可以说，这七年研究热点的梳理与总结既是对我国经济学与管理学领域学术研究发展轨迹的客观记录，也是对中国特色社会主义新时代重大关键节点的历史见证。值此全面贯彻落实党的二十大精神的开局之年，在迈向全面建设社会主义现代化新征程的更高历史起点上，本课题组将 2016—2022 年中国经济学与管理学领域研究热点汇集成册，一方面，是作为新时代中国特色社会主义经济发展理论和实践研究成果的阶段性总结；另一方面，也为新征程开端凝心聚力、开好局起好步提供更多来自理论层面的系统性政策启示与借鉴。

纵观 2016—2022 年的研究热点分析，清晰地勾勒出了近年来我国经济学与管理学领域的重大关键问题的研究发展轨迹，各年研究热点既呈现出时间维度上的延续性和阶段性特征，又凸显了内容维度上的系统性、综合性和交叉性趋势。这些热点反映了中国学术研究在学术分工细化的趋势中始终以重大现实问题为观照的基本规律，突出体现了以下一些研究特点：①响应国家号召，紧扣时代脉搏；②根植中国实践，讲好中国故事；③探寻学术机理，构建自主体系。新时代中国经济发展的伟大实践和世界经济的动荡变革为学术研究提供了生动而丰富的研究素材。通过在实践中发现理论、检验理论、发展理论，再用不断完善的理论指导实践、丰富实践、优化实践，中国经济学与管理学界持续回应着构建有中国特色、中国风格、中国气派的经济学与管理学理论体系的时代命题，推动了中国经济学与管理学研究的深入发展。

2022 年 4 月 25 日，习近平总书记在视察中国人民大学时就加快构建中国特色哲学社会科学再次做出重要论述："加快构建中国特色哲学社会科学，归根结底是建构中国自主的知识体系。"建构中国自主的知识体系是回答好中国之问、世界之问、人民之问、时代之问的需要，是构建中国特色哲学社会科学体系的需要，是让世界更好读懂中国的需要，是使中国特色哲学社会科学真正屹立于世界学术之林的需要。"路虽远，行则将至；事虽难，做则必成。"新时代的今天，中国经济学与管理学学术研究需要进一步强化主体意识，破除对西方思想体系的迷信，将马克思主义理论与中国具体实践相结合，把中国案例、中国文献、中国经验、中国智慧乃至中国方案作为学术研究的方向和重点，为加快彰显中国特色经济管理理论创新与建构中国自主的经济学与管理学知识体系做出应有的贡献。

目　　录

2016年中国经济学与管理学研究热点

2016年是我国“十三五”规划的开局之年和全面建成小康社会决胜阶段的首战之年。面对复杂的国内外经济社会形势，以习近平同志为核心的党中央总揽全局，带领全国人民适应并引领经济发展新常态，在经济下行压力的迷雾中稳中求进，推动我国经济呈现多向度积极变化。在这一大背景下，我国经济学与管理学界的研究者将各自关注的学术热点与经济、社会、政治热点相结合，开展了各领域的学术研究，取得了丰硕的成果。

中国人民大学书报资料中心（以下简称“书报资料中心”）经济编辑部牵头成立专门课题组，在全面梳理2016年经济学与管理学领域研究成果的基础上，综合运用定性与定量分析方法，广泛听取业内专家意见，提炼整理出九个研究热点，揭示了我国2016年经济学与管理学理论研究领域的重点关注问题与主要进展，并对未来研究走向做出了相应判断。

一　热点梳理过程与研究方法

课题组自2016年10月成立以来，启动了经济学与管理学学术热点推荐工作，以学科组的方式来提交备选学术热点。学科组共设有理论经济学、应用经济学和管理学三个学科组，每个学科组又由下属各刊执行编委、编辑和各领域相关学者等组成。学科组根据经济学与管理学学术领域全年文献，分析热点论文集中度，开展调研并初步提交学术热点条目。热点的遴选主要依照以下七个方面的要求。

1. 学术性。学术价值是热点选择的主要考虑因素，其中包含对热点研究问题的学术前瞻性、引领性、创新性，以及对学术发展、建设和推动作用等方面的考量。

2. 社会性。重视学术的应用性，探讨时代的重大理论和现实问题，强调学术与社会的相互作用，同时兼顾国家建设发展和高屋建瓴的理论研究层面。

3. 全面性。课题组对全年的经济学与管理学学科热点做全面梳理分析和系统研究，尽量做到不遗漏、不缺省。

4. 平衡性。尽量平衡课题组内部各学科、各领域的热点集中度，做到不只以关注度或文献量单一指标进行评价。

5. 综合性。关注跨学科、多学科综合研究，从多角度研究每个学术问题，全面反映学术问题各方面的情况。

6. 包容性。要求热点具有一定概括性，舍弃一些过于微观的问题，在适当的层面进行综合考量。

7. 关注度。对围绕热点展开的研究和发文数量进行定量分析。

依据以上七点要求，课题组在 2016 年 11—12 月开展了数轮内部讨论，圈定了热点备选范围，并于 12 月 10 日召开专家研讨会，之后再次进行内部研讨，最终选定九个热点问题。

课题组在对 2016 年全国经济学和管理学类刊物进行全面综合分析之后，提出了以下九大年度热点研究问题，分别是：①供给侧结构性改革，②中国特色社会主义政治经济学，③深化农村土地“三权分置”改革研究，④精准扶贫的理论源流、思想内涵及实践路径，⑤全面“营改增”税制改革研究，⑥全球价值链背景下的国际贸易研究，⑦人民币国际化，⑧产业政策、科技政策和竞争政策之辩，⑨更加公平、更可持续的社会保障制度研究。

二 2016 年中国经济学与管理学研究热点分析

热点一：供给侧结构性改革

2015 年 11 月 10 日，习近平总书记在中央财经工作领导小组会议上提出了“供给侧结构性改革”，指出“在适度扩大总需求的同时，着力加强供给侧结构性改革，着力提高供给体系质量和效率，增强经济持续增长动力”。2016 年 3 月，十二届全国人大四次会议通过了《中华人民共和国国民经济和社会发展第十三个五年规划纲要》，把“在适度扩大总需求的同时，着力推进供给侧结构性改革”作为“十三五”的发展主线。相关研究主要从以下两个方面展开。

一方面，对供给侧结构性改革这一研究主题的科学性进行论证，提炼出中国经济供给侧结构性问题的典型事实，对供给侧结构性改革的内涵、外延、理论逻辑、实践意义做了深入分析，构建了若干有代表性的分析框架。例如，蔡昉提出增长分析的供给侧视角，“从分析造成中国经济潜在增长率下降的若干因素入手，论证 2012 年以来的增长减速，不是需求侧冲击造成的，而是人口结构转变从而经济发展阶段变化的结果”。[①] 黄群慧把“供给侧结构性改革”拆解为“供给侧 + 结构性 + 改革”，并对应于“问题—原因—对策”的逻辑线路，从企业、产业和区

① 蔡昉：《认识中国经济减速的供给侧视角》，《经济学动态》2016 年第 4 期。

域三个层面来分析供给侧结构性改革问题，并给出了相应的政策建议。① 黄凯南从演化增长理论的视角探讨供给侧演化、需求侧演化及其共同演化，阐释深化制度改革是推动供给和需求有效协同演化的重要动力，也是影响经济持续增长的基础原因。②

另一方面，在对供给侧结构性改革的必然性达成共识的基础上，探讨了如何推进供给侧结构性改革的问题。"十三五"规划提出，"必须用改革的办法推进结构调整，加大重点领域关键环节市场化改革力度，调整各类扭曲的政策和制度安排，完善公平竞争、优胜劣汰的市场环境和机制，最大限度激发微观活力，优化要素配置，推动产业结构升级，扩大有效和中高端供给，增强供给结构适应性和灵活性，提高全要素生产率"；"必须以提高供给体系的质量和效率为目标，实施宏观政策要稳、产业政策要准、微观政策要活、改革政策要实、社会政策要托底的政策支柱，去产能、去库存、去杠杆、降成本、补短板，加快培育新的发展动能，改造提升传统比较优势，夯实实体经济根基，推动社会生产力水平整体改善"。这指出了推进供给侧结构性改革的"明确的理念""清晰的思路""具体的任务"。③ 学界和政策研究界在此基础上做了精深探讨：分析、明确了供给侧结构性改革的原则、要点、政策手段等问题，对体制改革与创新在供给侧结构性改革中的重要性做了深入研究；从宏观、中观、微观的视角对中央、各地区、各产业、各企业如何推进供给侧结构性改革做了初步分析，提出了有针对性的实施方案。例如，金碚认为"政府经济政策的运作，实际上就是要创造一种让企业既有动力也有能力进行结构调整和创新升级的经济环

---

① 黄群慧：《论中国工业的供给侧结构性改革》，《中国工业经济》2016 年第 9 期。

② 黄凯南：《供给侧和需求侧的共同演化：基于演化增长的视角》，《南方经济》2015 年第 12 期。

③ 方福前：《供给侧结构性改革需回答的两个问题》，《理论探索》2016 年第 3 期。

境”，宏观需求管理与供给侧改革并不是非此即彼的选择，而是两者搭配的“组合拳”，应以适当的需求调控为供给侧改革铺垫景气条件。[①] 陈小亮和陈彦斌分析认为，供给侧改革既不具备宏观调控手段所需的逆周期调节能力，也不满足宏观调控手段所要求的可测量性、可控性、对目标有着可预计影响这三条标准，故不应成为宏观调控的常规手段。未来中国仍应将总需求管理政策视为宏观调控的主要手段，并且通过加快货币政策从数量型向价格型转变和深化财税体制改革等举措提高总需求管理政策的有效性。[②] 范必提出，供给侧结构性改革不应抽象地坚持市场化方向，而是应当具体为体制亚型的市场化转型。首先，分析现有体制是属于计划体制还是双重体制的某种亚型；其次，明确改革目标是建立市场体制中的哪种亚型；最后，建立从计划体制亚型或市场体制亚型向市场体制亚型的改革路径。从而提出供给侧“链式改革”的思路。[③] 孔祥智提出农业领域的供给侧改革的主要内容，包括通过土地制度改革形成适应市场经济要求的、生机勃勃的新型农业经营主体；通过结构调整实现农业领域去产能、降成本、补短板；通过粮食价格体制和补贴制度改革去库存，形成具有国际竞争力的粮食产业。[④]

关于供给侧结构性改革的研究方兴未艾，随着供给侧结构性改革实践的推进，将有更多问题显现出来，能为相关研究提供更丰富的素材。中国经济学界将拿出更多具有独创性的研究成果，

---

① 金碚：《总需求调控与供给侧改革的理论逻辑和有效实施》，《经济管理》2016 年第 5 期。

② 陈小亮、陈彦斌：《供给侧结构性改革与总需求管理的关系探析》，《中国高校社会科学》2016 年第 3 期。

③ 范必：《供给侧改革应着重打破供给约束》，《宏观经济管理》2016 年第 6 期。

④ 孔祥智：《农业供给侧结构性改革的基本内涵与政策建议》，《改革》2016 年第 2 期。

这令人期待。

热点二：中国特色社会主义政治经济学

2014 年 7 月，习近平总书记提出，各级领导干部要“学好用好政治经济学”，之后又发表了一系列重要讲话，系统地阐述了坚持发展当代中国马克思主义政治经济学的一系列重大问题，提出了发展当代中国马克思主义政治经济学的目标、任务和重大原则。习近平总书记的系列重要讲话极大地鼓舞了中国政治经济学界对于中国特色社会主义政治经济学的研究，对马克思主义政治经济学的发展具有重大的推动作用，在中国特色马克思主义政治经济学的发展史上具有里程碑意义，也迎来了马克思主义政治经济学在中国发展的新时代。

之所以选择“中国特色社会主义政治经济学”作为热点问题，主要有以下几点数据支撑：首先，书报资料中心复印报刊资料《社会主义经济理论与实践》，作为全文转载关于中国经济问题文章的二次文献，自 2016 年第 3 期始至 2017 年第 2 期止（二次文献具有时间滞后性），共转载关于“中国特色社会主义政治经济学”的文章 30 多篇，这是历年来没有出现过的情况。其次，作为中国经济学界的顶级刊物《经济研究》在 2016 年的发文中，除第二期外的其他每期的第一篇都是关于“中国特色社会主义政治经济学”的文章。最后，从中国知网的数据来看，仅使用“中国特色社会主义政治经济学”作为篇名，搜索到的 2016 年的文章数量就有 278 篇，这一数据远远高于之前任何年份的数据。

2016 年，学者对中国特色社会主义政治经济学的研究取得了许多新的成果。例如，王立胜认为：在民族国家依然存在的背景下，政治经济学的国家主体性不可能消失，国家主体性是中国特色社会主义政治经济学不可或缺的基本属性，要在坚持国家利益第一的基本原则下，立足中国国情进行开放性研究。[①] 杨春学提出：①在中华文明中挖掘有关中国特色社会主义政治经济学的相关思想基因，将其理论化，并整合进中国特色社会主义政治经济学理论体系中；②市场经济的社会主义形态与资本主义形态之间的关键性差异在于国家与资本之间的关系；③在现有制度框架下，对公有制理论进行改造，并对“非公有制”提供更好的理论说明；④在中国式语境中，解释中国政府与市场的关系。[②] 逄锦聚认为：中国特色社会主义政治经济学具有民主性和世界性，要以我国改革发展的实践为基础，加强对改革开放和社会主义现代化建设实践经验的系统总结，提炼出有学理性的新理论，为中国和世界的发展贡献中国智慧。[③]

理论虽有新发展，但是基础理论薄弱、理论与实践脱节问题突出、学科基础弱化导致马克思主义政治经济学的指导地位弱化等问题亟待解决，加强和推动中国特色社会主义政治经济学建设，就是要切实解决马克思主义政治经济学被边缘化的问题，这是确立马克思主义政治经济学在中国的主流地位和主导作用的集中体现与重要保证。相信在不远的将来，中国学者将把改革开放 30 多年来的中国发展道路作为推动中国特色社会主义政治经济学创新发展的源泉，成功构建出一个自有而又逻辑自洽的中国特色社会主义政治经济学理论体系，指导中国经济健康发展。

热点三：深化农村土地“三权分置”改革研究

2016 年 4 月，习近平总书记在农村工作座谈会上强调，把农民土地承包经营权分为承包权和经营权，实现承包权和经营权分置并

---

① 王立胜：《论中国特色社会主义政治经济学的国家主体性》，《学习与探索》2016 年第 8 期。

② 杨春学：《社会主义政治经济学的“中国特色”问题》，《经济研究》2016 年第 8 期。

③ 逄锦聚：《中国特色社会主义政治经济学的民族性与世界性》，《经济研究》2016 年第 10 期。

行，这是农村改革又一次重大制度创新。2016 年底，中共中央办公厅、国务院办公厅发布《关于完善农村土地所有权承包权经营权分置办法的意见》。在“十三五”的开局之年，这一关系中国农村土地制度设计的重磅文件的推出，不仅说明了“三权分置”在农村土地改革中的重要性，也丰富了中国特色的“三农”理论，为实现城乡协调发展、全面建成小康社会提供了新的理论支撑和制度保证。

农村土地“三权分置”改革从 20 世纪 80 年代就开始探索，1990 年有学者提出了农村土地“三权分置”的观点，认为三权分置的基本点是坚持劳动农民共享的集体所有权，稳定农户承包权，提倡流转经营权。[①] 而“三权分置”真正成为农村土地制度的理论热点问题，是在党的十八届三中全会确定进行农村土地制度改革之后。随着新一轮农村土地制度改革的深化，农村土地产权制度，特别是关于“三权分置”改革的研究成了学界持续关注的热点问题。

自 2007 年起，有关农村土地“三权分置”研究的文章每年的发文量虽略有波动，但都在 5000 篇以上，2016 年为 7000 余篇，足以说明对此问题的研究一直是学界的重点，而且热度持续不退。

农村土地改革是复印报刊资料《农业经济研究》《体制改革》两刊长期关注的问题，对此均有常设栏目来刊文。《农业经济研究》2016 年全年转载农村土地问题相关文献 30 篇，是转载量最大的研究领域，其中涉及“三权分置”的有 11 篇，超过 1/3；“农村改革”是《体制改革》2016 年发文量最大的栏目，其中农村土地改革又是重中之重，在第 6 期专门以专题的形式来突出关注，全年共转载有关文章 38 篇，占该刊年转载量的 19.5%。

---

① 田则林、余义之、杨世友：《三权分离：农地代营——完善土地承包制、促进土地流转的新途径》，《中国农村经济》1990 年第 2 期。

2016 年，学界针对农村土地“三权分置”改革的讨论主要集中在以下几个方面：①“三权分置”产生的功能价值与效应。顾华详、肖卫东和梁春梅、韩长赋认为“三权分置”创新了农村土地产权制度，拓展了农村土地集体所有制的有效实现形式，丰富了双层经营体制的内涵，展现了我国农村基本经营制度的持久活力。[①] 杨成林和李越认为，我国农村的农地产权制度改革，遵循新古典经济学尤其是产权经济学的理论逻辑，并不适合我国国情。对集体公有的土地设置私有产权，再引入市场机制进行土地要素重新配置，忽视了土地的生产资料属性，造成土地承包经营制度向财产制度异化，在法理上与实践中都陷入了困境。[②] ②“三权分置”内涵的科学设定和正确诠释。争议的焦点是如何界定三种不同权利及“三权”之间的相互关系，特别是关于土地经营权的权利性质，形成了物权说和债权说两大对立观点。③“三权分置”政策体系和法律法规的构建。政策体系方面主要是健全土地流转管理制度，农地监管和风险防范机制等；法律法规方面主要是农村土地所有权、土地承包经营权和土地经营权各自的法律性质、功能、分离的制度设计，分置后的相关法律问题，如继承、抵押、信托等涉及的法律效力、具体实现形式以及农民权益保护等。④“三权分置”实践形式的探索。李宁等从现代农业发展背景下农地产权结构细分对“三权分置”构成的约束及其组织治理的角度进行分析，结论认为建立与发展农地股份合作社是值得探索的一个重要方向。[③] 楼建波从功能主

---

① 顾华详：《论农村集体土地使用权制度改革创新》，《中共南京市委党校学报》2016 年第 4 期；肖卫东、梁春梅：《农村土地“三权分置”的内涵、基本要义及权利关系》，《中国农村经济》2016 年第 11 期；韩长赋：《土地“三权分置”是中国农村改革的又一次重大创新》，《光明日报》2016 年 1 月 26 日。

② 杨成林、李越：《市场化改革与农地流转——一个批判性考察》，《改革与战略》2016 年第 11 期。

③ 李宁、陈利根、孙佑海：《现代农业发展背景下如何使农地“三权分置”更有效——基于产权结构细分的约束及其组织治理的研究》，《农业经济问题》2016 年第 7 期。

义的分析视角提出了集体土地所有权、承包权、承包经营权、经营权“四权分置”的新观点。① 郭熙保和苏桂榕在坚持集体所有制和家庭承包制基础上提出了集体成员动态化的新思路。② 罗玉辉等基于“改良集体行动”理论，提出在中国农村土地确权后，构建“农村土地流转服务中心”的设想。③

学界对由政府主导的“三权分置”改革一直存在分歧。作为农村土地产权制度的重大变革与创新，农村土地“三权分置”具有重要意义和影响，并将进一步推进我国农村土地制度改革的深化，同时对与农村土地制度相关的法律、法规、政策也产生连带推动作用。未来学界讨论的热点会集中在：①“三权分置”意见的出台给农民增收、农业发展、农村稳定带来的影响，对于经济社会发展的风险评估和防范。②农村土地制度变革顶层设计的理论创新和操作路径。③政策试点地区经验的总结和推广研究。

热点四：精准扶贫的理论源流、思想内涵及实践路径

2013 年 11 月，习近平总书记到湖南湘西考察时首次做出了“实事求是、因地制宜、分类指导、精准扶贫”的重要指示。2014 年 1 月，中共中央办公厅详细制定了精准扶贫工作模式的顶层设计，推动了“精准扶贫”思想落地。2015 年 10 月，在党的十八届五中全会后发布的《中共中央关于制定国民经济和社会发展第十三个五年规划的建议》中提出，“实施精准扶贫、精准脱贫成为共享发展理念的重要组成内容”。随后，精准扶贫成为社会关注的焦点问题，众多学科的研究者对此进行了深入探究。

---

① 楼建波：《农户承包经营的农地流转的三权分置——一个功能主义的分析路径》，《南开学报》（哲学社会科学版）2016 年第 4 期。

② 郭熙保、苏桂榕：《我国农地流转制度的演变、存在问题与改革的新思路》，《江西财经大学学报》2016 年第 1 期。

③ 罗玉辉、林龙飞、侯亚景：《集体所有制下中国农村土地流转模式的新设想》，《中国农村观察》2016 年第 4 期。

2016 年在公开出版的刊物上有关“精准扶贫”的论文有 1500 余篇，其中，书报资料中心转载了 11 篇。赵晓峰和邢成举、许汉泽和李小云、李文静等一批学者的相关研究①主要围绕以下方面展开：①生成精准扶贫思想的理论和现实基础。精准扶贫思想不是凭空而来的，其产生、发展一方面是在中国特色社会主义理论体系中进行的，另一方面是针对当前经济社会特征等现实状况提出的。首先，“共同富裕”根本原则是精准扶贫思想产生的理论源流；其次，“全面建成小康社会”宏伟目标是精准扶贫思想产生的现实需求。②建构精准扶贫思想的主要内容。习近平总书记关于精准扶贫的重要论述的主要内容可从以下三个方面进行阐述：首先，精准化理念是精准扶贫思想的核心要义。扶贫工作贵在看真贫、扶真贫、真扶贫，少搞一些“盆景”，多搞一些惠及广大贫困人口的实事。精准扶贫包括了精准识别、精准帮扶、精准管理和精准考核，其核心要义就是精准化理念，要求将精准化理念作为扶贫工作的基本理念，贯穿扶贫工作的全过程。其次，分批分类理念是精准扶贫思想的基础工具。即“通过扶持生产和就业发展一批，通过移民搬迁安置一批，通过低保政策兜底一批，通过医疗救助扶持一批”。最后，精神脱贫理念是精准扶贫思想的战略重点。习近平同志在就任中共中央总书记之后，走遍中国绝大多数贫困地区，提出“扶贫先扶志”“扶贫必扶智”“精准扶贫”等扶贫方略。树立脱贫信心，营造脱贫环境，帮助贫困群体充分认识到自身优势以及主观能动性的重要性，拿出敢想敢干的毅力和决心，在精

---

① 赵晓峰、邢成举：《农民合作社与精准扶贫协同发展机制构建：理论逻辑与实践路径》，《农业经济问题》2016 年第 4 期；许汉泽、李小云：《精准扶贫视角下扶贫项目的运作困境及其解释——以华北 W 县的竞争性项目为例》，《中国农业大学学报》（社会科学版）2016 年第 4 期；李文静、帅传敏、帅竞等：《基于资产指数的联合国 IFAD 农村扶贫项目精准脱贫效果评价》，《中国软科学》2016 年第 7 期。

神上与贫困绝缘，习近平总书记精神脱贫理念的重要体现就在于大力发展乡村教育。③精准扶贫思想的实践路径选择。其一，科学设计精准扶贫的工作流程。大致包括贫困户的精准识别、精准帮扶、动态管理和精准考核四个环节。最终形成在扶贫工作中的目标识别、贫困治理、动态管理、成效考核、成功脱贫、后续跟踪的一系列反应过程。其二，形成完整的精准扶贫政策体系。一是政策体系必须在全国范围内保持同级别的政策强度，保证各个贫困地区整体向脱贫目标和小康社会指标靠近，在 2020 年如期脱贫；二是因省、市、县、乡、村，甚至每一贫困户贫困的原因、程度、特点，脱贫的禀赋、资源、机遇以及返贫的可能性等都不尽相同，各地不能都依照完全相同的扶贫办法进行扶贫，应当允许和鼓励各级、各地扶贫单位因地制宜、因人定策，灵活开展个性化扶贫工作。

“十三五”规划提出，到 2020 年“我国现行标准下农村贫困人口实现脱贫”，这为新时期的农村扶贫工作提出了明确要求。总的来说，消除贫困、改善民生、实现共同富裕，是社会主义的本质要求；没有农村的小康，特别是没有贫困地区的小康，就没有全面建成小康社会。精准扶贫是推进共同富裕、全面建成小康社会、实现中华民族伟大“中国梦”的重要保障。可以预见，如何通过精准扶贫、精准脱贫体制机制的创新，构建农村贫困人口脱贫、致富的长效机制，打赢脱贫攻坚战，保障贫困人口共享经济发展成果的基本权利，已经成为党和政府高度重视的经济和社会问题，这也是 2017 年需要继续深化讨论的研究方向。

热点五：全面“营改增”税制改革研究

自 2016 年 5 月 1 日起，国务院决定将营业税改征增值税（以下简称“营改增”）试点在全国范围内全面推开，建筑业、金融业、房地产业、生活服务业等全部营业税纳税人纳入试点范围，由缴纳营业税改为缴纳增值税，这是自 1994 年分税制改革以来财税体制最大的一次税制改革。“营改增”的全面实施在我国税制改革中意义重大，应在整个经济社会发展层面和全面深化改革开放的大棋局中仔细地加以审视。然而，迄今为止，“营改增”还是一个在国内外既有的各类辞典中查阅不到的经济学词汇，它的形成和应用颇具中国特色。[①] 这也在一定程度上说明了这项改革在具体实施过程中将无经验可循，面临诸多困境，而这也恰恰给学界和实务界开展此项改革的研究提供了现实土壤。

2016 年，有关“营改增”的文章，复印报刊资料全文转载论文数量为 41 篇，索引文献量为 157 篇。学界和实务界探讨的主题集中在以下几个方面：①全面推开“营改增”的重大意义。如刘尚希认为，“营改增”作为牵一发而动全身的改革，其对改革的影响是整体性的，其产生的效应是牵引性的，也是辐射性的，可以有效推动国家治理结构的重塑。[②] ②改革的政策效果评估。首先，对企业、行业税负的影响及其应对措施的研究。此领域的研究多集中于实务领域，也有部分学者使用计量经济学方法，基于投入产出表对行业税负的影响效应进行测算。其次，对政府税收收入、消费者福利、专业化分工、进出口及经济增长影响的研究。学者采用量化研究的方法对“营改增”的政策效果进行了实证分析。如许梦博等通过构建可计算一般均衡（CGE）模型，从长期和短期角度分析了“营改增”对财政收入的影响。[③] 陈钊和王旸使用双重差分方法检验了“营改增”改革促进专业化分工的两种可能，对其是否真正促

---

① 高培勇：《“营改增”的功能定位与前行脉络》，《税务研究》2013 年第 7 期。

② 刘尚希：《刘尚希：结构性改革视角下的“营改增”》，《财经界》2016 年 6 月。

③ 许梦博、翁钰栋、李新光：《“营改增”的财政收入效应及未来改革建议——基于 CGE 模型的分析》，《税务研究》2016 年第 2 期。

进专业化分工提供了经验证据。[①] 王艺明等构建理论框架，探讨了“营改增”对进出口的影响机制。[②] 另外，还有学者探讨了“营改增”的价格效应及收入分配效应。[③] ③改革后续涉及的财政体制改革、地方税体系的重构。“营改增”改革的全面实施改变了中央和地方政府之间的财政收入分配关系，进一步深化分税制财政体制改革被提上议事日程，加快建立事权与支出责任相适应的制度已成为深化财税体制改革的必然。卢洪友等评估了“营改增”对地方财政的影响效应，分析了在“营改增”前后省、市、县三级财政收入分成和支出责任划分的变化趋势，其研究结果对全面开展“营改增”具有启发意义。[④] 余丽生认为，建立事权共担、财权共享、改革共推的体制机制，是深化分税制财政体制改革的有效实现形式。[⑤] 李晶等结合当前研究背景和环境发展，提出了优化或新征地方税的相关税种，简并和优化职能重叠的税种，培育地方税体系的主体税种，赋予地方政府适当的税政管理权限，重建地方税体系。[⑥]

预期后续的研究将呈现以下几大趋势：一是在依法治国背景下根据税收法定原则，我国必须加快增值税立法进程，如何进行增值税的立法将是重点。二是“营改增”后续涉及的财政体制改革、中央和地方的收入划分及地方税体系的建设等问题的研究也刻不容

---

① 陈钊、王旸：《“营改增”是否促进了分工：来自中国上市公司的证据》，《管理世界》2016 年第 3 期。

② 王艺明、刘志红、郑东：《“营改增”的进出口效应分解：理论与实证研究》，《经济学家》2016 年第 2 期。

③ 倪红福、龚六堂、王茜萌：《“营改增”的价格效应和收入分配效应》，《中国工业经济》2016 年第 12 期。

④ 卢洪友、王云霄、祁毓：《“营改增”的财政体制影响效应研究》，《经济社会体制比较》2016 年第 3 期。

⑤ 余丽生：《共担、共享、共推：营改增后分税制财政体制改革的深化》，《财政科学》2016 年第 4 期。

⑥ 李晶、赵余、张美美、魏永华：《营改增后中国地方税体系重构》，《宏观经济研究》2016 年第 4 期。

缓。三是在“营改增”全面推行过程中，我国税收征管体系将面临诸多挑战，如何理顺国税、地税在税收征管方面面临的问题也需要进行深入研究。四是自全面实施“营改增”以来，财税部门陆续发布了针对金融业的“营改增”补充政策，这也说明了金融业“营改增”的特殊性和复杂性。五是生活服务业与居民的生活密切相关，但对生活服务业的研究乏善可陈，因此，针对金融业、生活服务业方面的研究将会受到越来越多的关注。六是随着“营改增”试点的全面推开，数据采集、样本量选取、指标细化方面会更加完善，深入的量化分析研究成果将不断涌现。

热点六：全球价值链背景下的国际贸易研究

近年来，无论是国外还是国内，关于全球价值链的研究都是国际贸易领域重要的研究内容之一。从复印报刊资料《国际贸易研究》2016 年全年转载来看，全年共转载文章 112 篇，“全球价值链”相关文献被转载 18 篇，占年度全文转载比高达 16%；从年度索引量上来看，全年国际贸易领域索引为 2500 条，以“价值链”、“增加值”或“垂直专业化”直接命名的文献为 142 条，占年度索引总量的 5. 68%。

理论界对于“全球价值链”选题的关注主要基于以下几个理由：首先，改革开放以来，我国凭借加工贸易迅速发展成为世界第一大贸易国。但是，其中近 2/3 的贸易属于中间品贸易，而且这种普遍性的生产环节在不同国家的分解已成为新的国际贸易背景。其次，中国巨大的贸易额（特别是中外的贸易顺差）引发了其他国家的担忧。从全球价值链背景出发，客观地认清中国从对外贸易中获得的贸易利益是十分必要的。再次，全球价值链问题不仅是贸易问题，也是国际竞争格局问题。一国在价值链中的地位体现了一国在国际分工上的竞争力，处于价值链中低端的新兴经济体打破由发达国家主导的国际格局，向价值链中高端发展也是促使全球竞争格局发生变化的过程。最后，世界数据和统计方法为相关研究提供了客观基础。当前，我国正面临由贸易大国向贸易强国转型的机遇期，研究通过何种机制才能实现贸易的转型升级有着重要的理论指导意义。总之，从现实情况来看，任何一个国家对经济问题的考量都已经不能脱离“全球价值链”这一背景了。

从学术文章发表上来看，关于“全球价值链”领域的研究进展主要体现在以下几个方面：①关于贸易增加值的影响因素的探讨。随着贸易增加值核算方法的不断完善，越来越多的学者将目光转向探讨贸易增加值的影响因素。刘海云和毛海欧认为，无论是在规模效应还是结构效应下，对外直接投资（OFDI）都能提升制造业出口的增加值。[①] 郭晶和刘菲菲则认为，除 FDI 可提升贸易增加值外，服务要素的投入亦对贸易增加值的提升起推动作用。[②] ②部分文章关注贸易利益的测算。张幼文和周琢在要素流动的视角下提出，竞争力分析应以收益为前提，并且一国的竞争力与本国要素的收益相连。在此条件下，他们测算了收益—要素权属下的中国贸易竞争力，在剔除国外要素的影响后，中国仅在纺织业、纺织服装和皮革制造业上具有比较优势。[③] ③更多文献关注于“全球价值链”与“国际经济传导”。倪红福和夏杰长主要就国际垂直专业化在全球经济中的作用进行了讨论，重点分析其对外生需求冲击的放大作用。他们创新性地区分了全球价值链稳定运转与遭到破坏的不同情形，认为初始冲击对全球贸易的影响与垂直专业化的状态密切相关。当

① 刘海云、毛海欧：《制造业 OFDI 对出口增加值的影响》，《中国工业经济》2016 年第 7 期。

② 郭晶、刘菲菲：《中国出口国内增加值提升的影响因素研究》，《世界经济研究》2016 年第 6 期。

③ 张幼文、周琢：《中国贸易竞争力的真实结构——以要素收益原理进行的测算》，《学术月刊》2016 年第 2 期。

全球生产网络体系正常运转时，国际垂直专业化不但不会放大初始需求冲击对全球贸易的影响，反而会在一定程度上缓解全球贸易的下滑。[①] ④以全球价值链为背景从多角度切入选题。除传统的测算国际分工地位、测算贸易利益外，有学者提出，我国应从嵌入全球价值链到主导区域价值链，要以“一带一路”战略为契机确立我国在区域价值链中的主导地位。[②]

总而言之，2016 年在国际贸易研究领域中，“全球价值链”相关研究更加突出。展望未来，国际经贸关系依然复杂多变，我国面临的经济形势依然严峻，如何以《关于加强国际合作提高我国产业全球价值链地位的指导意见》为指导，推动提高我国产业全球价值链地位是接下来的重要研究方向。

热点七：人民币国际化

人民币国际化一直是近年来的学术研究热点，随着人民币国际化的推进，新的问题和现象不断出现，为进一步的研究提出了要求。2015 年 11 月 30 日，国际货币基金组织（IMF）决定将人民币纳入特别提款权（SDR）货币篮子，这被视为中国融入全球经济和人民币国际化的重要里程碑事件，再次引爆了学者研究人民币国际化的热情。

关于推进人民币国际化的意义、战略目标、实施路径、机遇与挑战以及策略选择的研究，已经成为金融领域研究的热点话题，学者从学术角度进行了深入研究，一大批研究成果在这一年涌现出来。2016 年在公开出版的刊物上，有关“人民币国际化”的论文有 1600 余篇，复印报刊资料转载了 27 篇，相关研究主要集中在以

---

① 倪红福、夏杰长：《垂直专业化与危机中的贸易下滑》，《世界经济》2016 年第 4 期。

② 魏龙、王磊：《从嵌入全球价值链到主导区域价值链——“一带一路”战略的经济可行性分析》，《国际贸易问题》2016 年第 5 期。

下几个方面：①理性认识人民币国际化的意义及目标。学者在肯定人民币国际化对降低我国放开资本项目的国际压力和推进中国金融开放的积极意义的同时，也理性地看到人民币国际化对中国不利的一面。潘英丽将人民币国际化的目标分为最低目标、最高目标和可兼顾的全球目标，并认为人民币国际化的直接目标应该是亚洲区域货币。[①] ②积极探索人民币国际化的路径及模式。人民币国际化的路径是指人民币演化为国际货币的可能渠道和路线。李巍认为，由于初期阶段对金融自由化和金融发展等要求较低，人民币国际化比较现实的路径是：走先区域化后国际化的道路，并提出跨境经济循环与跨境金融循环的双循环研究框架。[②] ③深入剖析人民币国际化与中国金融开放的关系。相关学者研究了人民币国际化和资本项目的关系及相关的周边条件，认为人民币国际化能走多远的国内条件和环境取决于中国金融开放尤其是人民币资本项目开放的进程。④人民币加入 SDR 货币篮子的意义及影响。有学者认为人民币纳入 SDR 货币篮子具有里程碑意义，这不仅是国际社会对中国改革开放成果的确认，也再次证明了中国经济大国的地位，加快了人民币国际化的进程，提升了国际市场对人民币的认可和接受程度。当然，这也意味着中国要承担更多的国际责任与义务，意味着国际市场会对人民币提出更多要求，中国金融市场将受到更大的冲击。总体而言，人民币纳入 SDR 篮子货币是一把“双刃剑”，短期内我们不要高估它的意义与影响，但必须做好充分的准备。⑤深度考量人民币国际化面临的挑战及对策。人民币国际化面临的主要挑战包括我国贸易竞争优势逐渐减弱、短期资本净流出以及美元进入周期性升值阶段并保

---

① 潘英丽：《人民币国际化重在内在修为》，《文汇报》2015 年 11 月 6 日。

② 李巍：《伙伴、制度与国际货币——人民币崛起的国际政治基础》，《中国社会科学》2016 年第 5 期。

持强势地位等。我们应构建新的贸易优势，为人民币长期稳定创造条件，大力发展人民币离岸市场，加快金融改革，建立市场化的现代金融体系，创造人民币国际化的金融基础条件。

国际货币基金组织将人民币纳入 SDR 货币篮子，而且其份额居第三位，仅次于美元、欧元，这一方面是人民币国际化的一个重要进展，另一方面也意味着人民币国际化进程会受到更多的外部关注，未来可能会有来自各方的压力。可以预见，在人民币“入篮”已成既定事实，人民币国际化已迈出实际步骤的背景下，如何合理确定人民币国际化的适当程度，如何完善人民币国际化相关金融基础设施，以及如何推进国内金融市场的改革和对外开放，将是今后进一步深入研究的方向。

热点八：产业政策、科技政策和竞争政策之辩

2016 年 8—11 月，我国知名经济学家林毅夫和张维迎围绕产业政策展开数轮隔空辩论，并于 2016 年 11 月 9 日在北京大学举办的“‘产业政策’思辨会”上进行面对面的交锋。林毅夫认为，经济发展需要产业政策才能成功，在经济发展过程中，“有为的政府”必不可缺。而张维迎主张废除任何形式的产业政策，认为政府不应给任何行业与企业特殊政策。这场世纪之辩不仅引起了学界的广泛关注，还引爆了一场关于产业政策的全民大讨论，民间甚至将此辩论喻为中国版的“凯恩斯与哈耶克之争”。实际上，围绕产业政策存在的必要性、效用评估以及工具选择等问题，一直以来都是中外经济学和管理学界以及政府决策部门的研究讨论热点。在不同的历史阶段中，政府往往通过调整产业政策模式与工具，推动产业发展和组织结构调整，不断释放经济活力，促进国民经济发展。过去三十多年来，政府在经济发展中的积极调控作用奠定了中国经济高速发展的基调。而当前，我国进入新一轮工业革命和经济新常态，目前施行的产业政策面临一些需要与之相适应的调整，是产业政策之争的时代背景，也是深化研究的前提。

2016年与产业政策相关的论文数量与前几年保持稳定，年度文献数达到1600余篇。复印报刊资料全文转载的论文数量为32篇。其中，探讨产业政策工具主体本身的有12篇。如刘涛雄等研究了新常态下我国产业政策转型的逻辑与对策，认为当前我国产业政策转型的核心是从传统产业政策迈向竞争与创新政策。[①] 侯利阳以欧盟20世纪80年代经济转型期的相关情况作为参照，研究了上海改革开放后的经济现实和所遇到的问题，认为上海已经具备实施竞争政策的条件，并提出了相应的对接方案。[②] 特定产业中产业政策研究的文章有13篇，包括：喻炜和王凤生对大数据产业政策的研究，[③] 曹华林和谭建伟对页岩气产业政策的研究，等等。[④] 研究产业结构与产业政策的有7篇，如平新乔对产业结构调整过程中的市场与政府之间关系展开的研究。[⑤] 在研究特定产业的产业政策文章中，研究传统产业政策的有4篇，研究新兴产业与文化创意产业的有9篇。从相关文献的内容分布来看，直接将产业政策、科技政策和竞争政策是否必要和是否有效作为核心论点的理论探讨文章和实证研究文章都还不多。相关文献内容主要集中在对新兴产业扶持政策的梳理、产业政策工具的应用、产业结构与经济增长关系的理论探讨等方面。

---

① 刘涛雄、罗贞礼：《从传统产业政策迈向竞争与创新政策——新常态下中国产业政策转型的逻辑与对策》，《理论学刊》2016年第2期。

② 侯利阳：《产业政策何以向竞争政策转变：欧盟的经验与上海的现实》，《上海交通大学学报》（哲学社会科学版）2016年第1期。

③ 喻炜、王凤生：《我国大数据产业政策研究——基于网络外部性与异质信息产品视角》，《当代经济科学》2016年第3期。

④ 曹华林、谭建伟：《页岩气产业政策比较及其引申》，《改革》2016年第5期。

⑤ 平新乔：《产业结构调整过程中的市场与政府之间关系》，《经济与管理研究》2016年第5期。

通过对“产业政策之争”引发的广泛探讨，学界表达出了对产业政策边界的确定、产业政策制定程序的科学合理性、产业政策执行效果的评估、产业政策中市场与政府关系等问题的认真思索，这一思索将会随着时间的推移越来越深入。一是预计相关文献数量将在未来两年内快速增长。基于对文献涌现滞后于热点的判断，以 2016 年下半年林毅夫和张维迎的“产业政策之争”为引子，2017 年学界或将涌现出一批高质量的，用“产业政策、科技政策和竞争政策是否必要以及是否有效”的理论探讨文章，以及围绕某些要素进行实证研究的文章。二是预计 2017 年将有可能在这一研究方向上出现一些新的研究热点。例如，对以国有企业为主体的创新政策和创新绩效的实证研究，对不断涌现的新型创新载体与双创政策的实证研究等，可能在未来两年中迎来研究热潮。

热点九：更加公平、更可持续的社会保障制度研究

公平是社会保障制度的灵魂，可持续是社会保障制度的生命线。2013 年 11 月，党的十八届三中全会通过的《中共中央关于全面深化改革若干重大问题的决定》明确提出“建立更加公平可持续的社会保障制度”。2015 年 10 月，党的十八届五中全会通过的《中共中央关于制定国民经济和社会发展第十三个五年规划的建议》重申，要“建立更加公平更可持续的社会保障制度”。“更加公平更可持续”的提法标志着中国社会保障经过 30 年的初级发展后进入了新的高级发展阶段。虽然社会保障制度的公平和可持续问题一直都是学界研究的重点，但伴随着经济新常态、政治新生态、社会新格局的大转型，2016 年更加公平、更可持续的社会保障制度建设问题成为研究热点。

2016 年，社会保障相关内容的论文数量与前几年保持稳定，年度文献数达到 5000 余篇，复印报刊资料全文转载的论文数量为 77

篇。在这些被转载的社会保障相关论文中，探讨国内外社会保障的文章有11篇，研究养老保障的文章有41篇，研究医疗保障的文章有14篇，研究社会救助的文章有22篇。在研究养老保障的文章中，研究城镇职工基本养老保险制度的文章有11篇；在研究医疗保障的文章中，研究城乡居民基本医疗保险制度的文章有5篇。

归纳来看，2016年度内的研究成果可划分为以下三类：①公平及可持续内涵的研究。社会保障领域对公平和可持续的界定一直是模糊的，受经济学、社会学和政治学的多学科影响，什么是社会保障领域应有的公平观和可持续观至今都没有定论，故此问题一直是研究的重点和热点。潘锦棠和张燕认为社会保障比较注重收入平等，同时也注重分配公平，社会保障领域的公平既有一般原则，也有适用于各子项目的特殊原则；[①] 李珍和黄万丁基于对养老金制度的分析，将可持续的内涵概括为“可负担、待遇充足和财务可持续”三个维度。[②] ②具体的社会保障子项目特别是养老保障和医疗保障的公平和可持续问题。对养老保障的研究聚焦于城镇职工基本养老保险制度，对医疗保障的研究聚焦于城镇职工和城乡居民基本医疗保险制度。具体的落脚点有公平性及可持续性的评估、预测和改革建议等，预测主要涉及的是制度的中长期的财务可持续性问题。代表性文章有何文炯和杨一心基于统筹层次关于城镇职工基本养老保险公平和可持续的研究；[③] 王晓军和姜增明关于城镇职工基本养老保险制度长期财务可持续性的预测。[④] ③社会保障公平和可

① 潘锦棠、张燕：《社会保障中的平等公平效率》，《国家行政学院学报》2015年第6期。

② 李珍、黄万丁：《加强城镇职工基本养老保险可持续性的思考》，《中国劳动保障发展报告（2016）》，社会科学文献出版社2016年版。

③ 何文炯、杨一心：《职工基本养老保险：要全国统筹更要制度改革》，《学海》2016年第2期。

④ 王晓军、姜增明：《长寿风险对城镇职工养老保险的冲击效应研究》，《统计研究》2016年第5期。

持续与其他社会治理机制的关联研究，突出表现在社会保险与宏观经济政策的关联、社会救助与社会治理目标的关联。重要的论述有王延中等基于社会保险制度对社会保障收入再分配效应的研究。[①]

本报告由中国人民大学书报资料中心经济编辑部组织完成。课题组组长：李军林；课题组成员（按姓氏拼音排序）：黄万丁、靳毓、刘然、王蕾、万千、万晓琼、许晖、张皓、张妮、周学英。

（原载《经济学动态》2017 年第 3 期）

① 王延中、龙玉其、江翠萍、徐强：《中国社会保障收入再分配效应研究——以社会保险为例》，《经济研究》2016 年第 2 期。

2017年中国经济学与管理学研究热点

新中国改革开放已经进入第四十个年头，以改革发展这一宏大主题为历史背景，我国经济学与管理学界的学术研究活动极为活跃，取得了丰硕的研究成果，充分体现出学术理论对中国特色社会主义经济发展中的重要现象与重大事件的聚焦、抽象与提炼。中国人民大学书报资料中心经济编辑部连续多年牵头成立课题组，对我国经济学与管理学领域的年度学术研究进展进行梳理，聚焦学术研究热点，记录学术发展足迹。回顾2017年，我国经济整体保持稳定快速增长，对未来经济社会产生长远影响、引发学界热烈探讨的重大事件和热点问题很多。党的十九大召开，指出“中国特色社会主义进入新时代”，并明确我国社会主要矛盾已经转化，为未来经济社会的全面发展指明方向；中国制造成果丰硕，创新动能强劲，共享经济兴起并保持高速增长势头；国务院金融稳定发展委员会设立，致力于防范风险、强化监管、深化改革；第三个国家级新区——雄安新区诞生，将承载疏解非首都功能和培育区域增长新引擎的核心任务；农村土地改革、国企混改、楼市调控等也都在稳步推进。

一　热点梳理过程与研究方法

2017年10月，课题组启动了对2017年度中国经济学与管理学领域学术研究成果的总结梳理工作。课题组对所遴选“学术热点”

的要求界定为：一是本年内相对集中探讨的前沿性学术问题，二是对未来学术研究具有一定导向性与前瞻性的学术问题，三是具有较高公众关注度的学术问题。它们直接决定了对于最终所选学术热点在定性与定量方面的筛选要求。

课题组对 2017 年中国经济学与管理学研究热点的评价遵循清晰严格的程序，包括年中热点预判、条目推荐征集、课题组文献调研、撰写备选条目、征询学界意见、内部研讨、专家研讨、学者评议、投票评议、正式发布等环节。课题组将本课题划分为理论经济学、应用经济学和管理学三个学科文献调研组，每组包含学术编辑 3—5 人，咨询专家 10—20 人。专家队伍来自中国社会科学院、北京大学、复旦大学、南京大学、南开大学、山东大学、上海社会科学院及中国人民大学等国内知名学术机构及高校。

2017 年 10 月上旬至 11 月中旬，三个学科文献调研组分别进行文献初步梳理与调研，开展初选征集与研讨。学科组各自全面收集所对应的一级和二级学科热点提名。各学科文献调研组根据热点选题的集中度情况推荐初选条目，分别提名产生了 8 个、22 个与 20 个初选热点条目，并针对每个初选热点撰写入选理由和研究态势，整理重要文献列表，盘点全年相关重要学术会议。

2017 年 11 月下旬至 12 月中旬，课题组结合初选热点条目的细分学科方向，在全国范围内聘请评议专家，对三个学科文献调研组共 50 个初选热点条目进行研讨和筛选。研讨会上，专家代表就初选热点条目进行了深入研讨、开放点评与投票评议，最终确定 2017 年度中国经济学与管理学的研究热点。

专家研讨与学者评议主要按照以下七大原则进行。

1. 学术性。学术价值是热点选择的主要考虑因素，包括对热点研究问题的学术前瞻性、引领性、创新性，以及对学术发展、建设和推动作用等方面的考量。

2. 社会性。重视学术的应用性，探讨时代的重大理论和现实问题，强调学术与社会的相互作用。

3. 全面性。对全年的经济学与管理学学科热点做全面梳理分析和系统研究，尽量做到不遗漏、不缺省。

4. 平衡性。尽量平衡课题组内部各学科、各领域的热点集中度，做到不只以关注度或文献量单一指标进行评价。

5. 综合性。关注跨学科、多学科综合研究，从多角度研究每个学术问题，全面反映学术问题各方面的情况。

6. 包容性。选取概括性较强的热点，尽量规避过于微观具体、宏观空洞的选题，在合适的层面进行综合考量。

7. 关注度。对围绕热点展开的研究和发文数量进行定量分析。

课题组在解决“选择哪些热点条目”的过程中，综合运用了定性与定量研究方法。三个学科文献调研组均以定量分析作为基础，结合学术编辑的个体经验判断与领域专家集体评判意见，进行最终归纳总结。在初选热点提名阶段，首先，各调研组的学术编辑对所负责的一级或二级学科领域，在“中国人民大学复印报刊资料数据库”的“全文数据库”及“索引数据库”中对2017年所有文献进行了全面整理。其次，通过文献计量分析，对关键词、研究作者与研究机构进行共词分析与文献聚类分析，提炼出初选热点条目。对于一些有异议的初选热点条目，学术编辑还应用Citespace等文献计量软件以“中国知网数据库”（CNKI数据库）为对象，针对初选热点条目进行了交叉比对，再次确认初选热点条目的合理性。热点的定量分析数据量庞大，分析过程耗时较多，限于篇幅，展开评述时略去。

最终呈现的分析文章，将“热点条目是哪些”和“热点条目具体研究内容是什么”两个问题作为重点，以定性归纳描述和总结方法为主。

二　中国经济学与管理学研究热点分析

课题组在对 2017 年国内经济学和管理学类文献进行全面综合评价分析之后，提出以下十大年度热点研究问题，分别为：①中国特色社会主义政治经济学理论体系构建，②共享理念发展与共享经济模式研究，③供给侧结构性改革的深化研究，④创新驱动发展战略与现代产业体系，⑤雄安新区与京津冀协同发展，⑥“一带一路”倡议下的国际合作探讨，⑦防范金融风险与服务实体经济，⑧决胜全面建成小康社会战略下的精准扶贫研究，⑨完善社会保障制度以推进国家治理现代化，⑩企业微观治理机制与自主创新战略。

热点一：中国特色社会主义政治经济学理论体系构建

2016 年 7 月 8 日，习近平总书记指出：“坚持和发展中国特色社会主义政治经济学，要以马克思主义政治经济学为指导，总结和提炼我国改革开放和社会主义现代化建设的伟大实践经验，同时借鉴西方经济学的有益成分。中国特色社会主义政治经济学只能在实践中丰富和发展，又要经受实践的检验，进而指导实践。要加强研究和探索，加强对规律性认识的总结，不断完善中国特色社会主义政治经济学理论体系，推进充分体现中国特色、中国风格、中国气派的经济学科建设。”① 中国特色社会主义政治经济学作为马克思政治经济学基本理论与中国特色社会主义经济建设实践相结合的理论成果、作为当代马克思主义政治经济学的集中体现、作为指导中国特色社会主义经济建设的理论基础，在习近平总书记系列重要讲话的鼓舞下受到了中国经济学界乃至整个哲学社会科学理论界的高度重视和热烈讨论。

① 《习近平关于社会主义经济建设论述摘编》，中央文献出版社 2017 年版，第 331 页。

2016年关于中国特色社会主义政治经济学的研究论文有305篇，到2017年，对这一主题的研究论文增至379篇（来源于CNKI数据库）。复印报刊资料2017年度转载这一主题的文章有39篇，研究内容涉及中国特色社会主义政治经济学的研究对象、逻辑起点、根本方法、理论属性、指导原则、历史定位、理论来源、实践基础、科学内涵、理论创新方向、体系构建的历史演进，以及与《资本论》的关系、与西方经济学的关系等。

围绕中国特色社会主义政治经济学这一主题，2017年有代表性的研究新进展主要体现在以下几个方面。

第一，分析了《资本论》与中国特色社会主义政治经济学的关系。胡钧指出，《资本论》体系给我们建立中国特色社会主义政治经济学提供了一个样板。[①] 洪银兴指出，《资本论》为中国特色社会主义政治经济学理论体系和话语体系的构建提供了重要的理论指导。[②] 邱海平认为，要使中国特色社会主义政治经济学理论体系更好地体现出对《资本论》的理论、方法与逻辑的继承与发展。[③]

第二，探讨了中国特色社会主义政治经济学体系的构建。顾海良认为，"经济学说"的"系统化"不仅是指政治经济学理论本身的"系统化"，即系统化的中国特色社会主义政治经济学理论体系；还包括政治经济学在内的更为广泛的"经济学说"的"系统化"，即政治经济学理论和经济史、经济思想史这"一论二史"的"经济学说"的"系统化"。对于中国特色"系统化的经济学说"来说，

① 胡钧：《论构建中国特色社会主义政治经济学的主线》，《政治经济学评论》2017年第3期。

② 洪银兴：《中国特色社会主义政治经济学范畴与〈资本论〉原理的内在联系——以创新发展理念的理论溯源为例》，《当代经济研究》2017年第12期。

③ 邱海平：《中国特色社会主义政治经济学的理论属性》，《中国社会科学院研究生院学报》2017年第5期。

“一论二史”包括中国特色社会主义政治经济学理论、中华人民共和国经济史、中国共产党经济思想史或中国社会主义经济思想史。[①]

第三，阐述了中国特色社会主义政治经济学的逻辑起点问题。北京市中国特色社会主义理论体系研究中心课题组认为，“人民主体论”构成了中国特色政治经济学体系的逻辑起点。[②] 颜鹏飞认为，应该以大量存在于社会主义初级阶段中，现实的社会主义公有制市场经济形态条件下的“变形的商品”作为中国特色社会主义政治经济学体系的逻辑起点或元范畴。[③]

第四，在与西方经济学的关系上，学者普遍认为必须坚持马克思主义经济学的指导地位，秉持开放包容的态度，积极借鉴西方经济学的有益成分，要从中国改革开放和社会主义现代化建设的伟大实践出发，切实提炼出体现中国立场、中国智慧和中国价值的中国特色社会主义政治经济学“新范畴”和“新理论”。

党的十九大报告指出，中国特色社会主义进入了新时代，我国社会主要矛盾已经转化为人民日益增长的美好生活需要和不平衡不充分的发展之间的矛盾，坚持以人民为中心的发展思想，贯彻新发展理念，建设现代化经济体系。这对新时代中国特色社会主义政治经济学研究提出了新使命和新任务，学界必将在此背景下，不断推进理论创新，实现一系列重大理论突破。

热点二：共享理念发展与共享经济模式研究

党的十九大报告将“共享”作为必须坚定不移予以贯彻的重要发展理念之一。共享发展理念深刻阐释了“为了谁发展、依靠谁发

---

① 顾海良：《“一论二史”：中国特色“系统化的经济学说”的学理依循》，《光明日报》2017 年 7 月 11 日。

② 北京市中国特色社会主义理论体系研究中心课题组：《人民主体论：中国特色社会主义政治经济学的逻辑起点》，《中国特色社会主义研究》2017 年第 1 期。

③ 颜鹏飞：《马克思关于政治经济学体系构建方法再研究——兼论中国特色社会主义政治经济学体系逻辑起点》，《福建师范大学学报》（哲学社会科学版）2017 年第 2 期。

展和发展成果如何分配”等问题。强调要消除人民参与经济发展、分享经济发展成果的障碍，实现全体社会成员平等参与、成果共享，而共享经济的本质是人民共享社会资源“使用权”，在社会经济活动中实现广大人民对社会资源利用的“低门槛”和“高效率”，它与共享发展理念有着紧密内在的理论契合，也是共享发展理念在经济管理领域的实践与运用。2017 年，滴滴和 Uber 的烧钱大战与合并案例给全社会上了一堂生动鲜活的共享经济知识普及课。在政策大力引导和经济现实火热发展的双重形势下，经济管理学术圈也兴起了研究共享经济的开放、平等、协作、共享、去中心化等核心精神和核心理念的热潮。

2015—2017 年与共享经济研究相关的文献数量有显著的增长，“共享理念”领域的论文数分别为 25532 篇、31935 篇和 33943 篇，“共享经济”领域的论文数分别为 1045 篇、1761 篇和 3313 篇（来源于 CNKI 数据库）。2017 年复印报刊资料全文转载的涉及共享理念和共享经济的论文数量为 45 篇。其中，共享思想和理念相关研究的文章有 17 篇，共享经济及其应用模式研究的文章有 28 篇，转载涉及的复印报刊资料刊物共计 21 种。由此可见，基于共享理念推动下的共享经济模式相关学术研究不但热度逐年提高，而且广泛涵盖不同学科和不同学术领域。

就 2017 年整体研究框架而言，学术界围绕共享经济的研究主要集中在以下几个方面。

第一，基于共享发展理念下的共享经济实质研究，包括对共享企业架构及内部组织的探讨。王丹和熊晓琳阐释了共享发展理念与中国特色社会主义市场经济发展理论和实践的内在关联，针对共享经济模式中“分享”和“使用”这两大主题概念进行了多元化的解读；①

① 王丹、熊晓琳：《论共享发展的实现理路》，《马克思主义研究》2017 年第 3 期。

方杲和李争研究了共享经济中协同消费、使用方式、可达性、所有权、互联网推动、资源管理等问题，提出了研究共享思想与其他社会管理科学要素的交互关系，如文化、伦理等。①

第二，对共享经济的生态性、开放性、共赢性、普惠性四大特征深入挖掘，探讨共享经济模式及其影响。金灿灿等提出，共享经济打破了劳动者对商业组织的依附，给企业的组织管理和用工模式带来了巨大冲击，对平台组织的阿米巴模式、海尔的“人单合一”模式进行了分析。②

第三，对共享经济模式创新中的发展障碍进行剖析，探讨制约共享经济发展变革的内在因素；针对共享经济发展现状，对就业、产业结构、生产效率、能源资源使用方式、生产生活方式、共享新经济体的监督管理等方面进行前瞻性的探索。苏伟、刘洋等学者对共享经济的可持续发展从不同方面进行了研究。③ 古银华等围绕网约车司机管理展开法理讨论，认为共享经济企业带着互联网的种种先锋性成为一种全新的用工模式。这种新业态和新的用工模式在增加劳动力市场灵活性和竞争性的同时，也直接对劳动力市场的安全性和稳定性提出了巨大的挑战。④

对共享经济的研究和实践有力地促进了社会生产力的提升和社会发展的公平性，将“解放发展生产力，创建中国特色新型社会主义生产关系和产权结构，改革创新经济体制机制，建设以人为本的经济发展模式”等发展内涵融入中国特色社会主义政治经

---

① 方杲、李争：《共享发展理念内涵的四个维度》，《长白学刊》2017 年第 2 期。

② 金灿灿、王竹泉、王海龙：《财务共享模式下企业营运资金管理绩效研究——基于海尔集团 2007—2014 年的纵向案例》，《财会通讯》2017 年第 2 期。

③ 苏伟：《实现共享发展应该“再认识”的两个重要问题》，《求索》2017 年第 2 期；刘洋：《超越“群享”与“私享”：马克思的共享思想及其当代价值》，《教学与研究》2017 年第 7 期。

④ 古银华、王迪、李平：《共享型人力资源管理模式探索——基于网约车平台的扎根研究》，《中国人力资源开发》2017 年第 8 期。

济学体系，创新发展了中国特色社会主义经济建设理论。因此，针对共享发展理念推动下的共享经济模式的相关研究将持续保持热度。

热点三：供给侧结构性改革的深化研究

供给侧结构性改革命题是党和政府站在高质量发展阶段的历史起点上，综合研判世界经济形势和我国经济现状，提出的针对我国经济发展问题的施政方略。党的十九大报告提出了以供给侧结构性改革为主线的一系列方针政策。

2015 年 11 月，习近平总书记首次提出"供给侧结构性改革"；2016 年是供给侧结构性改革的开局之年，该领域的研究论文达 5800 余篇。2017 年，供给侧结构性改革研究继续深化，研究进一步升温，相关论文达 7700 篇之多（来源于 CNKI 数据库）。复印报刊资料 2017 年度转载供给侧结构性改革为主题的相关文章有 64 篇，研究主题涉及供给侧结构性改革的理论依据、现实根源、核心问题、制度环境、政策建议，以及工业、农业、物流业、金融业、文化产业等国民经济各行业，国有企业等宏观、中观、微观层面的问题。

具体来说，2017 年度对供给侧结构性改革命题的学术研究主要从以下几个方面展开。

第一，学界普遍认可供给侧结构性改革的必要性，在此基础之上，延续上年度的主题，对供给侧结构性改革命题做出了不同视角的解读和分析。萧琛对供给侧结构性改革的理论依据、现实根源、症结难度、风险掌控、目标校准与发力权衡等一系列问题做了系统深入的探讨。[①] 许经勇分析了供给侧结构性改革的一个核心问题，即如何理顺政府与市场的关系，建议校正因政府对市场的过度干预

① 萧琛：《供给侧结构性改革的风险掌控、目标校准与力度权衡》，《北京大学学报》（哲学社会科学版）2017 年第 2 期。

而引起的资源配置低效率。[①]

第二，供给侧结构性改革作为中国特色的经济实践，激发了学界的理论探索，产生了一些创新的理论成果。金碚基于马克思经济学的价值论范式，区分了提供效用的实质供给、提供有用产品的实际供给、提供以使用价值为前提而以货币单位计量的交换价值的名义供给，以及以信用货币标示的无使用价值之物的虚拟供给，构建了一个马克思主义政治经济学的供给侧理论分析框架。[②] 李俊江和孟勐提出，供给侧结构性改革的重心是以推进全要素生产率来寻求新的增长动力，在经济增长理论框架下分析了供给侧结构性改革的理论逻辑。[③] 方福前通过对经济学说史的梳理，提出供给侧结构性改革的理论源头是历来重视供给的英法古典经济学。[④]

第三，党的十九大报告提出了供给侧结构性改革的政策框架，学界围绕这个框架及各项具体政策展开了深入探讨。金碚研究了政府供给侧政策的基本理论思路，分析了政府与市场的边界问题，提出产业政策的有效性以各种条件为转移。[⑤] 王方等提出去杠杆与稳增长、去库存、去产能的政策目标在当前的经济背景中存在矛盾之处，建议率先实施去产能，待企业基本指标恢复健康后再进行去杠杆。[⑥]

第四，2016 年、2017 年中央一号文件都对农业供给侧结构性改革做了部署。学界对此反应热烈，对农业供给侧结构性改革的实

---

① 许经勇：《从赶超型发展战略视野反思供给侧结构性改革》，《东南学术》2017 年第 1 期。

② 金碚：《基于价值论与供求论范式的供给侧结构性改革研析》，《中国工业经济》2017 年第 4 期。

③ 李俊江、孟勐：《论后发追赶进程中的供给侧增长动力转换》，《求是学刊》2017 年第 3 期。

④ 方福前：《寻找供给侧结构性改革的理论源头》，《中国社会科学》2017 年第 7 期。

⑤ 金碚：《供给侧政策功能研究——从产业政策看政府如何有效发挥作用》，《经济管理》2017 年第 7 期。

⑥ 王方、张明明、陶启智：《去杠杆与其他供给侧结构性改革目标协调机制研究》，《经济体制改革》2017 年第 5 期。

质、现实背景、面对的问题、改革的方向和路径等都有深入分析。姜长云和杜志雄论证了推进农业供给侧结构性改革的重要性和紧迫性。[①] 罗必良分析了农业供给侧改革的关键、难点与方向，提出农业供给侧改革的关键在于补短板，而“补短板”的基本策略是诱导土地规模经营与服务规模经营，并改善农业的分工经济。[②]

第五，学界对供给侧结构性改革的其他方面也展开了深入的研究。丁俊发提出流通业已经成为中国国民经济的基础性和先导性产业，物流业是支撑国民经济发展的基础性、战略性产业；在深化供给侧结构性改革中，应充分发挥流通业的先导性和物流业的战略性作用。[③] 李向民提出了文化产业供给侧改革中的三个深层次问题——结构性问题、体制性问题、周期性问题。[④]

供给侧结构性改革是我国当前和未来经济工作的主线。供给侧结构性改革的政策实践给经济学学术研究提供了丰富的课题和生动的材料，供给侧结构性改革领域将持续维持较高的学界关注度。

热点四：创新驱动发展战略与现代产业体系

我国持续将创新作为国家建设和经济社会发展的核心驱动力和重要引擎。2012 年，党的十八大报告提出“着力增强创新驱动发展新动力，着力构建现代产业发展新体系”。2015 年，国务院印发《中国制造 2025》，提出要以创新驱动为方针，走新型工业化道路，加快实现我国由工业大国向工业强国的转变。2016 年，国家又相继出台了《国家创新驱动发展战略纲要》和《“十三五”国家科技创

---

① 姜长云、杜志雄：《关于推进农业供给侧结构性改革的思考》，《南京农业大学学报》（社会科学版）2017 年第 1 期。

② 罗必良：《农业供给侧改革的关键、难点与方向》，《农村经济》2017 年第 1 期。

③ 丁俊发：《深化供给侧结构性改革与流通业的先导性及物流业的战略性》，《全球化》2017 年第 4 期。

④ 李向民：《文化产业供给侧结构性改革问题初探》，《福建论坛》（人文社会科学版）2017 年第 2 期。

新规划》，深入贯彻落实“创新驱动发展战略”，同时也将十年前《国家中长期科学和技术发展规划纲要（2006—2020）》制定的“进入创新型国家行列”发展目标推向决胜阶段。2017 年，国务院印发《关于深化“互联网 + 先进制造业”发展工业互联网的指导意见》，提出到 21 世纪中叶，工业互联网创新发展能力、技术产业体系以及融合应用等全面达到国际先进水平。在此国家政策背景下，以创新引领现代产业发展体系建设实践呈现一片繁荣景象。在学术理论研究方面，学者对创新研究的热情高涨，学术成果丰富。

“创新驱动发展战略与现代产业发展新体系构建”这一议题涵盖了丰富的研究内容，包括如下几个方面：创新基础理论研究、产业创新发展的政策制定、产业体系的完备性与核心技术的自主性、技术创新驱动下的传统产业优化升级、信息化和工业化融合发展、先进制造业快速发展、新兴产业的培育与集群发展、颠覆性技术对产业变革的引领作用、产业组织创新发展等。2017 年全年相关文献量达到 3774 篇（来源于 CNKI 数据库），复印报刊资料的《产业经济》与《创新政策与管理》等刊物高度关注对该问题的研究，共转载文献 36 篇。学界工作进展主要集中体现在以下几个方面。

第一，横跨学界与政研界，延续 2016 年业界对产业政策存废之争的热情，发文量最可观的研究热点是学者试图通过学理研究、实证研究、比较研究等多种研究手段，探讨什么样的产业政策才是当下推动中国产业体系发展、提升创新发展动能和质量的最优选择。从较为宏观的视角来看，为适应市场化改革的趋势和需要，更多学者认为产业政策应逐渐向竞争政策过渡，推动产业结构升级；① 部分学者归纳比较了国内外产业政策制定与实施的情况，并结合中国发

---

① 顾昕：《协作治理与发展主义：产业政策中的国家、市场与社会》，《学习与探索》2017 年第 10 期。

展情况提出了政策建议。从更加具体的政策环境视角来看，专利制度、技术标准、投资引导基金、产业补贴等手段对创新创业发展都具有重要作用。尤其是新能源汽车和光伏产业等战略新兴产业领域，吸引了大量学者对产业政策开展实证研究的热情。

第二，在创新驱动和创新导向研究整体热情高涨的背景下，一些学者选择将研究重点放在创新驱动产业体系发展进步，以及推动产业发展的技术进步路径和偏向性等基础理论研究上。黄先海和宋学印、孙早和许薛璐等研究了经济体增长背景下的我国技术进步的路径、差距、偏向性等问题，指出了我国与发达经济体之间技术发展水平的差距，强调了竞争导向型技术进步、科技基础研究、自主研发核心技术的重要性。① 赵昌文和朱鸿鸣提出，我国要建立创新导向型经济结构，重塑以创新为导向的社会报酬结构，保持较强的企业纵向流动性，以及建立市场友好型的国有经济。②

第三，以我国创新驱动现代产业发展体系实践中的代表性产业为研究对象，学者试图通过对现实发展的研究将创新实践提升到学理研究层面。传统制造业、战略性新兴产业、装备制造业（特别是高铁产业）、光伏产业、机器人产业等都是学者热衷于研究的行业领域，从技术创新发展本身到技术推动产业发展和优化，都有诸多研究成果。如吕铁和贺俊对我国高铁技术赶超的研究、③ 杨超和危怀安对机器人技术路线的研究④等。

---

① 黄先海、宋学印：《准前沿经济体的技术进步路径及动力转换——从“追赶导向”到“竞争导向”》，《中国社会科学》2017 年第 6 期；孙早、许薛璐：《前沿技术差距与科学研究的创新效应——基础研究与应用研究谁扮演了更重要的角色》，《中国工业经济》2017 年第 3 期。

② 赵昌文、朱鸿鸣：《如何建立一个创新导向型的经济结构？》，《财经问题研究》2017 年第 3 期。

③ 吕铁、贺俊：《如何理解中国高铁技术赶超与主流经济学基本命题的“反差”》，《学术月刊》2017 年第 11 期。

④ 杨超、危怀安：《中外机器人技术路线图文本评价比较研究》，《科学学与科学技术管理》2017 年第 4 期。

我们认为，创新驱动产业体系发展这一研究热点，将在未来几年中继续保持其研究热度。其一，党的十九大报告中明确提出“贯彻新发展理念，建设现代化经济体系”，并强调“加快建设创新型国家”，发展了党的十八大“着力增强创新驱动发展新动力，着力构建现代产业发展新体系”的提法，赋予其新的内容，可以预见创新对“现代化经济体系”的构建会成为未来新的研究热点。其二，学界和政研界对产业政策的争论热度还将持续，对新时代中国特色社会主义背景下的产业政策制定将随着争论越辩越明，以顶层政策导向为指导下的具体产业政策也将会越来越明晰。

热点五：雄安新区与京津冀协同发展

党的十八大以来，中央研究决定部署实施京津冀协同发展战略，明确指示要重点打造北京非首都功能疏解集中承载地。2014年，中央经济工作会议把京津冀协同发展列为我国区域发展三大战略之一。2015 年，中央政治局会议审议通过《京津冀协同发展规划纲要》，三地协同进入全面实施、加快推进的新阶段。2017 年，中共中央、国务院印发通知，决定设立河北雄安新区。这是继深圳经济特区和上海浦东新区之后的又一国家级新区，是以习近平同志为核心的党中央做出的一项重大历史性战略选择，是千年大计、国家大事，是新形势下党中央治国理政新理念新思想新战略的重大实践。

多年来，有关京津冀协同发展的探讨就一直没有停歇，2017 年雄安新区的建立更是激发了学界对雄安新区与京津冀协同发展问题展开深入探讨的热情，年度文献达到5000 余篇（来源于 CNKI 数据库），其中，复印报刊资料全文转载 34 篇。归结起来，相关学术讨论主要集中在以下三个方面。

第一，京津冀协同发展战略的核心。学者认为京津冀协同发展战略的核心是有序疏解北京非首都功能，而规划建设雄安新区，对于集中疏解北京非首都功能，探索人口经济密集地区优化开发新模式，调整优化京津冀城市布局和空间结构，培育创新驱动发展新引擎，具有重大现实意义和深远历史意义。武义青和柳天恩从制定承接方案和配套政策、政府与市场协同发力、推进体制机制创新、制定差异化的政绩考核标准、增强承接“引力”、高端承接北京非首都功能疏解、推进区域产业协同发展七个方面对雄安新区如何精准承接北京非首都功能进行了理论分析。①

第二，京津冀协同发展的顶层设计。毛汉英从机制创新和政策层面②，黄金川等从空间经济学视角③，张杰和郑若愚从产业协同及城市协同联动角度④，周京奎和白极星等从金融一体化、物流一体化和环境协同治理方面⑤，分别探讨了京津冀三地协同发展的政策、条件、可能及实施策略。学者认为京津冀三地应有明确的功能定位，即北京是全国政治中心、文化中心、国际交往中心、科技创新中心；天津是全国先进制造研发基地、北方国际航运核心区、金融创新运营示范区、改革开放先行区；河北则是建成全国现代商贸物流重要基地、产业转型升级试验区、新型城镇化与城乡统筹示范区、京津冀生态环境支撑区。

第三，雄安新区的规划建设。刘秉镰等众多学者从不同方面对雄安新区的规划建设进行了全方位、多层次的深入探讨，涉及领域广泛。归纳起来，规划建设雄安新区可从以下几个方面着手：一是

---

① 武义青、柳天恩：《雄安新区精准承接北京非首都功能疏解的思考》，《西部论坛》2017 年第 5 期。

② 毛汉英：《京津冀协同发展的机制创新与区域政策研究》，《地理科学进展》2017 年第 1 期。

③ 黄金川、林浩曦、漆潇潇：《空间管治视角下京津冀协同发展类型区划》，《地理科学进展》2017 年第 1 期。

④ 张杰、郑若愚：《京津冀产业协同发展中的多重困局与改革取向》，《中共中央党校学报》2017 年第 4 期。

⑤ 周京奎、白极星：《京津冀金融一体化“破局”：模式选择与实现机制》，《长白学刊》2017 年第 1 期。

建设绿色智慧新城，建成国际一流、绿色、现代、智慧城市；二是打造优美生态环境，构建蓝绿交织、清新明亮、水城共融的生态城市；三是发展高端高新产业，积极吸纳和集聚创新要素资源，培育新动能；四是提供优质公共服务，建设优质公共设施，创建城市管理新样板；五是构建快捷高效交通网，打造绿色交通体系；六是推进体制机制改革，发挥市场在资源配置中的决定性作用以及政府的作用，激发市场活力；七是扩大全方位对外开放，打造扩大开放新高地和对外合作新平台。①

相对于长三角、珠三角等地区而言，京津冀发展不协调、不平衡的矛盾最突出、最复杂，关注度最高，解决难度最大，重要原因就在于协同发展还存在诸多体制机制障碍。2018 年，学界将更多聚焦体制机制改革方面的问题，具体议题包括：探讨如何加快破除行政管理和资源配置等方面的体制机制障碍，从而推进公共服务一体化改革；研究怎样构建有利于协同发展的体制机制，特别是建立行政管理协同机制等；探究如何促进形成京津冀协同创新共同体、建立健全区域创新体系，整合创新资源，贯通产业链条，重组区域资源；等等。此外，以规划建设河北雄安新区为重要突破口，探索人口经济密集地区优化开发的新模式，谋求区域发展的新路子，打造经济社会发展新增长极，也将在未来较长时间内持续作为热点议题。

热点六："一带一路"倡议下的国际合作探讨

"一带一路"倡议是我国对外开放的必然选择，也是在全球贸易增长低迷情况下促进国际联动式发展的重要举措。自 2013 年起，"一带一路"就成为学术界探讨的热门话题，随着时间的推移，相关学术成果越来越丰富。

---

① 刘秉镰：《雄安新区与京津冀协同开放战略》，《经济学动态》2017 年第 7 期。

2017年相关学术文献达13430篇（来源于CNKI数据库），比2016年增加25%左右。复印报刊资料2017年全年共转载101篇，内容涉及经济、法律、文化。对于经济领域来说，区别于前期研究“一带一路”内涵、框架、意义，当前研究从细节入手、全面展开，不断向纵深发展，力求为加强国际合作、实现“一带一路”共建提供全方位支撑。

2017年，“一带一路”背景下的国际合作及风险研究进展主要体现在以下几个方面。

第一，中国对“一带一路”沿线国家的对外直接投资及其风险受到特别关注。张述存认为，“一带一路”倡议为优化中国对外直接投资布局提供了机遇和条件，未来应一方面继续加强对欧美地区的学习型、技术导向型投资；另一方面充分借势，展开对“一带一路”沿线国家和地区的战略型、资源合作型投资。① 针对面临的来自东道国的政治、经济、法律、文化等多方面的风险和挑战，周伟等基于对39个沿线东道国的量化评价，认为中国与大多数中东欧国家OFDI的政治风险、经济金融风险偏小，社会文化风险较大。②保建云认为，我国的对外直接投资除受东道国影响外，还受国际金融市场的约束，建议培育中国海外投资企业与东道国的友好信任关系，同时推动竞争性国际金融市场体系的建立。③

第二，共建“一带一路”的投融资机制及其风险规避机制。王一鸣认为，“一带一路”沿线国家（地区）的基础设施建设主要以亚投行与丝路基金两大机构为融资平台。但由于资金缺口大，未来

---

① 张述存：《“一带一路”战略下优化中国对外直接投资布局的思路与对策》，《管理世界》2017年第4期。

② 周伟、陈昭、吴先明：《中国在“一带一路”OFDI的国家风险研究：基于39个沿线东道国的量化评价》，《世界经济研究》2017年第8期。

③ 保建云：《论我国“一带一路”海外投资的全球金融影响、市场约束及“敌意风险”治理》，《中国软科学》2017年第3期。

应创新投资机制，构建多模式融资渠道。[①] 曲丽丽和韩雪指出，在资金融通过程中将面临汇率风险、信用风险、声誉风险及企业投资等相关风险。[②]

第三，关于全球价值链、全球贸易治理的探讨不断丰富。黄先海和余骁认为，中西方经济发展上的相互需求以及“一带一路”沿线国家（地区）的协同发展诉求，使我国通过嵌入“一带一路”建设而形成“嵌套型”价值环流、重塑现有全球价值链分工体系成为可能。[③] 王芊霖和程大为明确指出，“一带一路”倡议在全球化面临逆潮、全球经贸治理出现倒退时提出，其共同发展的目标是对自由贸易的坚守，是对多边贸易体系的尊重。[④]

第四，“一带一路”沿线国家（地区）的税收制度研究也不断丰富。李香菊和王雄飞对比分析了我国与中亚和东南亚国家在税收制度和政策方面的异同，结合当前全球打击税基侵蚀以及利润转移的新动态，提出顶层设计上应注重实现税收与“一带一路”倡议的全面对接，为资本和企业“走出去”保驾护航。[⑤] 赵书博和胡江云考察了“一带一路”背景下我国企业“走出去”面临的重复征税问题，提出应对企业境外所得免税，并降低企业所得税税率。[⑥]

无论是在数量上还是在深度上，2017 年“一带一路”相关问

---

① 王一鸣：《创新“一带一路”投融资机制寻求更多合作机会》，《中国经济时报》2017 年 6 月 19 日。

② 曲丽丽、韩雪：《“一带一路”建设中金融风险识别及监管研究》，《学习与探索》2016 年第 8 期。

③ 黄先海、余骁：《以“一带一路”建设重塑全球价值链》，《经济学家》2017 年第 3 期。

④ 王芊霖、程大为：《一带一路倡议对全球贸易治理的贡献》，《政治经济学评论》2017 年第 3 期。

⑤ 李香菊、王雄飞：《“一带一路”战略的国际税收协调研究——基于中亚和东南亚国家的比较分析》，《经济体制改革》2017 年第 4 期。

⑥ 赵书博、胡江云：《“一带一路”战略构想下完善我国企业境外投资所得税制的思考》，《管理世界》2016 年第 11 期。

题的学术探讨有了新的进展。尽管当前学界在功能作用、政策解读、风险分析、战略路径、重点领域等方面对“一带一路”建设做了大量有价值的研究，但依然存在理论研究深化不够、国际视野的比较研究匮乏且研究方法的严谨性不足等问题。未来“一带一路”建设相关研究亟待从以下方面进行深入：风险测度问题、国家间博弈问题、成本收益核算问题等。①

热点七：防范金融风险与服务实体经济

金融是现代经济的核心，是国家整体安全的基石。习近平总书记在第五次全国金融工作会议上强调，防止发生系统性金融风险是金融工作的永恒主题，要以防范系统性金融风险为底线，以强化金融监管为重点，保障国家金融安全；金融是实体经济的血脉，为实体经济服务是金融的天职，是金融的宗旨，金融要把为实体经济服务作为出发点和落脚点，全面提升服务效率和水平，服务实体经济也是防范金融风险的根本举措。防范金融风险、服务实体经济对于维护金融安全，促进经济健康发展具有重大意义，引起了社会的广泛关注，也成为学界研究的一个热点话题。

2017 年，有关金融风险和实体经济的学术论文有 1500 余篇（来源于 CNKI 数据库），复印报刊资料全文转载 27 篇，探讨的主题主要集中在以下几个方面。

第一，金融风险的识别及预警，相关学者借助实证研究方法对我国金融风险进行识别和预警，为下一步的监管提供决策依据。如王培辉和袁薇研究了我国金融机构系统性违约风险，并识别了系统重要性金融机构，提出要对金融机构实行差别化监管，为完善宏观审慎监管框架、加强系统重要性金融机构的识别和监管提供了有益

---

① 广东国际战略研究院专题研究组：《“一带一路”经济学创立及其诸多向度》，《改革》2017 年第 2 期。

的决策参考。①

第二，金融风险监管及金融稳定政策设计。何国华等认为，金融监管机构一方面应完善风险管理框架，摸底排查国内金融系统的风险累积程度与金融摩擦大小，加强对金融机构的引导；另一方面须规范外部市场约束，增强会计、审计等机构自律性、公正性，提升信息披露透明度，从而弱化信息不对称造成的非效率出清，并在此基础上尝试构建最优金融稳定政策设计标准范式。② 吴晓求指出中国金融监管改革的基本要点是：在监管模式上，实现微观审慎监管与宏观审慎政策的协调和功能上的一致；在监管架构上，以央行的宏观审慎监管和金融监管委员会的微观审慎监管为基础，构建具有“双峰”形态的监管架构；在监管重点上，从资本监管逐渐调整为资本监管与透明度监管并重；在监管方式上，从传统监管逐步过渡到智能监管与传统监管相结合并渐进至以智能监管为主。③

第三，金融对实体经济的影响。伴随着中国货币化、货币资本化和资本虚拟化的发展，中国的金融化也快速发展，并从不同方面影响着我国实体经济的发展。一方面，金融化通过财富效应等渠道对经济造成一定的刺激作用，但金融化造成了实物资本积累与货币资本、虚拟资本积累的更大程度的分离，扩大了资本积累过程中的断层和矛盾，造成货币资本、虚拟资本积累的扩张和收缩运动，以及金融的繁荣与实体经济发展脱节。另一方面，金融化的发展强化了资本的流动性、投机性和金融体系的内在不稳定性，在一定条件下会触发金融和经济的动荡与危机，因此中国要采取措施，防止金

① 王培辉、袁薇：《金融机构系统性违约风险及系统重要机构识别》，《财经科学》2017 年第 6 期。

② 何国华等：《金融稳定政策的设计：基于利差扭曲的风险成因考察》，《中国工业经济》2017 年第 8 期。

③ 吴晓求：《中国金融监管改革：逻辑与选择》，《财贸经济》2017 年第 7 期。

融化的过度发展，避免陷入金融化陷阱。张小宇和于依洋通过研究美国实施量化宽松货币政策及常规货币政策时期，以及中国的产出和通货膨胀对美国联邦基金利率冲击的非线性反应机制，得出结论，美国扩张性（紧缩性）货币政策在短期会抑制（促进）中国产出的增长，但在长期则会促进（抑制）中国产出的增长；美国货币政策对中国通货膨胀存在正向国际溢出效应，即美国的货币扩张（紧缩）将加速（抑制）中国的通货膨胀，美国量化宽松货币政策的实施对中国宏观经济的溢出效应存在非对称性。①

第四，金融如何服务实体经济。李扬认为，金融服务实体经济的根本要求是有效发挥其资源配置的媒介功能，降低流通成本，提高金融的中介效率和分配效率，为实体经济提供更好的金融服务。进一步理顺利率、汇率关系，建立稳定的筹集长期资金和权益类资本的机制，大力发展普惠金融，建立市场化风险处置机制以及完善金融监管框架，这些均是提高金融服务实体经济效率的根本举措。②

展望未来，在中央高度重视防范金融风险、全社会广泛关注金融风险的大背景下，防范金融风险，服务实体经济这一课题仍将是未来研究的热点，预期后续研究将呈现以下几大趋势：一是有关区域性金融风险防控的研究，主流观点认为，我国发生系统性风险的可能性不大，但区域性金融风险问题突出，对区域性、系统性金融风险的防范将成为工作的重点。二是有关金融监管改革的研究，随着金融业的不断发展，金融风险也发生了重大变化，为应对金融风险新变化，金融监管也应该随之调整。三是有关金融改革创新与实体经济的研究，党的十九大报告指出，要“深化金融体制改革，增

---

① 张小宇、于依洋：《美国量化宽松与常规货币政策对中国实体经济溢出效应的实证检验》，《经济与管理研究》2017 年第 1 期。

② 李扬：《“金融服务实体经济”辨》，《经济研究》2017 年第 6 期。

强金融服务实体经济能力”[①]，未来的金融创新很重要，但一定要把握住创新的导向，使之真正服务于实体经济的需求。

热点八：决胜全面建成小康社会战略下的精准扶贫研究

党的十八大以来，习近平总书记高度重视扶贫开发工作，提出了一系列扶贫开发的新思想、新观点、新部署、新要求。其中，大力实施精准扶贫，不断丰富和拓展中国特色扶贫开发道路，是其精髓。以习近平总书记关于扶贫开发战略的重要论述为指导，我国在“十三五”规划中明确提出到2020 年“我国现行标准下农村贫困人口实现脱贫”的目标，开始全面实施精准扶贫精准脱贫战略。自此，精准扶贫成为我国脱贫攻坚、决胜全面建成小康社会的重要举措，并引起了理论界、学术界的关注，成为研究的热点问题。

2017 年，理论界、学术界聚焦脱贫攻坚，从理论和实践层面展开研讨，撰写了大量的学术文章。以“精准扶贫”“扶贫”“脱贫”“反贫困”为关键词检索，期刊论文高达 15117 篇（来源于 CNKI 数据库），其中核心期刊（北京大学图书馆《中文核心期刊要目总览》和南京大学《中文社会科学引文索引（CSSCI）》发布的期刊上的论文）达 1855 篇，成果丰硕。复印报刊资料《农业经济研究》《社会保障制度》《民族问题研究》等刊共转载有关精准扶贫研究的论文 44 篇，特别是《农业经济研究》，作为转载农业经济和农村发展研究的专业学术期刊，通过常设栏目“反贫困”长期关注农村贫困问题，全年共转载相关文章 19 篇，占全年发文量的 11.45%，可谓是相当重视。

2017 年，对精准扶贫的研究主要集中在以下几个方面。

第一，对精准扶贫政策与实践的反思。贾俊雪等从理论和实证

---

① 习近平：《决胜全面建成小康社会　夺取新时代中国特色社会主义伟大胜利——在中国共产党第十九次全国代表大会上的报告》，人民出版社 2017 年版，第 34 页。

两个方面，剖析了资本补贴和小额信贷这两类“造血式”扶贫方式和资金配套机制对农户收入的影响及其机理，认为农村发展扶贫项目通过融合“自上而下”与“自下而上”两种扶贫机制，提高了扶贫瞄准度，产生了较好的脱贫效果。①

第二，精准扶贫机制与路径创新。万君和张琦通过对精准扶贫机制创新进行系统的梳理与分析后认为，我国扶贫开发机制的总体趋势是外源推动下的内源发展，未来有可能出现“内外融合”的趋势，在此基础上提出了“内外融合”的精准扶贫机制的完善路径。②

第三，贫困人口的精准识别。李博和左停研究发现，在当前的精准识别过程中，国家逻辑与乡土逻辑二者之间的张力仍然是困扰精准识别的最大障碍，将国家的程式化、标准化识别体系与乡村社会以社区为单位的熟人社会规则相结合，将是今后精准识别所要考虑的重要议题。③ 胡联和汪三贵基于乌蒙山片区贫困村抽样调查数据，从精英俘获的视角解释了建档立卡存在瞄准偏差的原因，发现村干部任期过长是影响建档立卡精英俘获的重要因素，提出了限制村干部任期、让村民有效参与贫困识别、引入微观层次的第三方监督和完善村级治理的政策建议。④

第四，精准扶贫模式的探索。郭君平等利用“双重差分—分位数回归”方法，基于贵州省纳雍县两个贫困村跨期数十年的农户追踪调查数据，从精准扶贫和收入分配效应的视角探析参与式社区综合发展“益贫”或“溢富”的特征化事实，以及其对不同农户群

---

① 贾俊雪、秦聪、刘勇政：《“自上而下”与“自下而上”融合的政策设计——基于农村发展扶贫项目的经验分析》，《中国社会科学》2017 年第 9 期。

② 万君、张琦：《“内外融合”：精准扶贫机制的发展转型与完善路径》，《南京农业大学学报》（社会科学版）2017 年第 4 期。

③ 李博、左停：《谁是贫困户？精准扶贫中精准识别的国家逻辑与乡土困境》，《西北农林科技大学学报》（社会科学版）2017 年第 4 期。

④ 胡联、汪三贵：《我国建档立卡面临精英俘获的挑战吗?》，《管理世界》2017 年第 1 期。

体生计活动的作用，得出了相比其他减贫方式，其更能协调好扶贫精度、收益和成本之间的关系。[①]

第五，对精准扶贫多角度、跨学科的研究。章昌平和林涛针对目前精准扶贫研究和实践在数据采集与分析中存在支撑不足的问题，引入生态学中“生境”的概念，构建了一个以贫困人口为中心的大数据关联整合方案的理论模型，提出了利用“生境”块数据进行精准扶贫开发的应用场景设想。[②]

2017 年，习近平总书记在党的十九大报告中做出了“让贫困人口和贫困地区同全国一道进入全面小康社会”的庄严承诺，又为精准扶贫的理论研究注入了新的活力。但从总体上来看，对于精准扶贫的研究还处于起步阶段，在如何实现共享发展与精准扶贫的耦合推进、如何构建泛学科的知识体系、如何达成多元扶贫主体的合作共治、如何合理设定多维贫困测度指标及其权重、贫困退出质量监控体系和风险防控体系建设等问题上，还需要后续研究的继续跟进。[③]

热点九：完善社会保障制度以推进国家治理现代化

截至 2017 年底，基本养老、基本医疗、失业、工伤、生育保险参保人数分别达到 9.15 亿、11.77 亿、1.88 亿、2.27 亿、1.92 亿。社会保障在持续保障和改善民生方面取得了前所未有的进步。现代社会保障制度是国家治理体系与治理能力现代化的重要支柱，国家治理现代化需要社会保障充分发挥多重功能。党的十九大报告指出，加强社会保障体系建设，按照兜底线、织密网、建机制的要求，全面建成覆盖全民、城乡统筹、权责清晰、保障适度、可持续

---

① 郭君平、宁爱照、曲颂：《参与式社区综合发展“益贫”还是“溢富”？——基于精准扶贫和收入分配效应视角》，《农业经济问题》2017 年第 10 期。

② 章昌平、林涛：《“生境”仿真：以贫困人口为中心的大数据关联整合与精准扶贫》，《公共管理学报》2017 年第 3 期。

③ 孙迎联、吕永刚：《精准扶贫：共享发展理念下的研究与展望》，《现代经济探讨》2017 年第 1 期。

的多层次社会保障体系，为社会保障制度在今后国家治理与改善民生方面描绘了新蓝图。

依此背景，众多学者从不同视角分析了社会保障制度在国家治理中的角色定位与发展方向。2017 年，有关社会治理内容的论文及文献数多达 9927 篇（来源于 CNKI 数据库）。其中，复印报刊资料全文转载的论文数量为 95 篇，索引文献量为 491 篇。总的来看，研究社会保障与国家治理现代化的学术成果主要集中在以下三个领域。

第一，社会保障在国家治理现代化进程中的作用。社会保障与我国的政治、经济和社会发展密切相关，关乎国家认同、社会公平和正义，具有全局性的作用和战略地位。郑功成指出，现代社会保障制度是国家治理体系与治理能力现代化的重要支柱，国家治理现代化需要社会保障充分发挥多重功能。现代社会保障绝不是“权宜之策”或“怀柔之术”，而是关乎国家长治久安和人民世代福祉的重大制度安排。社会保障的产生与发展，既是理性人的选择，更是理性治国的必然要求。① 中国社会保障学会理论研究组提出，社会保障是国家治理的必要手段和重要工具，现代社会保障制度在推进国家治理现代化的过程中，要将“以人民为中心的发展思想”与“共享发展理念”作为理论指导，客观看待和有效发挥社会保障在社会、经济和政治等方面的综合治理功能，牢牢把握中央主导、互助共济、破除部门和地区本位主义、与时俱进等社会保障的主要改革方向。②

第二，社会保障的功能与国家治理现代化。社会保障维持社会稳定功能有利于经济实现良性循环发展，社会保障供给有助于维持经济增长、创造就业机会。金渊明研究发现，在经济低迷、低生育—

---

① 郑功成：《社会保障与国家治理的历史逻辑及未来选择》，《社会保障评论》2017 年第 1 期。

② 中国社会保障学会理论研究组：《中国社会保障推进国家治理现代化的基本思路与主要方向》，《社会保障评论》2017 年第 3 期。

老龄化、劳动力市场两极化等不利条件下，扩充具有调节国民收入分配及缩小贫富差距等功能的社会保障，可以保证经济发展与社会整体的持续前进。① 顾昕指出，实施“积极的社会政策”，建设一个增进市场、激活社会的发展型福利国家，是中国发展模式转型的社会基础。② 杨大威和郑江淮研究发现，为实现预期的国家经济发展目标，需要提供有力的社会保障并纠正资源错配。③

第三，社会保障的现代化与国家治理现代化。针对这一问题，学者的研究主要集中在统筹城乡社会救助体系、完善最低生活保障制度以及扶贫助困等方面。林闽钢指出，目前中国正处在经济结构转型和全面建成小康社会的关键时期，这为社会保障从国家“小器”变为国家“重器”打开了重要的时间窗口。为此，需要通过法制化、协同化、社会化和信息化的建设来实现中国社会保障的现代化，使之成为国家治理之重器。④ 童星指出，在推进国家治理现代化的当下，互联网与社区组织为国家治理和社会治理提供了技术平台与组织平台。借助成长中的社区与社会组织网络，社会保障的各项服务可以有效面向普通民众，使国家保障与改善民生的政策落地生根。⑤ 此外，还有许多学者从慈善事业、优抚安置、残疾人福利等角度发表了大量的研究成果。

日趋完善的中国社会保障制度必将在推进国家治理现代化的过程中发挥重要作用。未来的研究可从以下几个方面展开：一是拓宽

---

① 金渊明：《韩国社会福利国家的未来：自由主义 + 南欧福利体制?》，《社会保障评论》2017 年第 2 期。

② 顾昕：《协作治理与发展主义：产业政策中的国家、市场与社会》，《学习与探索》2017 年第 10 期。

③ 杨大威、郑江淮：《后发国家政府在资源配置中的作用：经验、教训与借鉴》，《现代经济探讨》2017 年第 7 期。

④ 林闽钢：《社会保障如何能成为国家治理之“重器”？——基于国家治理能力现代化视角的研究》，《社会保障评论》2017 年第 1 期。

⑤ 童星：《国家治理现代化进程中的社会保障》，《社会保障评论》2017 年第 3 期。

社会保障研究的视野，为推进国家治理现代化提供更多真知灼见。二是加深社会保障研究的深度和广度，为推进国家治理现代化提供必要的理论支撑。三是加强对社会保障的体系研究，为我国建立多层次、多维度、立体化的社会保障体系建言献策，进而更好地推动国家治理现代化。

热点十：企业微观治理机制与自主创新战略

我国经济进入新常态的主要特征之一就是经济增长动力从传统的要素与投资驱动转向创新驱动。国家“十三五”规划（2016—2020 年）提出，要强化企业创新主体地位和主导作用，鼓励企业开展基础性、前沿性创新研究，支持科技型中小企业发展。与发达国家相比，我国企业的自主创新能力仍有显著差距。研究企业自主创新的影响因素成为学界和业界关注的一个重要课题。

企业创新在宏观上的汇集是决定一个国家长期经济增长潜力的核心因素之一，在微观上则是企业的一种选择、一项决策。根据国内外已有文献，影响企业自主创新的微观治理因素主要包括：（1）内部治理因素，如股权结构、董事会和领导权结构、激励机制等；（2）外部治理因素，如控制权市场、债务治理、投资者保护水平、媒体压力等。2017 年复印报刊资料全文转载相关主题文献 20 余篇，关于企业微观治理因素对自主创新影响的较高质量的文献开始涌现，并且研究的关注点更加深入、细致，具体来说主要体现在以下几个方面。

第一，股权结构。以往对双层股权制度经济后果的研究主要集中在它引发的委托—代理问题上，而其对创新影响的研究尚是一个缺口。石晓军和王骜然研究发现，双股制对企业创新有显著的促进作用，并且取决于外部投资者的短期业绩敏感性。[①] 就大股东对企

① 石晓军、王骜然：《独特公司治理机制对企业创新的影响——来自互联网公司双层股权制的全球证据》，《经济研究》2017 年第 1 期。

业创新活动的影响而言，现有的研究集中讨论了大股东性质和持股比例对企业创新的作用，而从控股股东行为角度考虑的文献较少，张瑞君等从控股股东股权质押的角度分析并证明了其对企业创新活动的影响。①

第二，激励机制。研究者除关注了管理层股权激励方案的实施以及不同激励方案的契约特征对企业创新活动的影响外，还关注了容易被忽视的同样作为股权激励对象的非高管层核心员工及内部薪酬差距在创新产出环节起到的重要作用。②

第三，董事会及管理层特征。研究者考察了技术专家型董事、CEO 在不同企业之间的交流、反腐败与企业家能力等对企业创新的影响，拓展了企业创新活动的相关文献，也为研究中国特色自主创新道路下的董事会治理及管理层行为提供了崭新而重要的视角。③

第四，会计信息。作为解决公司内部人和外部人信息不对称的重要方式，会计信息质量特征对企业创新的影响近两年逐渐受到学者的关注，探讨了会计信息可比性、会计稳健性等因素对企业创新的影响机理。

第五，外部利益相关者。包括债务治理、市场结构、媒体监督和分析师追踪等对企业创新的影响。研究债务违约对企业创新投资影响的文献不多，张玮倩和方军雄研究发现，债务违约会抑制上市

---

① 张瑞君、徐鑫、王超恩：《大股东股权质押与企业创新》，《审计与经济研究》2017 年第 4 期。

② 姜英兵、于雅萍：《谁是更直接的创新者？——核心员工股权激励与企业创新》，《经济管理》2017 年第 3 期；孔东民、徐茗丽、孔高文：《企业内部薪酬差距与创新》，《经济研究》2017 年第 10 期。

③ 胡元木、纪端：《董事技术专长、创新效率与企业绩效》，《南开管理评论》2017 年第 3 期；许家云：《CEO 交流的创新效应：来自中国上市公司的微观证据》，《南开经济研究》2017 年第 1 期；王健忠、高明华：《反腐败、企业家能力与企业创新》，《经济管理》2017 年第 6 期。

公司的创新投资。① 宛晴等则从市场要素切入，研究了客户集中对企业创新决策的影响及其实现途径。② 还有学者研究了媒体及分析师追踪在企业创新中的作用。③

综观以上文献，在延续以往研究的基础上，学者研究的话题更加丰富、多元和深入；在关注创新投入的同时也关注了创新产出，并且区分了创新行为异质性和企业异质性因素；等等。这些研究为我们理解企业自主创新行为提供了更多微观层面的经验证据，进一步拓展了创新活动的相关文献，也为后续研究提供了思路借鉴。从经验研究方法上来看，除了使用传统的回归分析方法，还使用了较为前沿的倾向得分匹配法和倍差法等，并且有的学者进行了数理解释，这些都增加了研究成果的可信度。现有文献大多集中在对内部治理因素的研究上，对外部治理因素的研究较为欠缺，还存在较大研究空间。从研究方法上来看，已有文献主要仍是基于西方成熟资本市场的信息不对称及代理理论、采用中国资本市场的数据进行的经验研究；相比之下，基于中国特色实践的理论研究较为缺乏。希望未来的研究能够立足于中国特色实践，以修正既有理论或构建新理论为目标，在创建适合我国转轨经济背景下的微观治理机制与企业创新理论体系框架下，开展更加深入和具有扩展性的研究。

三 总结

在上述这些热点中，有一部分延续了 2016 年的研究热点，如

① 张玮倩、方军雄：《债务违约会抑制公司创新投资吗?》，《产业经济研究》2017 年第 5 期。

② 宛晴、程小可、武传德：《客户集中与企业技术创新——来自我国 A 股上市公司的实证分析》，《科学决策》2017 年第 10 期。

③ 杨道广、陈汉文、刘启亮：《媒体压力与企业创新》，《经济研究》2017 年第 8 期。

中国特色社会主义政治经济学、供给侧结构性改革、精准扶贫、创新产业体系的构建等；也有一部分是 2017 年新出现的研究热点，如共享理念与共享经济、雄安新区与京津冀协同发展等。总体来说，经济学与管理学领域的研究热点基本上都具有较强的延续性和阶段性。同时在新的时期，同一内容也会呈现出阶段、范围和深度的差异性，反映出这一领域学术研究的延承性、阶段性与稳定性。

需要指出的是，不同于其他单纯利用文献计量软件进行文献计量分析的研究，本报告的亮点在于：并不仅仅限于对热词或关键词共现的罗列，而是以此为基础，综合学科近年的发展情况，将专业学术编辑及学者专家的意见与判断纳入研究中。

本报告由中国人民大学书报资料中心经济编辑部组织完成。课题组组长：李军林；执笔人：张妮；课题组成员（按热点撰写顺序排列）：周学英、徐明、刘然、张妮、万晓琼、许晖、万千、张皓、王蕾、靳毓。本课题在讨论与撰写过程中，得到了多家学术单位与机构的支持。

（原载《经济学动态》2018 年第 4 期）

2018年中国经济学与管理学研究热点

2018年恰逢我国改革开放40周年。40年来，我国经济发展取得了举世瞩目的成就，历经了从计划经济到商品经济再到市场经济的探索，从无到有地构建了社会主义市场经济体系并不断完善。回顾过去，我国已由农业国发展为世界第一工业大国、第一制造大国、第一贸易大国，深度参与和改写了世界经济和全球贸易格局。但是，在认识改革开放取得伟大成就的同时，还必须看到我国发展中面临的不平衡不充分问题。

在长期探索发展的基础上，以党的十八大为标志，中国特色社会主义进入新时代。新时代中国面临的宏观经济和政策环境与以往已经大不相同。其主要表现在，我国经济已由高速增长阶段转向高质量发展阶段，需要以新发展理念为指导，紧握社会主要矛盾变化，建立新时代中国宏观经济调控体系。党的十九大把习近平新时代中国特色社会主义思想确立为党的行动指南，实现了党的指导思想的又一次与时俱进。党的十九大报告中明确提出了“高质量发展”“建设现代化经济体系”“乡村振兴战略”等新命题。以习近平新时代中国特色社会主义经济思想为指引，我国经济学与管理学领域的学术研究十分活跃，形成了一批具有中国特色、中国风格及中国气派的重大理论创新及研究成果。

一 热点梳理过程与主要原则

中国人民大学书报资料中心经济编辑部课题组自 2016 年牵头成立以来，以复印报刊资料全文转载文献为基础，已经连续两年发布中国经济学与管理学研究热点分析。同时，经过两年多的磨合，课题组的年度经济学与管理学研究热点评价程序已经较为稳定，包括热点预判、条目推荐征集、文献调研、撰写备选理由、征询学界意见、内部研讨、专家研讨、学者评议、投票评议等环节。

2018 年 10 月，课题组启动了 2018 年度中国经济学与管理学领域学术研究总结梳理工作，至 12 月中旬，经过专家代表就初选热点条目进行深入研讨、开放点评及投票评议，最终确定了研究热点。

其中，专家研讨与学者评议坚持以下七个原则：①学术性。学术价值是热点选择的主要考虑因素，包括对热点研究问题的学术前瞻性、引领性、创新性，以及对学术发展、学科建设和推动作用等方面的考量。②社会性。重视学术的应用性，探讨时代的重大现实问题，强调学术与社会的相互作用。③全面性。对全年的经济学与管理学学科热点做全面梳理分析和系统研究，尽量做到不遗漏、不缺省。④平衡性。尽量平衡课题组内部各学科、各领域的热点集中度，做到不只以关注度或文献量单一指标进行评价。⑤综合性。关注跨学科、多学科综合研究，从多角度研究每个学术问题，全面反映学术问题的各个方面。⑥包容性。选取概括性较强的热点，尽量规避过于微观具体或宏观空洞的选题，要在合适的层面进行综合考量。⑦关注度。对围绕热点展开的研究和发文数量进行定量分析。

相较于前两次热点遴选过程，此次梳理工作更加注重热点条目的包容性和文献数量支撑。首先由中国人民大学书报资料中心经济编辑部三个学科组提出24个备选热点条目，经过研讨、删减、合并、整理，确定十大研究热点。文献数量主要来自“中国人民大学复印报刊资料数据库”（“全文数据库”“索引数据库”）和“中国知网数据库”。在搜索文献过程中，一个热点条目通常涉及多个关键词，文中不再赘述搜索过程。

经过多轮遴选，最终形成2018年经济学与管理学十大研究热点具体如下：①中国经济改革40年经验总结与创新发展，②习近平新时代中国特色社会主义经济思想研究，③高质量发展研究，④现代化经济体系构建，⑤乡村振兴战略研究，⑥“一带一路”倡议与全球经济治理，⑦财税体制改革与国家治理现代化，⑧社会保障制度改革与顶层设计，⑨国家金融安全视角下的金融风险防范研究，⑩新经济形态下的发展模式与就业。

在上述热点中，一部分是2018年新涌现出来的研究热点，其中包括中国经济改革40年经验总结与创新发展、习近平新时代中国特色社会主义经济思想研究、高质量发展研究、现代化经济体系构建、乡村振兴战略研究。另一部分是经过时间的沉淀，对重大问题的思考和研究的不断推进，其中包括“一带一路”倡议与全球经济治理、财税体制改革与国家治理现代化、国家金融安全视角下的金融风险防范研究、社会保障制度改革与顶层设计。还有对新问题的探讨，其中包括新经济形态下的发展模式和就业问题等。总之，热点问题不仅有阶段性，也有延续性，只是在不同研究阶段，研究对象、研究深度会有所不同。下文将从研究背景、文献支撑、主要研究方向及未来展望四个方面对热点条目进行详细阐述。

二 2018年中国经济学与管理学研究热点分析

热点一：中国经济改革40年经验总结与创新发展

回顾改革开放40年的光辉历程，我国国内生产总值（GDP）

从 1978 年的 1.43 万亿元增至 2018 年的 90.03 万亿元[①]，增长了 62 倍。习近平总书记指出："党中央作出的改革开放的决定是正确的，我们今后仍然要走这条正确的道路，富国之路，富民之路，要坚定不移地走下去，而且要有新开拓，要上新水平。"[②] 40 年来，我们始终推进理论创新、实践创新、制度创新、文化创新以及各方面创新。改革开放的成功经验，促使我们在理论研究层面也取得了丰硕的成果。这一方面是对过去改革成功经验的总结，另一方面为未来全面深化改革提供了理论基础。

基于中国知网数据库，2018 年与"改革开放 40 年"相关的文献约为 6059 篇，复印报刊资料全文转载 47 篇，其中《体制改革》全文转载 18 篇，涉及经济领域改革开放 40 年研究的论文数量有 14 篇，内容包含宏观经济政策、收入分配制度、财政税收体制、国有经济（包含国有企业）改革、产业经济体制改革等多方面。就 2018 年整体研究框架而言，学界围绕中国经济改革开放 40 年的研究主要集中在以下三个方面。

1. 中国改革开放 40 年经验总结及展望。总体而言，经过 40 年的经济体制改革后，我国无论是在经济总量方面还是在人均收入方面，均取得了长足进步。[③] 其中，我国经济体制改革进程可分为两个阶段：以消除短缺经济为目标的第一阶段和以解决产能过剩为目标的第二阶段。在此过程中，我国学者在理论和实践方面进行了创新，形成了具有中国特色的社会主义经济学理论体系。相关研究不仅从经济总量、人均收入等方面，也从其他社会经济发展方面总结

---

① 《2018 年四季度和全年国内生产总值（GDP）初步核算结果》，国家统计局网站，http://www.stats.gov.cn/tjsj/zxfb/201901/t20190122_1646082.html。

② 本书编写组编：《不忘初心　继续前进》，人民出版社、学习出版社 2017 年版，第 45 页。

③ 李刚、周加来：《中国经济体制改革的创新与反思（1978—2018）》，《经济问题》2018 年第 9 期。

了改革开放的历史意义，并指明这种进步与物质、精神、政治、文化、生态等多维度文明的推陈出新息息相关，紧密结合。[①] 当前中国改革已进入“深水区”，阻力前所未有，未来要进一步解放思想，以全面配套改革冲过“历史三峡”，迎接现代化伟大复兴。

2. *中国特色社会主义理论体系完善*。例如，学界对改革开放40年来我国的收入分配制度进行了系统总结，认为总体上是围绕公平与效率关系的处理展开的。[②] 富起来时代的收入分配改革重在效率，主要集中在两个方面：一是各种生产要素参与收入分配后，形成了按劳分配为主体、多种分配方式并存的基本分配制度；二是实施允许一部分地区和一部分人先富起来的大政策，获得了明显的效率提升，充分动员了各类要素参与社会财富的创造。进入强起来时代所面对的是，在人民收入普遍提高的同时，收入差距不断扩大，收入分配秩序存在不规范等问题。这就需要继续深化收入分配制度改革，促进收入分配更合理、更有序，尤其是要根据社会主义共同富裕的要求，偏重于公平正义。未来改革应集中在两个方面：一是坚持按劳分配原则，完善按要素分配；二是缩小收入差距，使人民共享发展成果。另外，在梳理国企改革理论中，对“国企低效论”和“国企有效论”两种对立观点进行了评价，并从制度建设的视角对国企改革给予阐述，认为理解国企效率问题的核心在于对“经济秩序如何形成”这一重大问题的系统探讨。[③]

3. *深化改革政策的建议及措施研究*。财税研究领域认为，伴随着经济体制改革走向全面深化改革的历史进程，应不断地对财税体

---

① 贾康：《将中国改革开放的现代化伟业进行到底——纪念改革开放40周年》，《全球化》2017年第10期。

② 洪银兴：《兼顾公平与效率的收入分配制度改革40年》，《经济学动态》2018年第4期。

③ 王麒植、李军林：《国有企业改革四十年的理论回顾与展望》，《求索》2018年第4期。

制及其运行机制进行适应性的变革：以“财政公共化”匹配“经济市场化”，以“财政现代化”匹配“国家治理现代化”。[①] 具体而言，就是要以“公共财政体制”匹配“社会主义市场经济体制”，以“现代财政制度”匹配“现代国家治理体系和治理能力”。另外，学界也在梳理中国经济发展历史的基础上，对经济发展中的诸多热点问题，如“一带一路”倡议、供给侧结构性改革等进行了深入分析，进而探讨社会主义基本分配制度的形成及完善，并对最终实现缩小收入差距、共享发展成果的目标给出了相应建议。[②]

2018 年 12 月，习近平总书记在庆祝改革开放四十周年大会上指出：“改革开放是党和人民大踏步赶上时代的重要法宝，是坚持和发展中国特色社会主义的必由之路，是决定当代中国命运的关键一招，也是决定实现‘两个一百年’奋斗目标、实现中华民族伟大复兴的关键一招。”[③] 展望未来，对中国经济改革开放成功经验的总结仍将继续成为学术研究的热点，为我国进一步创新发展提供理论支撑。

热点二：习近平新时代中国特色社会主义经济思想研究

2017 年 12 月 18 日至 20 日举行的中央经济工作会议总结并阐述了习近平新时代中国特色社会主义经济思想：坚持加强党对经济工作的集中统一领导，坚持以人民为中心的发展思想，坚持适应把握引领经济发展新常态，坚持使市场在资源配置中起决定性作用、更好发挥政府作用，坚持适应我国经济发展主要矛盾变化完善宏观调控，坚持问题导向部署经济发展新战略，坚持正确工作策略和方

---

① 高培勇：《中国财税改革 40 年：基本轨迹、基本经验和基本规律》，《经济研究》2018 年第 3 期。

② 萧琛：《纪念改革开放 40 周年：经济前沿的困惑与思索》，《新视野》2018 年第 2 期。

③ 习近平：《论坚持全面深化改革》，中央文献出版社 2018 年版，第 512—513 页。

法、稳中求进。习近平新时代中国特色社会主义经济思想是习近平新时代中国特色社会主义思想的重要组成部分，是党的十八大以来推动我国经济发展实践的理论结晶，是中国特色社会主义政治经济学的最新成果，是党和国家十分宝贵的精神财富，必须长期坚持、不断丰富发展。

学界聚焦这一重要主题，主要从习近平新时代中国特色社会主义经济思想的丰富内涵、历史基础、实践根源、理论逻辑以及方法论等维度展开研究，在阐释正确处理有效市场与有为政府关系，贯彻落实新发展理念，推进供给侧结构性改革，建设现代化经济体系，打好“三大攻坚战”，促进区域协调发展，保障和改善民生，毫不动摇巩固和发展公有制经济，毫不动摇鼓励、支持、引导非公有制经济发展等方面取得了诸多高质量研究成果。基于中国知网数据库，2018 年有关习近平新时代中国特色社会主义经济思想的学术论文约为 13075 篇，其中复印报刊资料全文转载 105 篇。研究主题集中在以下四个方面。

1. “以人民为中心”思想。学界认为，“以人民为中心”思想不仅坚持了科学社会主义基本原则，而且以问题为导向，实现了对传统民本思想从君民到人民、从统治到发展、从用民到为民的现代转变，构成了对传统民本思想继承与深化、重构与超越的逻辑。它不仅是马克思主义基本原理与中国时代道路相结合的产物，也是马克思主义与中国优秀传统文化的结晶。①

2. 建立现代化经济体系。理论上，加快建设适应与引领高质量发展的现代化经济体系，首先，把握现代化经济体系的科学内涵；其次，构建包含现代创新、现代法治、社会信用、现代分配、现代

① 吴海江、徐伟轩：《“以人民为中心”思想对传统民本思想的传承与超越》，《毛泽东邓小平理论研究》2018 年第 7 期。

保障、现代治理的六大支撑体系；再次，筑牢现代化经济体系的战略重点，即贯彻一个发展理念，围绕一个发展主线，明确一个主攻方向，把握一个发展根基，筑牢一个战略支撑，把握一个根本动力。此外，还要加强现代化经济体系的基础理论和应用研究，包括理论研究、实证研究、指标体系研究、系统性研究和运行机制研究等。[①] 实践中，建设现代化经济体系要有扎实管用的措施，需要突出抓好：①以科研产业化和市场化为核心的创新驱动发展政策；②以城市群落为核心拉动“三农”现代化的振兴乡村经济政策；③以时空压缩、增加密度和减少分割为核心的区域协调发展政策；④以构建命运共同体为核心的立体全方位开放政策；⑤以减轻企业负担、放松经济管制为核心的供给侧结构性改革政策。此外学界也提出，现代化经济体系建设中蕴含着对发展经济学、产业经济学、现代经济增长等理论的贡献和创新。[②]

3. *政府与市场关系*。学界有观点认为处理好政府和市场关系，使市场在资源配置中起决定性作用和更好发挥政府作用，需要推进双向改革——进一步市场化改革和政府改革，构建政府和市场关系的双效模式——有效率市场和有效率政府组合。[③] 更进一步地，全面深化改革，需要减少政府不当干预，消除制度性与政策性扭曲。更好发挥政府作用则意味着：政府的介入有利于健全市场机制并且能够更充分更有效地发挥市场作用；政府不是削弱或取代市场机制，而应成为市场发挥决定性作用的重要前提和保障。探索政府和市场的边界是对所有经济体的重大挑战，而寻找政府与市场之间的完全组合

---

① 季晓南：《加快建设适应与引领高质量发展的现代化经济体系》，《理论探索》2018 年第 3 期。

② 刘志彪：《建设现代化经济体系：基本框架、关键问题与理论创新》，《南京大学学报》（哲学·人文科学·社会科学）2018 年第 5 期。

③ 方福前：《重构政府和市场关系：新时代的经济体制双向改革》，《贵州省党校学报》2018 年第 3 期。

与微妙平衡是人类在制度建设上孜孜以求的目标。[①]

4. 公有制经济与非公有制经济。在社会主义初级阶段，各种所有制经济都应该得到发展；就各种所有制经济在所有制结构中的地位来说，必须保证公有制处于主体地位；就各种所有制经济的相互关系来说，国有经济应该起主导作用，非公有制经济应该接受国有经济的鼓励、支持和引导；既要鼓励、支持非公有制经济发展，又要注意引导其朝着有利于社会主义的方向发展。[②] 相关研究创新性地将生物学中的共生理论引入国有经济与民营经济互动关系的研究中，通过实证分析指出：从总体来看，中国国有经济与民营经济之间并不是对立的、冲突的，而是相互依存、相互竞争、相互促进的共生发展关系。从中国现实情况来看，市场规模效应、优势互补效应、相互竞争效应、分工合作效应、要素流动效应共同促进了国有经济与民营经济的纵深合作与发展。该项研究也建议坚持和完善基本经济制度不动摇，为多种所有制经济共同发展创造公平竞争环境不动摇，坚持做强做优做大国有企业不动摇。[③]

习近平新时代中国特色社会主义经济思想内容丰富、内涵深刻，是引领新时代中国特色社会主义经济发展的指导思想。展望未来，在新时代背景下，学术界和理论界在这一思想的指引下必将大有可为，不断丰富理论创新；中国经济也必将在这一思想指导下实现新发展乃至新变革。

热点三：高质量发展研究

2017 年党的十九大报告指出，“我国经济已由高速增长阶段转

---

① 张晓晶、李成、李育：《扭曲、赶超与可持续增长——对政府与市场关系的重新审视》，《经济研究》2018 年第 1 期。

② 周新城：《必须全面阐释社会主义初级阶段基本经济制度》，《北京交通大学学报》（社会科学版）2018 年第 4 期。

③ 洪功翔、顾青青、董梅生：《国有经济与民营经济共生发展的理论与实证研究——基于中国 2000—2015 年省级面板数据》，《政治经济学评论》2018 年第 5 期。

向高质量发展阶段，正处在转变发展方式、优化经济结构、转换增长动力的攻关期”。[①] 2018 年政府工作报告指出，按照高质量发展的要求，统筹推进“五位一体”总体布局和协调推进“四个全面”战略布局，坚持以供给侧结构性改革为主线，统筹推进稳增长、促改革、调结构、惠民生、防风险各项工作。由此，“高质量发展”已成为新时代中国特色社会主义经济发展的新目标，高质量发展研究也成为学界研究的热点话题。

基于中国知网数据库，2018 年有关高质量发展的学术论文有 8300 余篇，其中，复印报刊资料全文转载 14 篇，研究主题集中在以下四个方面。

1. 高质量发展的经济学性质。首先，要理解高质量发展概念的动态性。其基本的经济学意义可以表述为：高质量发展是能够更好地满足人民不断增长的真实需要的经济发展方式、结构和动力状态。系统性地创造发展优势，走符合实际和具有特色的道路，以各种有效和可持续方式满足人民不断增长的多方面需要，这是高质量发展的本质性特征。其次，要理解高质量发展对创新性的要求。中国经济从高速增长阶段转向高质量发展阶段，不仅是社会行为方向的巨大转变，而且要有思维方式的适应性改变和引领性革新。因此，新发展观，即创新、协调、绿色、开放、共享的发展理念，成为对新时代高质量发展的新要求，也是对是否实现了高质量发展的评价准则。[②]

2. 高质量发展的内涵。学界普遍认为，高质量发展包括经济发展、改革开放、城乡发展、生态环境、人民生活的高质量五个方

---

① 习近平：《决胜全面建成小康社会　夺取新时代中国特色社会主义伟大胜利——在中国共产党第十九次全国代表大会上的报告》，人民出版社 2017 年版，第 30 页。

② 金碚：《关于“高质量发展”的经济学研究》，《中国工业经济》2018 年第 4 期。

面。高质量的经济发展应在结构和动力上更加合理完善，同时其经济体制和分配制度也将更加健全、区域发展更加协调；高质量的对外开放不仅要求我们继续坚持“引进来”和“走出去”并重，扩大与各国的双向投资与贸易往来，共建更加开放的世界经济体，还要求我们通过共同打造互联互通的人文环境与物理条件扩大全球的有效需求，为全球经济的复苏做出贡献；高质量的城乡发展应以城市建设为依托，带动农村发展，实现以工促农、以城带乡，从而实现城乡经济社会发展一体化，做到城乡经济发展建设、城乡总体规划建设和土地利用建设的融合，建立打造城乡信息共享平台，实现城乡空间布局合理化；高质量的生态环境要求人类在利用和改造自然以保障自身生存与发展的同时，尽量消减对自然环境破坏和污染所产生的危害人类生存的各种负反馈效应。此外，要在高质量发展中促进绿色产业发展，实现绿色可持续发展；人民生活的高质量是经济生活、政治生活、精神文化生活、社会保障、社会安全和生活劳动环境的协调发展。①

3. 高质量发展的制约因素。根据经济发展的现状，我国在经济发展动力、发展结构与发展效率三个层面的新推力尚未完全形成，对经济实现高质量发展仍有一定制约作用。具体包括：①发展动力约束。创新驱动是现阶段中国经济增长的新动力，并通过技术进步实现劳动生产率的提高，而目前中国的创新驱动在创新条件、创新过程、创新结果三个维度上都面临着相应的制约因素。②发展结构约束。主要体现在宏观层面的供需结构、中观层面的产业结构和区域结构以及微观层面的市场结构等方面，对中国经济实现高质量发展起到制约作用。③发展效率约束。中国在发展过程中仍存在低效

① 任保平、李禹墨：《新时代我国高质量发展评判体系的构建及其转型路径》，《陕西师范大学学报》（哲学社会科学版）2018 年第 3 期。

率洼地，对中国经济高质量发展的制约作用体现在技术效率、劳动效率和资本效率三大方面。[①]

4. 高质量发展转型的路径。综合学界观点[②]，推动高质量发展转型的路径包含以下五个方面：①构建现代化的经济体系，提高经济体系的质量。具体从构建高质量的增长体系、高质量的业态和模式体系、高质量的产业体系三个方面出发。②实现质量、效率、动力三大变革，提高发展动力的质量。通过全面提升企业素质和产品质量，扩大有效和中高端供给，推进质量变革。通过提高劳动生产率、资本生产率、全要素生产率，带动生产要素优化组合，激发创新活力与创造潜能，从而推进效率变革。从供给侧“三大发动机”——制度变革、结构优化和要素升级入手，培育新动能，实现新旧动力的接续转换，从而推进动力变革。供给侧的制度变革要求我们在宏观政策层面简政放权，放松政府对经济的管控，降低企业进入门槛，进一步发挥市场的作用，从而推动经济实现高质量发展。同时，结构优化作为供给侧结构改革的核心，应从结构性失衡的特征出发进行调节。要素升级则主要从土地要素升级、人才要素升级、资金要素升级和环境要素升级等方面入手。③实现活力、效益与质量的有机结合，提高供给体系的质量。要关注劳动力供给质量、供给主体质量和产品供给质量的提升。④提升企业效率，提高微观主体的质量。应把质量和效益作为企业决策的出发点，构建以企业为主体的创新体系，推进创新型企业的发展，推进企业品牌建设。⑤发挥质量型政策的作用，提高高质量发展的宏观调控体系的

① 钞小静、薛志欣：《新时代中国经济高质量发展的理论逻辑与实践机制》，《西北大学学报》（哲学社会科学版）2018 年第 6 期。

② 任保平、李禹墨：《新时代我国高质量发展评判体系的构建及其转型路径》，《陕西师范大学学报》（哲学社会科学版）2018 年第 3 期；季晓南：《加快建设适应与引领高质量发展的现代化经济体系》，《理论探索》2018 年第 3 期；贺晓宇、沈坤荣：《现代化经济体系、全要素生产率与高质量发展》，《上海经济研究》2018 年第 6 期。

质量。发挥人力资本政策、创新政策、结构升级政策等质量型政策的作用，通过创造内生动力来促进经济发展；实施高质量的宏观调控，把调控政策精准化，把调控手段下沉到中观层面，从部门经济、地区经济和集团经济的层面落脚来提振经济增长。

展望未来，学界要在创新、协调、绿色、开放、共享发展理念的指引下，继续分析我国实现高质量发展过程中存在的问题，针对如何突破我国经济从高速增长阶段转向高质量发展阶段的风险约束条件，完成经济增长新旧动能转换，实现中国经济高质量发展等展开深入具体的探讨。重点围绕在新形势下全面转变经济发展方式、优化经济结构和转换增长动力的实现途径和政策措施，研究供给侧结构性改革任务的实施策略及新时代现代化经济体系的构建。

热点四：现代化经济体系构建

2017 年党的十九大报告中指出“建设现代化经济体系是跨越关口的迫切要求和我国发展的战略目标”①。2018 年，习近平总书记明确指出：“建设现代化经济体系，这是党中央从党和国家事业全局出发，着眼于实现‘两个一百年’奋斗目标、顺应中国特色社会主义进入新时代的新要求作出的重大决策部署。”② 这一表述引起了社会的广泛关注，现代化经济体系构建也成为学界研究的热点话题。

基于中国知网数据库，2018 年有关现代化经济体系的学术论文有 690 余篇，其中复印报刊资料全文转载 23 篇，研究主题集中在以下四个方面。

1. 建设现代化经济体系的必要性。首先，建设现代化经济体系

① 习近平：《决胜全面建成小康社会　夺取新时代中国特色社会主义伟大胜利——在中国共产党第十九次全国代表大会上的报告》，人民出版社 2017 年版，第 30 页。

② 习近平：《论把握新发展阶段、贯彻新发展理念、构建新发展格局》，中央文献出版社 2021 年版，第 237 页。

是解决新时代社会主要矛盾的必要条件。中国特色社会主义新时代的社会主要矛盾是人民日益增长的美好生活需要和不平衡不充分的发展之间的矛盾，要有效解决这个社会主要矛盾，就必须建设现代化经济体系。其次，建设现代化经济体系是建成社会主义现代化强国的战略目标。中国特色社会主义新时代需要完成的历史任务是从全面建成小康社会，到基本实现现代化，最后全面建成社会主义现代化强国，而现代化经济体系的形成是实现现代化的主要标志之一。最后，建设现代化经济体系是转方式、优结构的迫切要求。中国特色社会主义新时代要转变经济发展方式、优化经济结构，实现高质量、高效益、持续稳定的发展，把中国建成富强、民主、文明、和谐、美丽的社会主义现代化强国，而建设现代化经济体系与转变经济发展方式、优化经济结构，两者相辅相成。①

2. 现代化经济体系的内涵。现代化经济体系具有微观、中观和宏观三个层面的丰富内涵。② 微观层面：要素现代化是现代化经济体系的基础。党的十九大报告提出“必须坚持质量第一、效益优先，以供给侧结构性改革为主线，推动经济发展质量变革、效率变革、动力变革，提高全要素生产率”，这既是现代化经济体系微观层面的建设目标，也是要素现代化丰富内涵的科学概括。其中，质量变革强调提高供给体系的质量；效率变革强调提高生产要素的配置和利用效率；动力变革要求创新驱动和发挥人力资本质量优势；要素现代化的落脚点是提高全要素生产率，这是建设现代化经济体系微观层面的基本任务和目标。中观层面：产业体系现代化是建设现代化经济体系的主要目标。产业体系是经济体系生产环节中的重

① 简新华：《新时代现代化经济体系建设几个关键问题》，《学术前沿》2018 年第 2 期。

② 石建勋、张凯文、李兆玉：《现代化经济体系的科学内涵及建设着力点》，《财经问题研究》2018 年第 2 期。

要内容，是经济体系的物质基础和内核。其主体是实体经济，核心动力是科技创新，运行血脉是现代金融，最宝贵的资源是人力资源。宏观层面：经济体制现代化是建设现代化经济体系的制度保障。党的十九大报告指出，“着力构建市场机制有效、微观主体有活力、宏观调控有度的经济体制”，这既是现代化经济体系宏观层面的建设目标，也是经济体制现代化丰富内涵的科学概括。

3. 现代化经济体系新要求。一是更加聚焦发展的质量和效益。现代化经济体系着力解决的是发展不平衡不充分问题，而不是传统经济的规模和速度问题。二是更加强调实体经济、科技创新、现代金融、人力资源四个协同发展的现代产业体系。解决传统经济中脱实向虚、科技创新能力不足、金融服务实体经济能力不足、人力资源对经济支撑作用尚未凸显等老问题。三是更加明确宏微观政策的协调。着力构建市场机制有效、微观主体有活力、宏观调控有度的经济体制。四是更加关注新经济与新动能。要求加快建设创新型国家，深入实施创新驱动发展战略，把发展经济的着力点放在实体经济上，培育新技术、新产业、新业态，促进产业迈向全球价值链的中高端。五是更加着力满足人民对美好生活的需要。注重解决发展中的不平衡不充分问题，多谋民生之利、多解民生之忧，在发展中补齐民生短板、促进社会公平正义。六是更加要求对风险的防控。防范化解重大风险位列党的十九大提出的决胜期三大攻坚战之首。七是更加注重与世界经济的融合。以“一带一路”为契机和平台，坚持引进来和走出去并重，以“一带一路”统筹国内国际两个市场。①

4. 现代化经济体系实现的特征。综合学界观点，现代化经济体系的实现具有以下特征：一是更高效益的经济发展水平和经济增

① 靳铭：《深刻认识建设现代化经济体系的战略目标》，《西北工业大学学报》（社会科学版）2018 年第 2 期。

速。二是更高质量的经济增长方式。要以科技驱动代替要素驱动，形成以创新为引领发展第一动力的创新型国家，发展循环经济，实现经济增长与排放污染“脱钩”，建成人与自然和谐共生的绿色经济模式。三是更平衡的区域和城乡发展格局。要实现国家战略规划、跨地区战略规划和区域性战略规划的衔接有序、配合有效。四是更完善的市场经济体制。要建立更具活力的市场调节机制、更具竞争力的国有资产管理体制、更有效率的政府服务体系以及更加安全有效的宏观调控与政策协调机制。五是更全面的对外开放。要推动形成全面开放新格局；形成陆海内外联动、东西双向互济的开放格局；成为贸易强国，建设面向全球的创新合作、产能合作、服务合作、投融资合作网络。六是更完善的现代化产业体系、空间布局结构和协调程度。要进一步建设现代化空间布局结构和协调程度，打造国土资源利用效率较高、要素密集程度较大、生态容量适度、城市群落连绵、区域发展差距较小的生产力布局结构。①

展望未来，学界在习近平新时代中国特色社会主义思想指导下，将在充分研究错综复杂的国际环境下，围绕中国经济社会发展的结构性和深层次问题，深刻揭示我国经济从高速增长阶段转向高质量发展阶段的风险约束条件和新旧动能转换机制，将重点围绕如何实现建设现代化经济体系的六大特征，探讨全面转变发展方式、优化经济结构和转换增长动力的实现途径和政策措施。

热点五：乡村振兴战略研究

党的十九大报告首次明确提出乡村振兴战略，以“产业兴旺、生态宜居、乡风文明、治理有效、生活富裕”为目标；2017 年的

---

① 陈希琳、许亚岚、于佳乐：《何谓“现代化经济体系”?》，《经济》2017 年第 23 期；刘志彪：《建设现代化经济体系：新时代经济建设的总纲领》，《山东大学学报》（哲学社会科学版）2018 年第 1 期。

中央经济工作会议和2018年的中央一号文件又对此做了总体规划和部署。作为一项关乎党和国家事业发展全局的重大战略决策，乡村振兴战略对决胜全面建成小康社会、实现中华民族的伟大复兴具有深远的历史意义。

乡村振兴战略是一项系统性和综合性的工程，一经提出立刻成为社会各界关注的焦点，引发了广泛的多学科、跨领域讨论。学界从内涵及历史定位的演进、立论基础、基本模式和实现路径等方面围绕乡村振兴战略进行阐释，对乡村振兴战略的实施具有重要的理论和现实推动作用。基于中国知网数据库，2018年相关文献有近7000篇，复印报刊资料全文转载58篇，涉及经济学、政治学、社会学、管理学等多个学科。经济学、管理学对乡村振兴战略的研究主要集中在以下四个方面。

1. *乡村振兴的理论逻辑*。学界从不同角度对乡村振兴这一国家战略的立论基础做出了学理性解释，与顶层设计形成互动，共同推进新时代中国特色的乡村振兴之路。如以物质资料的生产和再生产作为研究乡村振兴战略的逻辑起点，以“使用价值空间”为核心范畴，将乡村振兴过程抽象为生产力与生产关系的矛盾运动过程，并由此构建关于乡村振兴战略的理论分析框架①；从演进韧性要义出发，通过对不同主体主导的振兴方式进行对比考察发现，乡村集体主导的振兴方式比政府和市场资本主导的振兴方式更具韧性和可持续发展能力，更合乎价值理性，更容易实现乡村振兴②。

2. *乡村振兴的基本模式*。学界认为乡村振兴是中国特色社会主义现代化进程中的深刻实践，并将我国乡村问题的解决方案提炼成

① 王朝科、王宝珠：《乡村振兴：一个政治经济学的分析框架》，《当代经济研究》2018年第11期。

② 唐任伍、郭文娟：《乡村振兴演进韧性及其内在治理逻辑》，《改革》2018年第8期。

"中国经验"，将为全球解决乡村问题贡献中国智慧和中国方案。一是从农业科技协同创新内涵的角度讨论新时代乡村振兴战略背景下西部地区农业科技协同创新，提出了包括"协同创新价值目标转变"等 5 个元素在内的"5 +2"农业科技协同创新模式①；二是通过总结特色小镇与美丽乡村同建以振兴乡村的案例和经验，提出新时代乡村振兴应该以县域为单元，以特色小镇和美丽乡村同步规划建设为抓手，对农村地域空间重构及其综合价值追求做出科学规划和布局②。

3. 乡村振兴的实现路径。合理的发展路径是乡村振兴战略实施的关键。学界的观点聚焦于深化农村重点领域改革、创新体制机制、加快产业发展、加强人才培养等方面，为乡村振兴战略的落地提供参考。如：建议在国家层面上，制定，"乡村振兴法"，编制乡村振兴规划，设置乡村振兴机构，采取主要领导负责制③；主张"大农户，强农业，疏农村，多城镇"是振兴乡村、实现城乡融合发展的必要路径④；通过"活业"带动"活人"，实现"活村"，全面活化乡村空间，使乡村和城市相得益彰、共融共生共荣，进而全面复兴⑤；强调村集体经济组织是落实乡村振兴战略的关键实施主体，坚持系统思维的土地使用制度创新是推进乡村振兴的关键切入点⑥。

4. 以乡村振兴为背景，从不同的研究视角和实践经验切入论题。如依据要素配置方式，将我国农民划分为传统农民、离乡农

---

① 王燕、刘晗、赵连明、黎毅：《乡村振兴战略下西部地区农业科技协同创新模式选择与实现路径》，《管理世界》2018 年第 6 期。

② 王景新、支晓娟：《中国乡村振兴及其地域空间重构——特色小镇与美丽乡村同建振兴乡村的案例、经验及未来》，《南京农业大学学报》（社会科学版）2018 年第 2 期。

③ 张军：《乡村价值定位与乡村振兴》，《中国农村经济》2018 年第 1 期。

④ 党国英：《乡村振兴战略的现实依据与实现路径》，《社会发展研究》2018 年第 1 期。

⑤ 刘守英、熊雪锋：《我国乡村振兴战略的实施与制度供给》，《政治经济学评论》2018 年第 4 期。

⑥ 陈美球、廖彩荣、刘桃菊：《乡村振兴、集体经济组织与土地使用制度创新——基于江西黄溪村的实践分析》，《南京农业大学学报》（社会科学版）2018 年第 2 期。

民、离土农民、内源式新型农民、外源式新型农民五种类型，为提高涉农政策的系统性、瞄准性和针对性提供了依据①。

实施乡村振兴战略是在我国经济发展进入新常态、社会主要矛盾发生变化的背景下提出的，这一重大政策导向顺应了新时代工农城乡关系演变的新特征和新趋势，着眼于城乡融合发展，全面实现国家现代化，是新时代做好“三农”工作的总抓手，创新壮大乡村发展的新动能。2018 年，学界对于乡村振兴战略的研究虽然成果丰硕，但多集中于定性研究，在定量研究方面尚显不足。同时，由于乡村振兴战略推出时间较短，战略性、全局性、综合性的研究尚显薄弱，所以未来在理论基础、运行机制、影响机理、制度创新以及政策建议等方面，还需要进行系统性、多学科的深入探讨。

热点六：“一带一路”与全球经济治理

面对世界经济增长基础不够牢固、经济全球化遇到波折、发展不平衡加剧等问题，习近平总书记在 2013 年提出“一带一路”倡议。2017 年，党的十九大报告中明确要推动形成全面开放新格局。要以“一带一路”建设为重点，坚持“引进来”和“走出去”并重，遵循共商共建共享原则，加强创新能力开放合作，形成陆海内外联动、东西双向互济的开放格局。2018 年 8 月 27 日在推进“一带一路”建设工作五周年座谈会上，习近平总书记明确指出“共建‘一带一路’倡议正在成为我国参与全球开放合作、改善全球经济治理体系、促进全球共同发展繁荣、推动构建人类命运共同体的中国方案”②。

虽然“一带一路”倡议提出已有五年，但是相关学术研究热度不减，学术成果丰富。特别是自 2018 年 3 月中美贸易摩擦以来，

---

① 高帆：《中国乡村振兴战略视域下的农民分化及其引申含义》，《复旦学报》（社会科学版）2018 年第 5 期。

② 《习近平经济思想学习纲要》，人民出版社、学习出版社 2022 年版，第 131 页。

学界认为加快推进“一带一路”共建将有助于中国参与全球治理，相关研究内容涉及经济、外交、法律、政治、社会、文化等方面。基于中国知网数据库，仅经济学领域相关学术论文约为 5000 篇，复印报刊资料全文转载 74 篇。研究主题主要集中在以下三个方面。

1. 构建全方位多层次的合作机制。历经 5 年共建，“一带一路”建设连点成线到面，基础设施联通网络初步成型。目前，已经有 100 多个国家和国际组织参与其中，一大批合作项目陆续启动。首先，与“一带一路”沿线国家（地区）贸易和投资合作，以实现我国制造业产业链国际分工和价值链开放布局的转型升级，是“一带一路”建设的基本出发点。学界详细探讨了中国与“一带一路”沿线国家（地区）贸易的竞争性与互补性，有助于为我国优化产业链国际化布局提供支撑①。其次，“一带一路”基础设施共建虽有利于各国经济发展，符合沿线国家和地区的利益，但也面临着较为严重的融资约束。虽然当前中国通过银行贷款、投资基金和债券市场等途径为沿线国家（地区）提供了规模可观的金融支持，但面临着独自承担大量融资压力和风险、民营资本参与度不高、资本市场未能发挥有效作用、区域和行业分布不平衡等挑战。② 为稳定有序推进“一带一路”建设，中国应尽快倡导建立“一带一路”金融合作框架体系，并以加强境内外资本合作、拓展公私合营机制、强化资本市场联通和建设金融服务体系为重点任务。③

2. 美国特朗普政府的贸易政策对全球经济治理提出新的挑战。自 2018 年 3 月以来，中美经贸关系变化引起了社会各界的广泛关

① 徐坡岭、那振芳：《我国制造业在“一带一路”的产业链布局问题——竞争优势互补与中间品贸易视角》，《东北亚论坛》2018 年第 3 期。

② 李建军、李俊成：《“一带一路”基础设施建设、经济发展与金融要素》，《国际金融研究》2018 年第 2 期。

③ 宋爽、王永中：《中国对“一带一路”建设金融支持的特征、挑战与对策》，《国际经济评论》2018 年第 1 期。

注。美国和中国作为全球第一、第二大经济体，是全球经济治理体系的关键角色，决定了全球治理体系变革的方式与趋势。学界对当前国际贸易秩序的判断有两个层次：一是通过数据分析认为，2008年金融危机前后，国际贸易秩序总体并未发生根本性变化，而且截至2016年国际贸易秩序的稳定性保持在较高水平。中国、欧盟以及其他世界主要经济体是维护当前国际贸易秩序的重要力量。① 二是通过深度剖析美国对我国贸易政策变动的深刻背景和动因认为，我国应认清问题的长期性和严峻性，继续探索未来的发展之路。②

3. “一带一路”倡议是参与全球经济治理的中国方案。首先，“一带一路”倡议与中国参与全球经济治理的理念一致。区别于农牧时代、英帝国、美国霸权时代的全球化，“一带一路”倡议时期所面临的全球化是利益交织、多国共治的全球化。③ “共商共建共享”既是“一带一路”倡议的基本原则，也是中国秉持的全球治理观，两者之间存在必然的内在联系和互动关系。④ 其次，“一带一路”倡议既有区域属性也有多边属性。“一带一路”倡议的起步阶段应该是一种区域合作机制。但承认共建“一带一路”的区域属性并不否认它最终具有多边属性。⑤ 与现有规则导向型区域合作机制相比，“一带一路”倡议呈现出发展导向型特征，终将发挥其全方位对外开放的职能和实现人类命运共同体的目标。⑥

---

① 赵玙佳：《国际贸易“新”秩序?》，《国际政治科学》2018年第2期。

② 雷达：《中美贸易战的长期性和严峻程度》，《南开学报》（哲学社会科学版）2018年第3期。

③ 程大为：《美国治下全球贸易体系的变化及中国贸易治理对策》，《政治经济学评论》2018年第4期。

④ 秦亚青、魏玲：《新型全球治理观与“一带一路”合作实践》，《外交评论》（外交学院学报）2018年第2期。

⑤ 李向阳：《“一带一路”：区域主义还是多边主义?》，《世界经济与政治》2018年第3期。

⑥ 李向阳：《亚洲区域经济一体化的“缺位”与“一带一路”的发展导向》，《中国社会科学》2018年第8期。

在推进“一带一路”建设工作五周年座谈会上，习近平总书记指出：过去几年共建“一带一路”完成了总体布局，是一幅“大写意”，今后要聚焦重点、精雕细琢，共同绘制好精谨细腻的“工笔画”。展望未来，“一带一路”相关问题的研究应从宏观、微观两个层面发力，既要有深远的理论分析作为指导，也要有丰富的实证研究为决策提供参考。具体而言，未来研究应聚集于：“一带一路”资源合作走廊构建与利益分享机制，中国对“一带一路”沿线国家（地区）的综合投资收益，全球价值链调整过程中的大国关系和大国利益，贸易摩擦加剧背景下中国企业风险对冲策略，中国对外投资的产业和空间布局，等等。

热点七：财税体制改革与国家治理现代化

2017 年 10 月，党的十九大做出“中国特色社会主义进入了新时代”的重大判断，提出新时代“实现国家治理体系和治理能力现代化”的重大要求。习近平总书记在党的十九大报告中特别强调，要“加快建立现代财政制度，建立权责清晰、财力协调、区域均衡的中央和地方财政关系。建立全面规范透明、标准科学、约束有力的预算制度，全面实施绩效管理。深化税收制度改革，健全地方税体系”。实现国家治理现代化需要以财政治理现代化为核心，通过财政制度的不断优化来满足国家治理的现实需要。

2018 年，我国财税体制改革继续向纵深推进。学界对此领域的关注也保持了持续的热度，基于中国知网数据库，相关论文达 700 余篇，复印报刊资料全文转载 25 篇。主要研究内容体现在以下四个方面。

1. 财税体制的改革逻辑。学界从公共风险、历史案例与战略视角探讨了我国财税体制改革的逻辑。一是认为我国财政改革的逻辑本质是公共风险逻辑，其变化的脉络是从“家贫国穷”的风险到

“机会不均”的风险，再到全球公共风险，财政改革也经历了“放权”“分权”“治权”三个阶段。[①] 二是从历史案例与战略视角来看，大国崛起是国家意志与财政力量有机结合的结果。国家力量与现代国际竞争形态的多样化对财政提出了新的要求，财税改革进程中的国内压力与国际协调值得高度关注。[②]

2. 国家治理视野下的财政理论与财政体制机制创新。党的十八届三中全会提出的“财政是国家治理的基础和重要支柱”是具有历史和理论高度的全新论断，将以往作为经济范畴要素之一的财政提升到了国家治理层面。这一论断更接近于财政本质，意味着“市场失灵—公共物品—财政职能”这一传统研究财政的逻辑存在很大缺陷，呼唤财政基础理论的重大创新。创新性的学术成果构建了新时代我国“国家治理财政论”基本框架的逻辑：“财政制度—增进公共秩序—国家能力支柱—实现国家治理目标”，并在此基础上详细阐述了财政和国家治理的关系。[③]

3. 中央和地方财政关系。事权与支出责任划分是理顺政府间财政关系的焦点和难点问题，探讨的内容包括财政体制目标的内涵、体制约束及转型方向。学界试图从理论上厘清“财权”与“财力”、“事权”与“事责”等概念的含义，理解财政体制改革中“权责对称”的真正要求，为事权和支出责任的划分奠定理论基础。[④] 回顾我国政府间事权与支出责任改革历程可以看到，受传统计划体制影响，政府间事权划分不清晰的局面仍未根本扭转，“机

---

① 刘尚希：《财政改革四十年的深层逻辑》，《经济日报》2018 年 9 月 20 日。

② 范建鏋：《财税改革、现代财政转型与大国崛起——大历史视角下的个案考察与初步分析》，《经济学动态》2017 年第 12 期。

③ 吕冰洋：《“国家治理财政论”：从公共物品到公共秩序》，《财贸经济》2018 年第 6 期。

④ 罗卫东、朱翔宇：《“权责对称”与我国分税制以来的财政体制改革》，《南京社会科学》2018 年第 4 期。

关化”特征显著，行政效率偏低。因此，建议通过实体化方式加强中央事权，推动事权划分和调整规范化、法律化，提升改革的组织和决策层次。① 此外，在中央的统一领导下，应实行多种地方财政体制，适度下放地方政府的事权，上收财政支出责任。②

4. 预算管理制度改革。学界关注的内容包括国家预算的国家治理效应、预算全面绩效管理及实现路径。国家预算在明确政府公共受托责任、规范政府行为、优化资源配置、促进政府分工协作和经济社会协同发展方面发挥着重要作用。为进一步加强国家治理能力，在预算的形成和执行过程中必须实现预算民主和预算法治。③ 绩效预算作为善治的预算治理价值目标与衡量标准，必须以结果为导向、以绩效评价为核心、以分权为手段，同时以绩效问责为约束。④

5. 税收制度改革。税收领域的研究主要探讨了未来税制改革的方向，其中包括：①加快直接税改革。从防范金融风险的角度出发，应加快推进以个人所得税和房地产税为主要内容的直接税改革，及时走出依靠“借钱”来支撑减税降费和税制改革的道路。⑤ ②提高税收征管能力。加强征收机构的自主性和提高征收管理的理性化水平，通过改进税收征收组织和征收技术，以及行政体制改革和流程重组等进一步完善税收体制。⑥ ③落实税收法定，治理税收优惠。根据对政府与市场之间关系的新定位转变税收优惠的价值取

---

① 楼继伟：《深化事权与支出责任改革　推进国家治理体系和治理能力现代化》，《财政研究》2018 年第 1 期。

② 童光辉、赵海利：《大国治理框架下地方财政的层级数量与支出责任调整——基于历史和现实的双重视角》，《河北大学学报》（哲学社会科学版）2017 年第 6 期。

③ 谢志华：《论国家预算的国家治理效应》，《北京工商大学学报》（社会科学版）2017 年第 5 期。

④ 蒋悟真、李其成、郭创拓：《绩效预算：基于善治的预算治理》，《当代财经》2017 年第 11 期。

⑤ 高培勇：《直接税改革：基于防范化解金融风险视角的讨论》，《税务研究》2017 年第 10 期。

⑥ 张长东、冯维：《税收与国家治理现代化》，《新视野》2018 年第 3 期。

向，将税收法定原则落到实处，并将税收优惠以税式支出专项列入年度财政预决算，对主要的税收优惠项目进行相应的管控。①

当前，我国财税体制改革已进入深水区和攻坚期。未来的研究应服务于新时代“国家治理体系与治理能力现代化”的全局，继续加强财税理论创新，在“财税是国家治理的基础”的大历史变迁背景下，构建适合我国国情的财税理论体系，为现行财税体制改革面临的难点或困境提供解决思路。此外，要加强实证层面的考察，对财税改革进行数据测算、机制模拟和实践调研，为财税改革的实施提供经验证据。同时，也要围绕财税改革中的技术性和细节性方案的制定展开更具针对性和更切实的研究。

热点八：社会保障制度改革与顶层设计

改革开放以来，我国社会保障体系建设取得了巨大成就，但新时代在我国经济新常态、全球化、城镇化、人口老龄化、就业方式多样化等背景下，我国社会保障体系的发展依然面临不少问题与挑战。党的十九大提出“按照兜底线、织密网、建机制的要求，全面建成覆盖全民、城乡统筹、权责清晰、保障适度、可持续的多层次社会保障体系”，对全面建成中国特色社会保障体系做出总体部署。2018 年我国第八轮政府机构改革，对包括社会保障在内的多层政府职能机构进行系统优化和重塑。发展目标的明确以及管理体制的优化，极大地掀起了学界对我国社会保障的研究热潮。深入学习党的十九大精神，研究习近平总书记民生系列重要论述，加强社会保障顶层设计与制度改革，优化完善我国制度体系和治理能力成为社会保障学者进行专项和综合研究的热点。

基于中国知网数据库，2018 年与社会保障顶层设计和制度改革

① 王玮：《税收优惠的公共治理：制度框架与我国的选择》，《当代财经》2017 年第 10 期。

相关的文献约为 2030 篇，复印报刊资料全文转载 16 篇。研究主要集中在以下三个方面。

1. *改革回顾与成就*。学界回顾了改革开放 40 年社会保障制度的发展历程，认为我国整体上摆脱了计划经济时代单位保障的模式，全面建立了与市场经济体制相适应的社会保障制度框架，形成了以社会保险、社会救助、社会福利为基础，以基本养老、基本医疗、最低生活保障制度为重点，以慈善事业、商业保险为补充的社会保障体系框架。[①] 社会保障制度的发展使企业组织成为真正的市场主体，使个人成为“自由劳动者”。社会保障制度与经济发展相辅相成，是市场经济运行的调节器和社会稳定的安全网。[②] 我国也在经济体制改革过程中逐步探索社会保障的社会化改革，建立起多元化的责任分担机制，强调政府、单位、企业和个人共同分担社会保障责任。在保障对象方面，我国逐步从城镇劳动者保障迈向全民保障，使全体劳动者和城乡居民均有享受社会保障的机会；劳动保险变为社会保险，城乡居民亦可通过缴费参保获得相应的养老保障与医疗保障待遇，提升了社会保障制度的公平性。[③]

2. *问题意识与改革难点*。学界认为社会保障制度在取得成就的同时，也面临体系混乱、职能定位不清、体制机制不优、主体责任不明、社会保障的公平性与效率性不理想、与城乡居民的社会保障需求和经济社会发展需求不完全适应等问题。首先，社会保障制度以城乡二元结构运行，导致统筹水平过低、制度碎片化严重，也使社会救助及社会福利体系中“福利过剩”和“保护缺位”现象并

① 林闽钢：《中国的“社保奇迹”：发展机理与制度转型》，《学术前沿》2018 年第 14 期。

② 郑秉文：《中国社会保障 40 年：经验总结与改革取向》，《中国人口科学》2018 年第 4 期。

③ 王延中：《习近平新时代我国社会保障体系的改革方向》，《社会保障评论》2018 年第 1 期。

存，这些问题会造成新的社会不公，影响社会稳定，制约社会保障制度的可持续运行。[①] 未来的改革难点是提高社会保障制度与减贫发展的关联程度、创新关联形式，以及整合扶贫和社会救助制度，高度重视城市的贫困问题，统筹考虑城乡贫困政策，统一国家的扶贫标准和低保标准，并与国际标准相衔接。其次，基本养老保险制度依然处于分割状态，既不公平也缺乏效率。多层次养老保险体系的原则虽然早已形成，但实际进展并不理想。养老保险治理的理念滞后，亟须破除制约制度公平可持续运行的体制机制性障碍。[②] 改革难点是明确养老保险定位，为养老保险“减负”，重点是用人单位的缴费职责、政府责任及个人责任之间要权责清晰、责任共担、互助共济。最后，基本医疗保险的问题已从着力解决“城乡全覆盖，严格控制医疗费用支出，确保基金收支平衡”的问题，转变为少数大病患者因病致贫、因病返贫及因无力支付高额医疗费用中断治疗的问题。[③] 改革难点是改革不仅涉及央地事权划分、财政责任分担，还涉及统一思想认识、整合制度体系等一系列顶层设计制度及管理职能变革。

3. *改革方向与政策选择*。我国经济发展还面临着诸多挑战，新型社会保障体系亦需要通过更为科学的顶层设计才能不断完善。我国40年来成功地采取了一种综合性策略，使经济体制改革和社会保障变革相辅相成，在持续释放经济增长潜力的同时，通过对传统社会保障制度的变革使人民福利水平得到不断提升。[④] 学界考察了

---

① 左停、赵梦媛、金菁：《路径、机理与创新：社会保障促进精准扶贫的政策分析》，《华中农业大学学报》（社会科学版）2018年第1期。

② 何文炯：《改革开放40年：中国养老保险回顾与展望》，《教学与研究》2018年第11期。

③ 乌日图：《社会保障顶层设计亟待明确的三大问题》，《社会保障研究》2018年第3期。

④ 郑功成：《中国社会保障改革与经济发展：回顾与展望》，《中国人民大学学报》2018年第1期。

我国社会保障制度对收入再分配的影响效果，结果表明社会保障制度可在一定程度上缓解贫困，调节收入分配。现行的社会保障体系要实现制度的全覆盖，而且要减少同一种保障制度中不同人群的差异性才能充分发挥社会保障制度的收入再分配效果。① 另外，学界也从国民社会保障权益、社会保障体系的整体效率和社会保障相关服务供给机制三个视角研究了社会保障的资源配置问题，表明现阶段优化我国社会保障资源配置的重点是完善社会保障项目体系，优化社会保障制度设计（提高社会保险统筹层次，妥善处理社会保险转制成本，加快推进统账分离式改革，积极推进基本医疗保障制度一体化，统筹协调社会保障政策），控制和缩小群体间社会保障待遇差距，优化基本保障与补充保障的资源配置结构，开放社会保障相关服务市场，提高社会保障经办服务专业化和智能化水平。②

当前，我国正处于人口、经济与社会多方面的重大转型期，社会管理向社会治理转变正从理论走向实践，社会各方对社会保障的关注程度空前高涨，社会保障制度改革优化路径与顶层设计仍将是研究热点。未来，中国社会保障研究须在习近平总书记关于民生的重要论述的指引下，进一步强化学理研究和国内外政策分析，重视多学科视角和全球化视野，开展多维度深入系统化研究，同时积极关注我国社会保障政策现实问题以及社会保障的国际化问题，聚焦在发展中保障和改善民生，全面提升社会保障治理能力和治理体系现代化。

热点九：国家金融安全视角下的金融风险防范研究

习近平总书记指出，金融稳则经济稳，金融安全是经济平稳健

---

① 李实、朱梦冰、詹鹏：《中国社会保障制度的收入再分配效应》，《社会保障评论》2017 年第 4 期。

② 何文炯：《论中国社会保障资源优化配置》，《社会保障评论》2018 年第 4 期。

康发展的重要基础。党的十九大报告重申维护国家金融安全的重要性，而准确识别并防范金融风险是维护国家金融安全的前提。随着金融体系的不断培育和发展，我国金融体系正在发生深刻的变化，金融风险愈加错综复杂，金融安全面临严峻考验。

近年来，面对我国不容乐观的金融安全形势，学界格外重视对金融风险、金融监管与金融安全的研究。基于中国知网数据库，2018 年有关金融风险和金融安全的学术论文有 1100 余篇，复印报刊资料全文转载 45 篇，当前研究主要集中在以下四个方面。

1. 关于金融风险度量与金融安全状态识别方面的定量研究。在金融风险度量方面，主要是通过检验系统性金融风险测度指标的有效性，探究它们对实体经济变动的预测能力。实证研究发现，系统性金融风险指数能够准确、有效地预测未来宏观经济冲击的分布情形，而且系统性金融风险主要是通过信贷这一渠道传导至实体部门，进而对宏观经济产生负面影响。① 在金融安全状态识别方面，相关实证研究发现，2001—2007 年我国金融安全指数总体较高，并且维持在平稳状态，2008—2010 年受国际金融危机的影响，我国金融安全指数呈现“V”形变化，2011 年以来一直呈现下降的趋势，目前仍处于较低水平。②

2. 关于金融风险关联性及溢出效应的研究。深入研究金融风险跨市场、跨行业以及跨国度的关联性及溢出效应，这对系统性金融风险的防范和维护金融稳定与安全都具有重要的意义。跨行业金融风险溢出效应测度结果显示，我国建筑业、房地产业和采矿业的金融风险溢出效应排名相对靠前，这与我国部分时期所实施的产业政

---

① 何青、钱宗鑫、刘伟：《中国系统性金融风险的度量——基于实体经济的视角》，《金融研究》2018 年第 4 期。

② 梁琪、包世鹏、郭娜：《我国金融安全状态识别及转换机制研究》，《南开学报》（哲学社会科学版）2018 年第 4 期。

策有关，公开债务融资对跨行业金融风险溢出效应具有显著的负向作用，而私人债务融资的相应总量效应却不显著。[①] 从网络关联角度出发来考察全球系统性金融风险的动态演变发现，美国在同期波动传递中占据主导地位，中国内地的金融市场除了受到美国的同期影响，还受到来自中国香港、韩国以及俄罗斯的同期冲击。学界有研究指出，全球金融市场的震荡主要归因于外部波动溢出效应，系统性金融风险具有显著的跨市场传染效应。因而，为了保障中国金融市场安全，我国的宏观审慎政策和金融风险防范机制应纳入“太关联而不能倒”这一监管理念。[②]

3. 关于不同类型金融风险的研究，比如区域性金融风险、银行业风险等。首先，学界总结了我国区域性金融风险的整体特征、区域差异以及发展趋势，考察了区域性金融风险和地方经济模式相互影响的传递过程以及贡献程度，为定量评估我国区域金融的风险状态与差异提供了理论基础，有助于防范区域性金融风险。[③] 其次，学界通过考察银行竞争与银行风险的关系发现，银行竞争程度的提高有利于银行业风险的下降和稳定性的提升，表现出竞争稳定论的特征，但这一关系在我国东北、东、中、西部地区具有差异性。[④]

4. 关于系统性金融风险防控及金融监管体系构建的研究。学界认为，深化金融监管体制改革、防范并化解金融风险对于提高我国经济增长质量至关重要。全面防范系统性金融风险需从四个方面入手：一是要疏堵结合，标本兼治，深化金融市场改革，拧紧流动性

---

① 朱波、马永谈、陈德然：《债务融资方式对行业金融风险溢出效应的作用机制》，《财经科学》2018 年第 1 期。

② 杨子晖、周颖刚：《全球系统性金融风险溢出与外部冲击》，《中国社会科学》2018 年第 12 期。

③ 王擎、刘军、金致雯：《区域性金融风险与区域经济增长的相关性分析》，《改革》2018 年第 5 期。

④ 蒋三庚、王莉娜：《银行竞争与银行业风险——基于我国 284 个城市的证据》，《河北经贸大学学报》2018 年第 5 期。

的“水龙头”，让金融回归服务实体经济的本源；二是要精准化去杠杆，把地方政府和国有企业作为去杠杆的重中之重；三是要推进金融监管转型，更加注重功能监管和行为监管；四是要加强金融网络信息安全治理，提升金融基础设施建设水平。[①] 具体到政策层面，建立货币政策和宏观审慎政策的双支柱调控框架可以防范和化解系统性金融风险，从而维护经济金融体系的稳定，应当不断丰富和发展双支柱调控框架的内涵和外延，提升宏观调控的全面性。一方面，要关注经济结构性和金融周期性问题，转变货币政策目标；另一方面，要加强宏观审慎管理，推进金融监管协调机制建设，完善金融监管体系。[②]

在我国金融风险日趋复杂、金融安全面临重大考验的大环境下，防范金融风险、保障金融安全依然是今后一段时间内学界研究的重要话题。基于对现有文献的梳理，以下两点可能会成为新的研究重点：一是在开放经济条件下防范金融风险与保障金融安全的研究，比如资本跨境流动对我国金融安全的影响等。二是有关金融在服务实体经济过程中的风险防范问题研究，中央强调要加大金融服务实体经济的力度，但更重要的是增强金融服务实体经济的能力，在支持实体经济尤其是民营经济发展的过程中，金融风险防范问题就显得尤为重要。

热点十：新经济形态下的发展模式与就业

以互联网技术为基础的新一代技术革命浪潮在全球持续迅猛发展，推动了我国新经济快速崛起。2016 年政府工作报告首提要发展“新经济”，要推动新技术、新产业、新业态的快速成长，开启了

---

① 辜胜阻、杨嵋、吴华君：《金融风险特征及防控风险的战略思考》，《天津社会科学》2018 年第 4 期。

② 丁建臣、赵丹丹：《双支柱调控框架下防范和化解系统性金融风险的政策建议》，《经济纵横》2018 年第 5 期。

“十三五”时期新经济发展的序曲。2017年党的十九大报告提出要“大力发展数字经济、平台经济、共享经济、智能经济”。经过不懈努力，新经济的发展取得了瞩目的成绩，2018年政府工作报告指出，我国“……电子商务、移动支付、共享经济等引领世界潮流。‘互联网+’广泛融入各行各业。大众创业、万众创新蓬勃发展……快速崛起的新动能正在重塑经济增长格局、深刻改变生产生活方式，成为中国创新发展的新标志”。

新经济囊括了技术、产业和商业模式的创新经济形态，也带来了对社会就业的支撑。新经济的迅猛发展唤起了大量学者的研究兴趣，近几年来，学界都对该话题保持了极高的关注度，但直到2018年，在学术研究上才呈现一系列较为深入的成果。基于中国知网数据库，2018年有关新经济的论文约为5300篇，复印报刊资料全文转载55篇。从论文的选题方面来看，涵盖了对新经济的概念、体系、发展评价、政策与治理、劳动关系与就业、企业运营与管理、未来发展等方面的全方位研究。热点问题主要集中于以下四个方面。

1. 围绕新经济形态进行的学术研究。由于我国拥有巨大的市场规模、发达的基础设施以及完备的制造业基础等禀赋优势，新经济背景下涌现出来的平台企业虽然在初期晚于且落后于先进国家的一些企业，但随着我国网络普及应用程度越来越高，网络规模越来越大，这些企业探索出了一条从经验效仿到自主创新的发展之路，其中涌现出了BATJ（百度、阿里巴巴、腾讯和京东）为代表的一大批优秀平台企业，已经成为全球瞩目的企业。这些平台企业的崛起推动了我国平台经济的形成和发展。近几年中，政产学研各界都持续高度关注平台经济的发展。特别是政界对平台经济作为推动新经济发展的重要引擎抱有较大预期；产业界在各行业领域进行了丰富的平台化实践，推动了平台市场的繁荣；学研界对平台经济与共享经济的研究一直在进行中，但是略滞后于实践，直到2018年，对该问题的研究才掀起了一轮高潮并取得了一些进展。学界对平台经济的概念、体系、特征、组织结构、组织行为展开了多方位的研究探讨①。此外，对共享经济进行了经济学与经济哲学理论分析②。此外，在对新经济进行系统性整理和综述研究方面，学界也取得了一些代表性成果③。

2. 与新经济发展相适应的政策选择与治理方法。在对新经济概念体系分析的基础上进行政策治理研究，是2018年新经济学术研究的重要热点。目前，我国新经济发展水平引领着世界潮流，如何确立政策目标，如何采取合理的政策手段，如何开展与发展阶段相适宜的公共治理，是与我国发展传统经济不同的，也是无法将发达国家的成熟经验直接“拿来”使用的。因此，随着新经济发展规模的壮大，所面临的治理问题也越来越多，不断激发着学者从学理到对策研究的热情。对该问题的研究明显呈现出跨越经济学、法学、公共治理等学科领域的特点。首先，平台经济的竞争政策是学界关注的主要问题④。其次，新经济的政策目标、政策导向、规则设定与监管有效性也是主要的研究方向⑤。

3. 新经济与人力资源的使用及劳动关系的构建。新经济作为

---

① 吴敬琏:《平台经济与公共政策》,《比较》2018年第5期;陈永伟:《平台竞争与治理——二重性的视角》,《比较》2018年第4期;吴绪亮、梁晓红:《共享平台的经济学逻辑与监管政策》,《竞争政策研究》2018年第3期。

② 曹东勃、王佳瑞:《互联网技术革命的经济哲学反思》,《上海财经大学学报》2018年第4期。

③ 何超等:《分享经济:研究评述与未来展望》,《经济管理》2018年第1期。

④ 吴汉洪、刘雅甜:《平台经济与反垄断政策》,《比较》2018年第5期;张穹:《平台竞争的几个重要问题》,《比较》2018年第4期。

⑤ 许获迪:《共享经济政策目标、政策导向与体系优化》,《改革》2018年第4期;林英泽:《电商平台规则与共享经济发展》,《中国流通经济》2018年第1期;谢新水:《共享经济的负面表征及行政监管的有效性》,《理论与改革》2018年第1期;刘奇超等:《经济数字化的税收规则:理论发展、立法实践与路径前瞻》,《国际税收》2018年第4期。

一种新型经济模式，完全改变了传统经济模式下的人力资源配置方式和劳动关系模式。因此，新经济下的劳动个体寻求就业、企业主体用人用工、政府人力资源和劳动关系治理所面临的一系列新问题、新情况和新形势，越发成为学界研究的重点。共享经济和网络经济下，新兴的人才模式和人力资源，以及新的就业形态和发展策略吸引了大批学者的研究热情。① 学界围绕新经济形态下的新型劳动关系以及劳动规章制度②、收入分配问题③进行了大量研究。

4. 人工智能驱动我国经济发展的理论进展。人工智能是目前最为前沿的颠覆性技术之一，在互联网、云计算、大数据、脑科学等新理论、新技术和经济社会发展强烈需求的共同作用下，可能爆发出引领产业变革的效力。因此，该领域在全球范围内都具有极高的学术研究热度。但是，因为技术的前沿性，还未形成对经济社会具有支撑作用的产业化发展，所以虽然该问题的研究热度很高，但代表性成果与进展较小。一些知名学者对此开展了一系列研究，讨论主要聚焦于人工智能对经济增长和发展的影响④。

展望未来，对新经济的学术研究将持续火热，研究深度将随着

---

① 吴清军、杨伟国：《共享经济与平台人力资本管理体系——对劳动力资源与平台工作的再认识》，《中国人力资源开发》2018 年第 6 期；张成刚：《新就业形态的类别特征与发展策略》，《学习与实践》2018 年第 3 期；杨江华：《从网络走红到网红经济：生成逻辑与演变过程》，《社会学评论》2018 年第 5 期。

② 苏方国等：《共享经济中劳动关系治理》，《现代管理科学》2018 年第 8 期；问清泓：《共享经济下劳动规章制度异变及规制》，《社会科学研究》2018 年第 3 期；李梦琴等：《共享经济模式下的共享型用工关系研究进展与启示》，《中国人力资源开发》2018 年第 8 期。

③ 申广军、刘超：《信息技术的分配效应——论“互联网 +”对劳动收入份额的影响》，《经济理论与经济管理》2018 年第 1 期；阎毅：《收入分配、实体经济与虚拟经济关联性研究》，《当代金融研究》2018 年第 3 期。

④ 何玉长、方坤：《人工智能与实体经济融合的理论阐释》，《学术月刊》2018 年第 5 期；曹静、周亚林：《人工智能对经济的影响研究进展》，《经济学动态》2018 年第 1 期；吴中海：《中国新经济驱动力之大数据与人工智能》，《政治经济学评论》2018 年第 4 期。

新技术的发展水平、新商业模式的不断涌现、新产业和新业态的崛起而不断拓展。

三　总结

中国经济学和管理学的构建要立足中国道路的实践和成功经验，进而对其进行总结提炼，全面深刻解释中国的问题，指导中国的实践。① 改革开放的实践充分证明，社会主义和市场经济是可以结合的，改革开放是社会主义制度的自我完善和发展，社会主义市场经济体制是“市场对资源配置的决定性作用”与“正确发挥政府作用”的有机结合。但是，改革没有完成时，只有进行时，中国的改革事业仍需要在诸多议题上深入推进，未来必须进一步解放思想，以更大的勇气和决心推进改革。② 2017 年中央经济工作会议明确指出：“习近平新时代中国特色社会主义经济思想，是五年来推动我国经济发展实践的理论结晶，是中国特色社会主义政治经济学的最新成果，是党和国家十分宝贵的精神财富，必须长期坚持、不断发展。”展望未来，围绕我国改革开放重大问题，如高质量发展、现代化经济体系构建、乡村振兴战略等议题，学界将获得更加丰硕的研究成果。

本报告由中国人民大学书报资料中心经济编辑部和《经济学动态》编辑部联合课题组组织完成。课题负责人：李军林、胡家勇；统稿人：许晖；写作人员（按撰写顺序）：徐明、周学英、万晓琼、

① 周文：《中国道路与中国经济学——来自中国改革开放 40 年的经验与总结》，《经济学家》2018 年第 7 期。

② 高尚全：《中国改革开放四十年：回顾与思考（上）》，人民出版社 2018 年版。

张皓、许晖、靳毓、王蕾、万千、张妮；参与讨论修改的人员：杨新铭、李仁贵、陈建青、刘洪愧、何伟、刘新波、谭易等。本课题在讨论与撰写过程中，还得到其他学术单位与机构的支持。

（原载《经济学动态》2019 年第 3 期）

2019年中国经济学与管理学研究热点

2019年是新中国成立70周年。70年来，我国的思想理论研究取得了巨大成果，从毛泽东思想到邓小平理论、“三个代表”重要思想、科学发展观，直到党的十九大确立以习近平新时代中国特色社会主义思想作为新时代我国经济发展的指导思想。70年来，我国经济发展取得了辉煌成就，2019年我国国内生产总值达到99.0865万亿元人民币，按照年平均汇率折算达到14.4万亿美元，从一个贫穷落后的发展中国家发展成为世界第二大经济体，占世界经济的比重预计超过15%，是全球经济增长的主要推动力量，中华民族迎来了从站起来到富起来再到强起来的伟大飞跃。同时，我们也要看到，我国正处于并将长期处于社会主义初级阶段的基本国情没有变，发展不平衡不充分的问题依然突出；我国是世界最大发展中国家的国际地位也没有改变，人均GDP与高收入国家的差距虽然在缩小，但仍处于中等收入国家行列。为把我国建设成为社会主义现代化国家，实现中华民族伟大复兴，我们仍需要不断努力奋斗。

2019年，面对复杂严峻的国际形势，我国持续深化供给侧结构性改革，虽然部分领域仍然存在结构性矛盾和风险，经济下行压力依然较大，但国民经济运行总体平稳，发展质量稳步提升，为全面建成小康社会奠定了坚实基础。围绕经济改革与发展中面临的重大理论和现实问题，经济学界和管理学界的学者扎根祖国大地，回应时代呼唤，为构建中国特色的经济学、管理学体系提供学理支撑，助推中国特色社会主义道路的探索和经济高质量发展，并取得了丰硕成果。

一　热点梳理过程与主要原则

本年度热点梳理过程和主要原则与 2018 年相比没有变化，但仍赘述如下。

中国人民大学书报资料中心经济编辑部和《经济学动态》编辑部联合课题组自 2016 年成立以来，以复印报刊资料全文转载文献为基础，连续四年发布中国经济学与管理学研究热点分析报告。经过四年多的积累，课题组的年度经济学与管理学研究热点评选程序基本稳定，评选过程包括热点预判、热点条目推荐征集、文献调研、撰写入选理由、征询学界意见、内部研讨、专家讨论、学者评议、投票评议等环节，其间经过反复打磨，方形成最终热点。

2019 年 10 月，课题组启动了 2019 年度中国经济学与管理学领域学术研究总结梳理工作，至 12 月中旬，邀请专家代表就初选热点条目进行深入研讨，开放点评及投票评议，最终确定了八个学术研究热点。

热点的遴选主要坚持以下七个原则：①学术性。学术价值是热点选择的主要考量因素，包括热点问题的学术前瞻性、引领性、创新性，以及对学术发展和学科建设的推动作用等方面。②社会性。重视学术的应用性，探讨时代的重大现实问题，强调学术与社会的互相作用。③全面性。力求对 2019 年经济学与管理学的研究热点做全面梳理分析和系统研究，尽量不遗漏不缺省。④平衡性。尽量平衡课题组内部各学科的热点集中度，做到不只是以关注度或文献量等单一指标进行评价。⑤综合性。关注跨学科、多学科综合研究，从多角度研究每个学术问题，全面反映学术问题的各个方面。⑥包容性。选取概括性较强的热点，尽量规避过于微观具体或宏观空洞的选题，在合适的层面进行综合考量。⑦关注度。对围绕热点展开的研究和发文数量进行定量分析。

相较于前三次的热点遴选，本次梳理工作仍然强调热点条目的包容性和文献数量的支撑。文献数量主要来自“中国人民大学复印报刊资料数据库”（“全文数据库”和“索引数据库”）和“中国知网数据库”。在搜索文献的过程中，一个热点条目通常涉及多个关键词，文中不再赘述搜索过程。

经过多轮评选，最终形成2019年经济学与管理学八个学术研究热点，具体如下：①新中国经济发展70年：理论发展与实践经验；②构建中国特色社会主义政治经济学理论体系研究；③中国脱贫攻坚理论与实践；④地方政府性债务增长与区域金融风险防范；⑤中美贸易摩擦对国际经贸关系的影响；⑥数字经济热潮与治理研究；⑦区域协调发展研究；⑧完善多层次民生保障制度体系。

下文将从研究背景、文献支撑、主要研究内容和未来展望四个方面对热点条目进行逐一阐述。

二 2019年中国经济学与管理学研究热点分析

热点一：新中国经济发展70年：理论发展与实践经验

从1949年到2019年，新中国成立70年经历了曲折艰辛的发展历程，探索出了一条传统农业国成长为新兴工业化国家的中国道路。新中国在 70 年的经济发展中取得了巨大成就：规模上的超大性——中国有 14 亿多人口，比此前崛起的大国人口总和还要多；时间上的“压缩性”——中国仅用了几十年的时间，就走完了西方国家几百年走过的道路。中国在实现快速发展的同时确保了社会长期稳定，让经济社会发展的活力有序释放，实现了活力与秩序、发展与稳定的平衡。

2019 年，学界对中国经济发展 70 年来理论发展与实践经验进行了系统性的回顾和总结。基于中国知网的数据，共检索 2019 年关于中国经济发展 70 周年的学术论文 2500 余篇，其中复印报刊资料全文转载 108 篇。研究主题从理论与实践两个方面展开。

首先，70 年来的理论发展研究主要集中在以下几个方面。

1. *中国特色社会主义经济理论的建立和发展*。习近平新时代中国特色社会主义经济思想是经济理论创新的最新成果，是马克思主义中国化的最新成果，是 21 世纪马克思主义政治经济学。[①] 习近平总书记在《求是》杂志发表的重要文章《关于坚持和发展中国特色社会主义的几个问题》是我们总结和评价新中国成立 70 年社会主义经济建设实践以及社会主义经济思想和理论的指导和遵循。[②] 70 年经济理论发展最重要的是：坚持马克思主义基本原理与中国实际相结合；坚持实践第一，在不断实践探索中实现理论创新；坚持党的领导、依靠人民、尊重知识实现理论创新；在开放发展中学习借鉴人类文明成果实现理论创新。[③] 在中国经济运行和发展过程中，中国共产党的角色存在、重要地位和极具穿透性的作用是一个不可

① 逄锦聚：《新中国 70 年经济学理论创新及其世界意义》，《当代世界与社会主义》2019 年第 4 期。

② 裴长洪、许光伟：《习近平重要论述与新中国 70 年经济理论问题纲要》，《教学与研究》2019 年第 10 期。

③ 逄锦聚：《新中国 70 年经济学理论创新及其世界意义》，《当代世界与社会主义》2019 年第 4 期。

否认的客观事实，研究发现，中国经济发展曲折前行的70年历史中，存在一以贯之的逻辑线索和内在根据。[①] 社会主义积累的一般规律是：创新发展与共享发展统一，生产力提高与人的能力发展相互促进。[②] 央地间“条块结合”的基本架构虽未发生大的变动，但其中的权力配置格局和具体的实施类型却始终在不断调整和优化。[③] 新中国经济制度70年的变迁路径，内含着理论的抽象性和实践的具体性辩证关系的探索，展现出中国社会主义经济制度变迁中“否定之否定”的规律性特征和演变轨迹的历史语境和历史逻辑。[④]

2. 中国经济结构转型的理论内涵和路径。多重转型发展是新中国70年经济发展的逻辑，要借助转型来更新发展理念、转换经济发展战略、重塑经济发展动力、创新经济发展路径，不断谋求新发展。[⑤] 中国经济的总量和结构性存在以下特征：第一，由于持续的资本使用和劳动节约型的技术进步，中国存在一般利润率和潜在增长率的长期下降趋势；第二，社会主义市场经济体制的建立显著降低了中国宏观经济的波动性；第三，20世纪70年代初以前，中国面临着低生产资料投资—低消费的困境，成为制约经济发展的主要结构性问题。[⑥] 当今世界正处在以信息技术突破性发展驱动新一轮科技革命和产业变革的信息化时代，信息化与工业化深度融合并持续改变着城市化的内涵，工业化和城镇化的互动发展带动了农业现

---

① 金碚：《中国经济70年发展新观察》，《社会科学战线》2019年第6期。

② 荣兆梓、李艳芬：《社会主义积累规律研究：基于中国经济增长70年》，《教学与研究》2019年第9期。

③ 李康：《新中国70年来经济发展模式的关键：央地关系的演进与变革》，《经济学家》2019年第10期。

④ 李萍、杜乾香：《新中国70年经济制度变迁：理论逻辑与实践探索》，《学术月刊》2019年第8期。

⑤ 任保平：《新中国70年经济发展的逻辑与发展经济学领域的重大创新》，《学术月刊》2019年第8期。

⑥ 李帮喜、赵奕菡、冯志轩：《新中国70年的经济增长：趋势、周期及结构性特征》，《管理世界》2019年第9期。

代化，信息化和工业化深度融合、工业化和城镇化良性互动、城镇化和农业现代化相互协调的“四化同步”是新时代现代化进程的内在要求和基本规律。[①] 新时代深化农业农村改革面临着新的形势，应以正确处理好农民与土地的关系问题为主线，以构建新型工农城乡关系为重要遵循，坚持以人为核心的价值取向，统筹考虑农业现代化与农村现代化的综合推进。[②] 政府行为演变推进增长动力实现从投入要素驱动向创新驱动的转换，随着增长动力的不断优化，中国经济逐渐从粗放式增长的旧模式走向高质量增长的新常态。[③]

3. 中国经济发展新动能的探索和总结。70 年来，中国经济发展质量从新中国成立初期的低位震荡逐渐转向平衡增长，资源配置效率、经济结构逐渐趋于优化，开放效应与学习效应对经济发展的促进效应日益凸显。未来，中国经济高质量发展需要进一步通过改革充分释放“制度红利”和“人口红利”的叠加效应。[④] 未来中国工业发展既要注重生产规模的扩张，又要注重生产结构的调整；既要注重发展传统优势产业，又要及时进行产业的升级改造；既要注重产品的数量种类，又要注重技术的引进研发；既要注重产业集聚区的培育建设，又要注重产业的转移布局。[⑤] 在服务业发展方面，经历了“严重抑制、探索恢复、启动发展、快速发展、赶超发展以及超越发展”六个阶段，应以动态视角跟踪中国服务

---

① 黄群慧：《新中国 70 年工业化进程的历史性成就与经验》，《光明日报》2019 年 7 月 9 日。

② 王钊、曾令果：《新中国 70 年农业农村改革进程回顾、核心问题与未来展望》，《改革》2019 年第 9 期。

③ 金刚、沈坤荣：《新中国 70 年经济发展：政府行为演变与增长动力转换》，《宏观质量研究》2019 年第 3 期。

④ 程虹、高诗雅：《新中国 70 年经济发展质量：制度红利与人口红利的叠加效应》，《宏观质量研究》2019 年第 2 期。

⑤ 李金华：《新中国 70 年工业发展脉络、历史贡献及其经验启示》，《改革》2019 年第 4 期。

业发展的历史轨迹、把握服务业发展规律，分析和预判新业态、新模式的前景。[①] 在就业政策方面，应在调结构、保民生、补短板等方面持续用力，在全面建成小康社会的决胜期使广大劳动者生活得更加体面、更有尊严。[②]

其次，70年来的实践经验研究主要集中在以下几个方面。

1. 中国经济发展模式和现代化经济管理体系构建。具体来看，新中国70年金融业经历了曲折的发展过程，体现了中国制度变迁的强制性和诱致性，以及自上而下与自下而上相结合的发展特点。企业化、市场化和国际化既是金融业改革发展和历史演进的结果，同时也是70年后金融业再出发的起点，围绕这些方面的深化改革和软硬制度建设，是金融业从大到强、从规模和数量扩张到高质量可持续发展的关键所在；[③] 我国财政政策与货币政策则经历了多次"松紧"切换，在政策调控中存在多重目标调控两难、调控效应滞后、经济边际效应递减、政策效果相互抵消等问题，新时期要在财政货币政策组合范式、预期管理、供需协同、工具协调等方面完善创新机制。[④] 中国外汇市场发展70年历史经验表明：应坚持维护国家主权和人民利益，坚持为经济发展服务的总方向，坚持稳步有序推进外汇市场建设的策略，坚持货币政策操作的创新，坚持守住不发生系统性金融风险的底线；[⑤] 在对外投资方面，我国应加强对外直接投资法律体系建设、强化对外直接投资扶持政策、支持民营企

---

① 朱平芳、王永水、李世奇、谢婼青：《新中国成立70年服务业发展与改革的历史进程、经验启示》，《数量经济技术经济研究》2019年第8期。

② 谢秀军、陈跃：《新中国70年就业政策的变迁》，《改革》2019年第4期。

③ 巫云仙：《新中国金融业70年——基于制度变迁和改革开放的历史逻辑》，《政治经济学评论》2019年第4期。

④ 刘金全、张龙：《新中国70年财政货币政策协调范式：总结与展望》，《财贸经济》2019年第9期。

⑤ 王国刚、林楠：《中国外汇市场70年：发展历程与主要经验》，《经济学动态》2019年第10期。

业对外投资、提高国有企业对外投资绩效、增强政府与企业参与国际规则制定的能力。[①] 未来，中国科技创新与发展要实现“三步走”战略，需要按照“坚持双轮驱动、构建一个体系、推动六大转变”进行布局，构建新的发展的动力系统。[②] 70 年来，中国共产党对政府与市场关系的构建是渐次推进的，整体呈现出稳中求进的鲜明特点。[③] 新中国成立以来市场监管机构改革的探索，反映了政府、市场和社会之间角色和定位的转变，未来还需要在监管理念的共识、综合协调机构的定位、监管的激励机制的调整上努力探索。[④]

2. *新时代城乡关系的融合发展*。在城镇化框架下，我国城乡关系的实质是国家与农民的关系，国家战略和政策取向对城乡关系演化有重要影响，市场化在城乡关系中扮演着“双刃剑”角色，应在重构国家与农民政治经济关系的前提下协调好政府与市场的关系，从而实现新时代城乡关系的融合发展。[⑤] 新时代推进城乡融合发展，要继续坚持以处理好政府和市场的关系为主线，使市场在资源配置中起决定性作用，更好发挥政府作用，在城镇化的大格局下重塑城乡关系，实现城乡功能互补、协调发展，共同推进整个国家现代化进程。[⑥]

---

① 高鹏飞、辛灵、孙文莉：《新中国 70 年对外直接投资：发展历程、理论逻辑与政策体系》，《财经理论与实践》2019 年第 5 期。

② 程磊：《新中国 70 年科技创新发展：从技术模仿到自主创新》，《宏观质量研究》2019 年第 3 期。

③ 李冉、江可可：《新中国成立以来我国政府与市场关系的建构历程与前景展望》，《复旦学报》（社会科学版）2019 年第 5 期。

④ 刘亚平、苏娇妮：《中国市场监管改革 70 年的变迁经验与演进逻辑》，《中国行政管理》2019 年第 5 期。

⑤ 邢祖礼、陈杨林、邓朝春：《新中国 70 年城乡关系演变及其启示》，《改革》2019 年第 6 期。

⑥ 金三林、曹丹丘、林晓莉：《从城乡二元到城乡融合——新中国成立 70 年来城乡关系的演进及启示》，《经济纵横》2019 年第 8 期。

3. 区域协调发展和经济开放新体系的创新实践。在经济发展进入新时代的背景下，要重新审视区域发展与平衡的关系，区域发展政策应该发挥各地区的比较优势，让劳动力、资本等生产要素按回报在地区间自由流动，同时，在政策导向上以地区间的人均收入均衡替代经济总量的均匀分布，最终开启“在发展中营造平衡”的区域发展新时代。[①] 协同发展要注重金融功能的强化、基本公共服务功能的优化、城市与产业发展新思路的拓展、区域合作的深入推进。[②] 中国区域经济发展是内外部环境、国家战略、制度变迁和区域战略四元因素相互联动的结果，为解决当前中国区域经济面临的诸多问题，未来中国区域经济将以高质量发展为导向，在增强区域战略弹性、推动空间经济增长、加快区域协调发展、调整区域多元关系、促进区域新经济、构建区域绿色生态、优化城市群空间结构、扩大区域开放等方面有所作为。[③] 此外，还通过自贸区引进外资和对外投资进一步带动双向投资的发展，对外开放和制度创新是新中国 70 年“引进来”与“走出去”获得巨大发展的重要经验。[④]

展望未来，对中国经济 70 年发展的深入研究主要有以下方向：一是在理论层面深入总结中国化马克思主义的根本指导作用和实践方法，完善中国特色社会主义经济理论体系，弘扬优秀中国传统文化；二是在实践层面实现工业化与现代化、工业化与城镇化的相互促进，深入研究劳动力资源与各层次教育发展的利用和结合，探寻

---

① 陆铭、李鹏飞、钟辉勇：《发展与平衡的新时代——新中国 70 年的空间政治经济学》，《管理世界》2019 年第 10 期。

② 孙久文：《京津冀协同发展 70 年的回顾与展望》，《区域经济评论》2019 年第 4 期。

③ 刘秉镰、边杨、周密、朱俊丰：《中国区域经济发展 70 年回顾及未来展望》，《中国工业经济》2019 年第 9 期。

④ 赵蓓文、李丹：《从举借外债、吸收外资到双向投资：新中国 70 年“引进来”与“走出去”的政策与经验回顾》，《世界经济研究》2019 年第 8 期。

合理利用国土资源、天空资源与工业化、现代化技术发展相契合的实践举措。

热点二：构建中国特色社会主义政治经济学理论体系研究

关于如何“完善中国特色社会主义政治经济学理论体系”，如何“推进充分体现中国特色、中国风格、中国气派的经济学科建设”，政治经济学界对此做出了努力探索。2019 年，关于构建中国特色社会主义政治经济学理论体系的学术探索从学术史回顾、学科体系建设、话语体系建设等方面继续推进，突出了构建中国特色社会主义政治经济学的学术体系、学科体系、话语体系的研究主旨。

基于中国知网的数据，检索到 2019 年关于中国特色社会主义政治经济学的学术论文达 430 余篇，其中复印报刊资料全文转载 13 篇。研究主题主要集中在以下几个方面。

1. 学术史探讨。中国特色社会主义政治经济学是对新中国成立以来我国社会主义经济建设和发展经验的总结，学界回顾了 70 年来中国特色社会主义政治经济学的发展历程，总结了所取得的重大成果，分析揭示了其学术特征，指出新中国 70 年经济理论研究取得了重大进展。已有的重大理论创新包括但不限于中国特色社会主义经济理论、中国特色社会主义初级阶段理论、中国特色社会主义基本矛盾理论、中国特色社会主义基本经济制度理论、中国特色社会主义分配制度理论、中国特色社会主义市场经济理论、中国特色社会主义改革理论、中国特色社会主义宏观经济运行和宏观调控理论、中国特色社会主义发展理论、中国特色社会主义对外开放理论等。[①] 学界提出中国经济学理论研究实现了三次飞跃，分别是社会

---

① 逄锦聚：《新中国 70 年经济学理论创新及其世界意义》，《当代世界与社会主义》2019 年第 4 期。

主义初级阶段理论、中国特色社会主义经济理论、新时代中国特色社会主义政治经济学理论。① 要对经济制度和经济体制、经济运行及其关系做整体性研究，以揭示政治经济学的特定对象、学理依循、理论内涵、学术特征和科学体系。② 学界高度评价了习近平新时代中国特色社会主义经济思想，认为“习近平新时代中国特色社会主义经济思想为21世纪中国马克思主义政治经济学的建构明确了研究对象、研究方法、研究立场、研究目标”③。

2. 中国特色社会主义政治经济学的学科体系建设。2019年的研究比较集中于以下三个方面。第一，有学者指出，长期以来，中国特色社会主义政治经济学长于对现实经济政策的解读论证，却面临着基础原理不足的困境，未来要把中国社会主义经济建设的理论体系分为“指导思想”“中国特色社会主义政治经济学原理”“解读论证现实经济政策”三个层次的子学科，以消除把解读论证现实经济政策等同于构建中国特色社会主义政治经济学理论体系的认识误区，以便不同子学科各自推进，特别是推进滞后的政治经济学原理研究。④ 第二，在中国特色社会主义政治经济学如何借鉴西方经济学方面，根据理论的政治性色彩，可以把西方经济学理论划分为政治性的经济理论、主干性的经济理论和基础性的经济理论三类，对这三类理论采取相应的“剔除术”“整形术”“移植术”，吸收和融通其有益成分，为创建中国特色社会主义政治经济学所用。⑤ 第三，

---

① 张卓元：《新中国70年经济学理论研究的重大进展》，《新视野》2019年第5期。

② 顾海良：《从“第二次结合”到“系统化的经济学说”——新中国70年社会主义政治经济学“历史路标”论略》，《学习与探索》2019年第8期。

③ 韩喜平、王晓慧：《21世纪中国马克思主义政治经济学的建构》，《治理现代化研究》2019年第1期。

④ 刘明远、李彬：《构建中国特色社会主义政治经济学须有合理的学科定位与边界划分》，《当代经济研究》2019年第6期。

⑤ 方福前：《论建设中国特色社会主义政治经济学为何和如何借用西方经济学》，《经济研究》2019年第5期。

提出构建和发展中国特色社会主义政治经济学需要多学科共同努力，并明确一切以中国经济为研究对象的经济学科都应为构建和发展中国特色社会主义政治经济学贡献力量。①

3. 中国特色社会主义政治经济学的学术体系建设。2019 年度关于中国特色社会主义政治经济学的学术体系的研究从多个方面展开。第一，习近平新时代中国特色社会主义经济思想为中国特色社会主义政治经济学理论体系的建构明确了研究对象、研究方法、研究立场、研究目标。② 第二，从方法论层面探讨构建中国特色社会主义政治经济学理论体系的学理依据，并尝试从多个角度构建理论体系框架。如有学者提出，中国特色社会主义政治经济学作为一个完整的知识体系，由特征事实、基本概念、核心命题、命题检验、理论应用等不同环节组成，这些环节之间存在着有机的、内洽的逻辑体系，这种逻辑体系有助于揭示经济实践的内在规律并形成对长期发展趋势的深刻理解。③ 第三，结合中国经济发展中面临的主要问题，提出政治经济学创新的具体内容，如发展和完善社会主义初级阶段的基本经济制度和基本分配制度，完善社会主义市场经济的基本调节制度，在扩大开放中要始终坚持对等开放制度，坚持用发展变化的眼光看待社会主义发展的阶段性等。④

4. 中国特色社会主义政治经济学的话语体系建设。学界反思了当前话语体系的状况，指出现代经济学和政治经济学基本上是在西方语境下发展起来的，中国改革开放和社会主义现代化建设的成功

① 逄锦聚：《构建和发展中国特色社会主义政治经济学的三个重大问题》，《经济研究参考》2019 年第 4 期。

② 韩喜平、王晓慧：《21 世纪中国马克思主义政治经济学的建构》，《治理现代化研究》2019 年第 1 期。

③ 高帆：《论中国特色社会主义政治经济学的“科学性”》，《上海经济研究》2019 年第 9 期。

④ 刘国光：《关于中国政治经济学研究的几个基本理论问题》，《当代经济研究》2019 年第 8 期。

经验为创设新的话语体系创造了条件、提供了基础，中国特色社会主义现代化建设的进一步发展为创设新的话语体系提出了迫切的需求。学界深刻解析了话语体系这一主题，分析了话语体系的内涵和外延，尝试梳理已有话语体系中可沿用和借鉴的部分；提出了构建中国特色社会主义政治经济学话语体系的路径，如提出中国特色社会主义政治经济学的话语体系至少包括方法论、基本概念、理论和理论体系等内容；提出了构建路径，如建立学科共同体既要以马克思主义为指导，又要借鉴和吸收西方经济学的有益成分以及体现出中国特色，必须“走出去”等。①

在众多问题上，学界仍存在认识分歧。如：中国特色社会主义政治经济学理论体系的当前状态、包含内容，中国特色社会主义政治经济学的学科属性、历史起点、逻辑起点、研究对象、研究原则、研究方法、研究内容，等等。② 中国特色社会主义政治经济学理论体系需要更加精深的研究，向学理性、系统性、逻辑性的方向进一步发展。

热点三：中国脱贫攻坚理论与实践

党的十八大以来，以习近平同志为核心的党中央把脱贫攻坚工作纳入“五位一体”总体布局和“四个全面”战略布局，作为实现第一个百年奋斗目标的重点任务，做出了一系列重大部署和安排，全面打响了脱贫攻坚战。为了顺利完成2020年全面建成小康社会的目标，2019年学界从经济学、管理学和社会学等各学科、各角度，围绕深度贫困地区集中攻坚、解决“两不愁三保障”突出问题、深入推进东西部扶贫协作、加大扶贫投入、进一步完善建档立

① 李增刚：《以理论来源和学科特征为视角的政治经济学话语体系建构》，《求是学刊》2019年第5期。

② 卢江、陈弼文：《中国特色社会主义政治经济学研究》，《政治经济学评论》2019年第3期。

卡及脱贫攻坚与乡村振兴战略的有效衔接等方面进行了大量研究，取得了丰硕成果。

基于中国知网的数据，检索到 2019 年关于脱贫和精准扶贫的学术论文达 13500 余篇，其中复印报刊资料全文转载 34 篇。研究主题主要集中在以下几个方面。

1. 对脱贫经验的阶段性总结和分析。新中国成立以来的国家发展历程从某种意义上来说就是一个减贫的历程，我党始终坚持以人民为中心的发展理念，在每个发展阶段都立足于当时所处的经济发展条件，制订与每个发展阶段相适应的具体的扶贫计划。这是中国脱贫取得重大成果的根本保障。按照中国政府 2011 年确定的收入绝对贫困线衡量，中国农村贫困发生率从 1978 年的 97.5% 降至 2018 年的 1.7%，全国农村贫困人口从 1978 年的 7.7 亿人减至 2018 年的 1660 万人。按照世界银行发布的以 2011 年不变价格 1.9 美元/天的贫困标准衡量，中国农村贫困发生率从 1990 年的 66.6% 降至 2015 年的 1.25%。按照同样的贫困标准来衡量，任何一个发展中国家所取得的减贫成效都无法与中国相比较。中国的减贫经验，尤其是党的十八大以来实施的精准扶贫精准脱贫基本方略，为全球减贫事业贡献了中国智慧和中国方案。①

2. 对具体扶贫政策和实践效果进行分析评估。第一，财政扶贫和金融扶贫促进增收的效果因贫困户贫困程度不同而存在差异，财政扶贫短期内更有利于促进边缘贫困户增收，而金融扶贫更有利于促进深度贫困户增收且具有长期效应，在缓解多维贫困方面金融扶贫更具优势。② 第二，促进农村产业发展是贫困治理的重要手段，

---

① 李小云、于乐荣、唐丽霞：《新中国成立后 70 年的反贫困历程及减贫机制》，《中国农村经济》2019 年第 10 期。

② 吴本健、葛宇航、马九杰：《精准扶贫时期财政扶贫与金融扶贫的绩效比较——基于扶贫对象贫困程度差异和多维贫困的视角》，《中国农村经济》2019 年第 7 期。

以收入增加、对政府扶贫资金依赖性和贫困户参与生产程度三项指标来检验“村营市场主体”“企业承包制”“企业示范经营制”三种产业扶贫模式发现，每种模式都具有某种优越性，同时也存在着一些系统性的问题。无论采用哪种产业扶贫模式，村干部都在产业发展过程中起到举足轻重的作用，提升村干部的个人素质和领导能力是农村发展的关键。[①] 第三，易地扶贫搬迁是从根本上解决地区脱贫问题最直接、最有效的重要举措。个案研究表明，解读政策执行困境的生成逻辑要走出困境，在政策制定和执行过程中吸纳基层行动者参与，减少政策变动带来的困难，维护基层行动者之间的均衡互惠。[②]

3. *脱贫攻坚和乡村振兴战略的有效衔接问题*。脱贫攻坚主要解决农民问题，乡村振兴主要解决农村问题。脱贫攻坚为乡村振兴奠定了良好基础，乡村振兴巩固了脱贫攻坚成果。为了促进二者有机衔接，需要明确两大战略的政策着力点，辩证分析二者之间的内在逻辑关系，从政府与市场两个层面做好政府主导与市场决定的统筹衔接。[③] 从任务逻辑上来看，精准扶贫是首要任务，而乡村振兴是深化和保障；从范畴逻辑上来看，精准扶贫解决绝对贫困实现全面小康，乡村振兴解决相对贫困实现共同富裕；从时间逻辑上来看，要立足2020年和2050年这两个时间节点，在全面脱贫基础上实现乡村振兴。因此，在实施路径上，要通过出台由特惠向普惠逐步转型的惠农支农政策体系，推进精准扶贫主体与乡村振兴主体的有效衔接，实现精准扶贫与乡村振兴在技术层面的相互补充，全面建立

---

① 曾庆捷、牛乙钦：《乡村治理中的产业扶贫模式及其绩效评估》，《南开学报》（哲学社会科学版）2019年第4期。

② 柳立清：《政策多变与应对失矩——基层易地扶贫搬迁政策执行困境的个案解读》，《中国农村观察》2019年第6期。

③ 高强：《脱贫攻坚与乡村振兴有机衔接的逻辑关系及政策安排》，《南京农业大学学报》（社会科学版）2019年第5期。

二者有效衔接的保障机制。①

2020 年是全面打赢脱贫攻坚战收官之年。中国的扶贫实践发展要求决定了未来中国的扶贫理论在巩固脱贫成果、深度贫困地区的持续脱贫、优化扶贫协作和对口支援、高等职业院校在脱贫攻坚中的作用、脱贫攻坚与乡村振兴如何更好衔接、2020 年后的减贫战略及相对贫困等方面需要进一步深入研究，从而构建具有中国特色的扶贫话语体系，为减轻全球贫困提供理论和实践的支撑。

热点四：地方政府债务增长与区域金融风险防范

党的十九大报告指出，为决胜全面建成小康社会，需打好防范化解重大风险、精准脱贫、污染防治三大攻坚战。其中，如何防范化解因地方政府债务增长带来的财政金融风险是防范重大风险的题中应有之义，已成为我国顺利推进全面深化改革的一项关键内容，是社会各界共同关注的焦点问题。由于地方政府债务扩张过程中金融机构的广泛参与，地方政府债务问题已经不仅仅局限于财政问题的范畴，而是一个涉及财政、金融和宏观经济的综合性问题。只有精准掌握我国地方政府债务的地区分布状况，进而准确识别风险的区域差异，才能精准施策、重点治理，做好防范金融风险，促进经济增长的工作。地方政府债务与区域金融风险引起了社会的广泛关注，也成为学界研究的一个热点话题。

基于中国知网的数据，检索到 2019 年关于地方政府债务和金融风险的学术论文达 600 余篇，其中复印报刊资料全文转载 32 篇。研究主题主要集中在以下几个方面。

1. *地方政府债务风险水平的测度及预警*。相关学者利用实证研究方法对我国地方政府债务风险水平进行测度和预警，为下一步的治理提供决策依据。一般债务和专项债务这两类债务的区域分布都

① 章文光：《精准扶贫与乡村振兴战略如何有效衔接》，《人民论坛》2019 年第 4 期。

显示出较大的差异性：从纵向变动来说，整体债务风险水平有一定上升，上升的主要原因是债务规模的增长，但债务违约概率并没有显著的变化；从风险构成来说，一般债务风险约占三分之二，专项债务风险约占三分之一，比例结构也基本上保持稳定态势。[①]

2. *地方政府债务扩张的机理研究*。财政金融体制的激励作用是地方政府债务增长的制度基础，不同政府间财权和事权的分配和金融体制对政府融资的约束都会影响地方政府债务增长，在隐性金融分权导致的弱融资约束环境下，税收分成对地方政府债务依存度和负债率都产生了正向刺激作用。[②] 政府支出责任下移、竞争地区的举债行为对地方政府债务规模都会产生影响，上级政府将公共服务支出责任下放、竞争地区的债务融资行为均导致了地方政府债务规模的扩张。[③]

3. *地方政府债务风险溢出效应及影响研究*。深入研究地方政府债务风险溢出效应及地方政府债务风险与金融风险的关联性，对于全面评估政府债务膨胀对宏观经济的影响以及维护金融稳定都具有重要的意义。我国地方政府债务风险具有显著的空间溢出效应，这种溢出效应能够突破地理距离的影响并呈现复杂的多线程空间溢出的特征，缓释地方政府债务风险要注重跨区域协同治理。[④] 隐性债务向财政风险的传导路径有二：一是隐性债务风险向地方财政风险的传导，二是地方政府隐性债务风险向上级财政风险的传导。金融

---

① 刁伟涛等：《信用利差、违约概率与地级政府债务风险分类测度》，《财贸经济》2019 年第 6 期。

② 毛捷、刘潘、吕冰洋：《地方公共债务增长的制度基础——兼顾财政和金融的视角》，《中国社会科学》2019 年第 9 期。

③ 冀云阳、付文林、束磊：《地区竞争、支出责任下移与地方政府债务扩张》，《金融研究》2019 年第 1 期。

④ 沈丽、刘媛、刘华军、李文军：《地方政府债务风险的空间溢出及其解释——基于关系数据的研究》，《财政研究》2019 年第 3 期。

创新工具助推了金融风险，地方政府隐性债务更是推动了金融风险的扩张，这是隐性债务向金融风险的传导路径。①

4. 地方政府债务风险和区域金融风险防范治理中的财政与金融手段协调配合研究。防范化解地方政府债务风险和区域金融风险需要财政和金融手段双管齐下，方能对症下药，收到实效，只有强化金融与财政的协同改革，打破制度性障碍，用市场化手段提高金融运行效率及配置效率，同时加大财政分权制度和地方官员考核体系等制度性改革力度，才能破解民营企业融资难融资贵和地方政府性债务风险互相关联的双重困境。②

展望未来，地方政府债务问题依然不容忽视，有效控制地方政府债务规模、防范化解地方政府债务风险和区域金融风险仍将是学术研究的重要选题，预计今后研究会呈现出以下趋势：一是理论研究与现实问题相结合的综合性研究，例如从金融角度对政府信用金融化、地方政府债务的区域差异等事实做理论分析；二是随着基础数据更加完整，样本选取、指标细化更为完善，有关地方政府债务的实证研究会更具系统性；三是有关地方政府债务风险及其引致的区域金融风险的治理思路及监管策略的深入研究。

热点五：中美贸易摩擦对国际经贸关系的影响

中美经贸关系事关国际经贸关系的稳定和发展。自 2017 年以来，美国表现出明显的贸易保护主义，2018 年 3 月 8 日宣布对我国钢铝产品加征关税，3 月 22 日美国贸易代表办公室公布了所谓的 301 调查报告。2018 年 9 月 24 日，我国国务院新闻办公室发布《关

---

① 郑洁、昝志涛：《地方政府隐性债务风险传导路径及对策研究》，《宏观经济研究》2019 年第 9 期。

② 田国强、赵旭霞：《金融体系效率与地方政府债务的联动影响——民企融资难融资贵的一个双重分析视角》，《经济研究》2019 年第 8 期。

于中美经贸摩擦的事实与中方立场》白皮书；2019年6月2日国务院办公室发布《关于中美经贸磋商的中方立场》白皮书；经过中美两国经贸团队的多轮谈判，两国于2020年1月15日就中美第一阶段经贸协议文本达成一致。中美经贸关系影响广泛，备受社会各界关注，相关学术研究成果不断涌现。

基于中国知网的数据，检索到2019年关于中美贸易摩擦对国际经贸关系影响的学术论文达2000余篇，其中复印报刊资料全文转载93篇。研究主题主要集中在以下几个方面。

1. *贸易摩擦对中美双边经贸关系的影响*。从表面上来看，美国对我国挑起贸易摩擦的理由是中国对美国有大量的贸易顺差。① 但美方在进行贸易逆差统计时不仅使用贸易全额，也没有考虑美方对我国的服务业顺差。若使用更加准确的贸易增加值方法计算，双方的逆差将大大缩小；而且我国的贸易顺差产业集中于制造业，这与我国产业结构密切相关，具有合理性。因此，美国对中国崛起的遏制有着深层次历史、政治原因，美方贸易保护主义的逻辑在于维护美国霸权地位。针对美国对中国加征关税的措施，学界通过理论模型及统计测算分析来模拟加征关税对中美两国经济的影响，普遍认为，在以关税为手段的贸易摩擦中，我国面临的损失将大于美国。进一步深入剖析中美双方贸易顺差行业构成及美方征税清单发现，美国设置技术性贸易壁垒的主要目标是提高技术与资本密集型产品的进入门槛，以保护美国生产企业的竞争优势。② 理论上，随着世界经济的发展及经济体相互之间的经济联系和依赖性增强，贸易自由化才是最优的选择。但从中美经贸关系走向上来看，中美贸易摩擦不是短期通过贸易谈判就可以解决的事情，而是一个长周期的问题，将伴随着我国崛起

---

① 余永定：《中美贸易战的深层根源及未来走向》，《财经问题研究》2019年第8期。

② 张淑静、温凯茹：《美国技术性贸易壁垒对中国出口的影响——兼谈中美贸易摩擦的实质》，《国际经济合作》2019年第4期。

成为社会主义现代化强国的全过程。[①] 因此，面对美国挑起的贸易争端，一要坚持对外开放，二要加快培育我国自主的核心技术体系。

2. 中美贸易摩擦对多边国际经贸体系的挑战。美国经济上大力推行贸易保护主义，实质就是通过美国认为的以“公平”替代“自由”，重塑美国在全球多边贸易体系的霸权地位。美方挑战多边贸易体制的根本原因是中国等新兴国家经济实力的增强打破了世界经济原有格局，美国等传统西方经济强国竞争优势下降。[②] 美国认为 WTO 在争端解决机制、推进贸易谈判、发展中国家定位、规则透明度以及应对中国“不公平”贸易行为等方面均存在问题。WTO 改革虽有必要性，但发展中国家特殊与差别待遇仍是多边发展议题的核心构成，未来应关注发展中成员的能力缺失问题，特别是从经济社会发展指标上来看，我国仍是发展中国家，在 WTO 改革中应维护自身的合法权益。[③] 因此，我国在回击美国单边主义的同时，应通过积极自主的改革开放，主动参与 WTO 改革，致力于维护基于 WTO 的多边贸易体系。具体而言，对内深化改革，对外积极协调与发展中国家尤其是新兴经济体的一致立场，保证国际新贸易秩序调整的成本最低化，从而实现中国参与、引领 WTO 改革的利益最大化。

3. 中美贸易摩擦对区域贸易策略选择的影响。2018 年 10 月 1 日美国和加拿大联合声明，美国、加拿大和墨西哥达成《美加墨协定》，美国成功地实现了其在关税、原产地规则和新科技等方面的多数要求。[④] 特朗普政府认为多边贸易协定不符合美国利益，于

① 陈文玲：《对当前中美经贸关系走势的分析与研判》，《学术前沿》2019 年第 13 期。

② 刘敬东：《WTO 改革的必要性及其议题设计》，《国际经济评论》2019 年第 1 期。

③ 张向晨、徐清军、王金永：《WTO 改革应关注发展中成员的能力缺失问题》，《国际经济评论》2019 年第 1 期。

④ 魏红霞：《〈美墨加协定〉谈判中的各方利益博弈》，《拉丁美洲研究》2019 年第 2 期。

2017年1月宣布退出TPP。2018年《日欧经济伙伴协定》通过，日欧把基于共同价值观、规则、标准的自贸协定作为对外扩大影响力的抓手，构建了关税和非关税壁垒更少，但规则和标准更为完善的新全球贸易秩序和格局。[①] 亚太地区贸易平台主导权一直以来是中美双方的竞争之一，美国退出TPP暂时结束了亚太地区的“双轨竞争”。中国应抓住机遇促进区域贸易协定的签署，与欧盟、东盟等经济体加强贸易联系，通过构建更加紧密的贸易联系形成新的价值链闭环，以应对美国的“再平衡”策略。[②] 新的自贸区构建不仅能够缓解中美贸易摩擦对中国的负面影响，而且能够形成新的增长点，促进我国的经济增长。

深入分析美国对我国挑起贸易争端的根源，有助于正确判断国际经贸关系的发展趋势，有助于在多边贸易体制中维护我国作为发展中国家的利益。展望未来，中美贸易摩擦的解决是一个长期问题，双边经贸关系中涉及的问题也具有长期性，只有严谨、充分、坚实的学术研究，才能针对经贸关系中的问题从学理层面给予有力的回答。此次贸易摩擦涉及的更广泛、深入的基础性问题，如全球价值链的转移、国内价值链的构建、多边贸易体系的重塑、区域贸易合作等将成为未来研究的重点。

热点六：数字经济热潮与治理研究

自党的十九大报告提出要“大力发展数字经济、平台经济、共享经济、智能经济”以来，我国将数字经济前十数年的迅猛发展势头延续并推至新高度。2018年我国数字经济规模已达到31.3万亿元，占GDP比重达到34.8%。数字经济体系基本建成并走向完善，

① 张季风等：《关于日欧EPA的深度分析：内容、诉求及影响》，《日本学刊》2018年第5期。

② 黄鹏、汪建新、孟雪：《经济全球化再平衡与中美贸易摩擦》，《中国工业经济》2018年第10期。

正在成为中国经济增长的新引擎。农业数字化转型稳步推进，互联网与制造业深度融合，电子商务交易额持续突破，数字化新业态不断涌现，数字经济创新发展试验区创新实践如火如荼开展，数字丝绸之路建设合作有序推进，跨境电商进出口迅猛发展。数据资源正成为驱动数字经济发展的核心要素。数字经济在拉动内需、促进劳动就业、推动产业转型升级、助力“放管服”改革、参与全球数字化转型等方面的巨大能量越来越受到瞩目。

基于我国在现实经济领域中产业数字化与数字产业化建设的成果积累，学界对数字经济这一迅速发展的新经济形态表现出了较高的研究热情，从对一些简单、浅表、个别的经济现象进行描述、归纳和总结，逐步深入对关键生产要素、要素资源配置、新型生产关系、技术结构特征、产业组织形式、产业集聚模式与相适宜的制度环境建设等方面的讨论与探索。需要说明的是，本部分把对新经济、平台经济、人工智能、区块链、“互联网+”等关键热词的交叉研究并入数字经济研究。

基于中国知网的数据，检索到2019年关于数字经济及相关治理的学术论文达39000余篇，其中复印报刊资料全文转载386篇。研究主题主要集中在以下几个方面。

1. 数字经济的内涵、特征与体系构成。数字经济是利用数字技术，通过不断升级的网络基础设施与信息工具引导和实现资源的快速优化配置与再生，推动经济高质量发展的经济形态。国内外数字经济自20世纪90年代被提出以来，有不同的含义界定与时代背景，而大多以G20杭州峰会上对数字经济的含义表述为共识。[①] 数字经济以云计算、互联网、物联网、大数据、人工智能等新一代信

① 张辉、石琳：《数字经济：新时代的新动力》，《北京交通大学学报》（社会科学版）2019年第2期。

息技术的跨越式发展为技术载体，以数据为关键生产要素，变革了传统技术—经济范式。数字经济可以被解构为数字化产业、产业数字化以及数字化治理。

2. *数字经济创新发展*。基于对数字经济发展的核心驱动力与关键生产要素，以及对数字经济具备的低边际成本、高规模经济与范围经济等特征的共识，学界从不同学科领域和研究角度入手，对我国数字经济发展现状、风险挑战及如何进一步引导推进其发展等方面展开了内容丰富的理论研究。从数字经济构成角度，学界探讨了数字化产业与产业数字化发展，用管理学或产业经济学的研究方法，从产业及企业层面研究分析了目前我国数字经济的发展。对数字化产业的研究，涵盖信息基础设施行业、互联网行业、软件和信息技术服务业、电子商务、共享经济等，主要集中于数字经济与实体经济的融合发展，特别是集中在新一代信息技术对制造业提升生产效率、优化产业结构、提高我国价值链位势方面的积极作用等方面。对数字经济背景下企业发展的研究则集中于公司治理模式、组织形态与管理方式的创新探讨。① 此外，越来越多的学者尝试从马克思主义政治经济学理论角度，研究数字化变革对生产力与生产过程中“生产—交换—消费—分配”各环节的影响。②

3. *数字经济对劳动力和劳动关系的影响*。数字经济推动传统劳动过程走向数字劳动过程，引起一系列转变，如私人劳动与社会劳动的界限被打破，劳动内容由物质劳动越来越多地走向非物质劳动，直接雇佣关系被更为开放的劳动关系所取代，劳动控制和报酬支付都由此产生了巨大变革。越来越多的传统劳动经济研究者将精

---

① 吴汉洪、王申：《转换成本视角下互联网企业的创新竞争策略》，《经济理论与经济管理》2019 年第 3 期。

② 杨慧玲、张力：《数字经济变革及其矛盾运动》，《当代经济研究》2020 年第 1 期。

力投注于数字经济背景下劳动力与劳动关系的变化研究。

4. 数字经济治理。数字经济作为新的经济形态具有其特殊性，国家在治理数字经济问题上需要突破传统思维，加强政策制度创新。目前，从产业经济角度来看，学界更热衷于探讨数字经济背景下平台企业竞争与垄断的治理问题。[①][②] 从公共管理角度来看，对围绕数字经济核心生产要素的数据资源相关法律法规的研究关注较多，而且主要集中于对数据资源的所有权、使用权、流转权等问题的研究。

5. 区域数字经济发展与评价。区域数字经济发展的不平衡状况在一国内部和全球层面都很突出。很多学者致力于区域数字经济评价体系的构建与完善，并关注国内各地区数字经济发展状况。[③] 全球各类经济合作组织纷纷将数字经济作为发展重要议题，围绕国际经济合作区域内的数字贸易、产业技术合作、数字经济治理等研究也正在涌现。数字丝绸之路建设也吸引着区域经济研究者的关注。

6. 数字经济统计与国民经济核算。由于数字经济的价值衡量难以进行，因此围绕宏观层面上数字经济贡献率以及国民经济核算的研究一直是学界关注的热点。[④] 对数字经济的学理性研究一直都在紧紧跟随火热的技术与市场发展，通常，学理性研究的突破式创新成果需要更长的时间才能得以呈现。

无论是用既有的经济学与管理学理论框架来解释新的数字经济现象，还是在数字经济时代背景下寻求经济学与管理学理论的新发

---

① 曲创、刘重阳：《平台竞争一定能提高信息匹配效率吗？——基于中国搜索引擎市场的分析》，《经济研究》2019 年第 8 期。

② 熊鸿儒：《数字经济时代反垄断规制的主要挑战与国际经验》，《经济纵横》2019 年第 7 期。

③ 陈楠、蔡跃洲：《数字经济热潮下中国 ICT 制造业的发展质量及区域特征——基于省域数据的实证分析》，《中国社会科学院研究生院学报》2019 年第 5 期。

④ 续继、唐琦：《数字经济与国民经济核算文献评述》，《经济学动态》2019 年第 10 期。

展，国内相关学者都在这一领域表现出了极高的研究热情。展望未来，对数字经济治理、数字经济统计与贡献率的核算等方面的研究也将成为持续研究的方向。

热点七：区域协调发展研究

党的十九大针对新时代我国社会主要矛盾的转化，提出建设现代经济体系，把“区域协调发展战略”作为其中的重要环节，同时也作为解决发展不平衡不充分问题的重要方略。目前，我国已构建起因地制宜、与时俱进的多层次、多领域、全方位区域协调战略体系，以“五位一体”总布局为统领的区域协调发展新格局正在形成。

基于中国知网的数据，检索到2019年有关区域协调发展、区域一体化及空间布局优化的学术论文达900余篇，其中复印报刊资料全文转载20篇。研究主题主要集中在以下几个方面。

1. 我国区域协调发展战略演变的梳理。自党的十六届三中全会通过的《中共中央关于完善社会主义市场经济体制若干问题的决定》提出五个统筹新要求以来，“区域协调发展”开始进入人们的视线。党的十八大报告提出，“继续实施区域发展总体战略……”①，党的十九大报告进一步指出，“……建立更加有效的区域协调发展新机制”②。2018年《中共中央、国务院关于建立更加有效的区域协调发展新机制的意见》指出，“坚持新发展理念，紧扣我国社会主要矛盾变化……加快形成统筹有力、竞争有序、绿色协调、共享共赢的区域协调发展新机制，促进区域协调发展”,③ 把“实施区域

① 胡锦涛：《坚定不移沿着中国特色社会主义道路前进　为全面建成小康社会而奋斗——在中国共产党第十八次全国代表大会上的报告》，《人民日报》2013年8月1日。

② 习近平：《决胜全面建成小康社会　夺取新时代中国特色社会主义伟大胜利——在中国共产党第十九次全国代表大会上的报告》，人民出版社2017年版，第33页。

③ 中共中央党史和文献研究院编：《十九大以来重要文献选编》（上），中央文献出版社2019年版，第690—691页。

协调发展战略”作为解决发展不平衡不充分问题的重要方略。①②③

2. *构建区域协调发展新格局研究*。我国区域经济要按照新发展理念加快培育新增长动能，着力提升各层面区域战略的联动性和全局性，增强区域发展的协同性和整体性。党的十九大以来，在不断深化和落实“四大板块 + 三大战略”的区域发展战略的基础上，党中央又先后提出了“粤港澳大湾区建设”“长三角一体化发展”“黄河流域生态保护和高质量发展”国家战略，丰富并完善了我国区域协调发展战略体系，构成了“四大板块 + 四大战略 + 两大引领区”的区域发展战略体系。④ 而各大城市群、自贸试验区及国家级新区则构成区域协调发展战略支点，从而建立起以中心城市引领城市群发展、城市群带动区域发展的新模式，推动区域板块之间融合互动发展的格局。此外，国家在支持资源型地区经济转型发展、加快边疆发展、加快建设海洋强国等方面，也形成了相应的政策体系，旨在控制区域分化，促进区域间相互融通补充，全方位、系统化提升各层面区域战略的联动性和全局性，开创中国区域协调发展新格局。⑤

3. *区域协调发展的新机制研究*。2018 年，《中共中央　国务院关于建立更加有效的区域协调发展新机制的意见》指出：“按照高质量发展要求，紧紧围绕统筹推进‘五位一体’总体布局和协调推进‘四个全面’战略布局……加快形成统筹有力、竞争有序、绿色协调、共享共赢的区域协调发展新机制，促进区域协调发展。”其

---

① 张贡生：《中国区域发展战略之 70 年回顾与未来展望》，《经济问题》2019 年第 10 期。

② 蔡之兵：《区域协调发展战略在新时代将发挥更大作用》，《中国经济时报》2019 年 10 月 18 日。

③ 武英涛、刘艳苹：《习近平新时代区域经济协调发展思想研究》，《上海经济研究》2019 年第 6 期。

④ 肖金成、安树伟：《从区域非均衡发展到区域协调发展——中国区域发展 40 年》，《区域经济评论》2019 年第 1 期。

⑤ 樊杰、王亚飞、梁博：《中国区域发展格局演变过程与调控》，《地理学报》2019 年第 12 期。

中“统筹有力、竞争有序、绿色协调、共享共赢”是对区域协调发展新机制的高度概括：第一，统筹有力的前提是建立完善的区域管理制度基础。其中主要包括：合理设置区域管理机构；明确区域管理的作用对象，划分标准区域和识别问题区域框架；确定合理的政策工具并规范区域规划和区域政策程序；制定规范且明确的区域规划和区域政策的监督与评价流程四个方面。第二，竞争有序主要依靠两种手段，即区域规划与区域政策。首先，发挥区域规划促进竞争有序的作用：建立标准区域制度，划分出多级标准区域体系，提供统一、权威的区域规划基本空间单元；强化区域规划立法，规定区域规划的责权利以及制定、实施和监督评价的程序；规范区域规划制定和实施，争取尽快在区域规划的分类、制定规范、实施程序等方面达成共识。其次，合理的区域合作政策要充分发挥一个区域的现有资源与经济优势，促进经济可持续发展，促进区域分工，在竞争激烈的环境中寻求区域共同发展而不是单个地区发展的机会，同时防止区域经济冲突。第三，绿色协调的核心内容是在实现人与自然和谐的基础上促进区域协调。首先，在主体功能区划分的基础上，制定出标准区域与问题区域划分框架，并以此为基础制定区域规划与区域政策，才能将主体功能区制度落到实处。其次，制定合理的区域产业发展负面清单，不但要兼顾地方发展和“绿水青山”，更要明确由哪些机构执行、监督与评估这类清单。第四，建立共享共赢机制主要依靠两种手段，即问题区域扶持政策和对口支援政策。中央政府首先需要制定一个“穷、堵、老”清单，并确定定期调整机制来扶持问题区域。其次，需要完善对口支援政策，需要在效率与均衡负担方面加以改进，应该围绕受援区域的需要安排支援项目。①

① 张可云：《区域协调发展新机制的内容与创新方向》,《区域经济评论》2019 年第 1 期。

4. *着力探讨解决区域发展中的突出矛盾和问题*。要创新高效的区域发展新机制，对不同区域分类指导，重点突破。要注重南北发展的差异研究，发挥各地区比较优势，加强区域优势互补，促进各类要素合理流动和高效集聚，控制区域分化。[①] 要充分挖掘先进地区创新引领潜能和先行先试的积极性，以先进带动后进地区，促进转型升级，帮助后进地区提升基础设施、公共服务、生态保障和市场化水平，形成内外开放的良性互动，统筹对接。此外，要对老少边穷地区、资源枯竭地区和老工业基地，因地制宜进行产业转型升级改造和新动能培育，研究挖掘创新潜能，激活潜在人才、科技、资源等要素的活力，重塑或提升区位优势，解决区域发展不协调、不平衡的难题。

2019 年 12 月，习近平总书记在《求是》杂志撰文，重点谈到三个方面：正确认识当前区域经济发展新形势、新形势下促进区域协调发展的思路和促进区域协调发展的主要举措。[②] 这些论述既总结了当前区域经济发展的主要特点，又为下一步的区域经济发展指明了高质量协调发展的方向。展望未来，学界将进一步研究经济带演变的规律，探讨不同空间尺度下实现区域经济一体化的途径。具体来看：将注重研究培育高质量区域协调发展的新空间动能，注重探讨增长极在构建区域协调发展新战略支点中的作用，如数字经济、人工智能等带来的新极化现象以及在区域分工的新形态下正在形成的新极点，进一步研究区域差异问题，探讨加强区域优势互补、控制区域分化的有效途径；研究解决区域发展中的突出矛盾和问题，重点探讨贫困性质的转变和缓解相对贫困的区域途径，针对资源枯竭地区

---

① 孙志燕、侯永志：《对我国区域不平衡发展的多视角观察和政策应对》，《管理世界》2019 年第 8 期。

② 习近平：《推动形成优势互补高质量发展的区域经济布局》，《求是》2019 年第 24 期。

和老工业基地，要研究挖掘创新潜能，探寻振兴发展的新路径。

热点八：完善多层次民生保障制度体系

多层次化是世界各国社会保障发展的共性规律。1993 年，《中共中央关于建立社会主义市场经济体制若干问题的决定》中首次提出“建立多层次的社会保障体系”的改革目标。1994 年，世界银行就积极倡导社会保障“三支柱”理论，2005 年又将“三支柱”理论扩展为“五支柱”学说。但是长期以来，关于如何具体构建多层次社会保障制度体系建设，业界和学界并未达成共识。党的十八大以前，传统社会保障体系对社会贫困人口的救助非常有限。脱贫攻坚行动的开展显著强化了学界关于社会保障扶贫功能、作用机制、政策设计、实施效果等的系列研究，极大地丰富了我国多层次社会保障理论成果。党的十九大和十九届三中全会明确提出“按照兜底线、织密网、建机制的要求，全面建成覆盖全民、城乡统筹、权责清晰、保障适度、可持续的多层次社会保障体系”，多层次社会保障理论框架和政策实践体系更加清晰、明确。2019 年，社会保障学界的研究主题涉及社会保障制度建设的各个具体问题，包括社会保障公平性、完善农村社会保障、社会保险降费及全国统筹、医疗保险筹资及付费方式改革、困难群体的社会救助及瞄准机制等方面，学界对我国社会保障制度体系从理论到实践、从抽象到具体、从宏观到微观进行了广泛研究。

基于中国知网的数据，检索到 2019 年关于社会保障体系的学术论文达 2900 余篇，其中复印报刊资料全文转载 122 篇。研究主题主要集中在以下几个方面。

1. 我国社会保障的演变与发展。70 年来，伴随中国共产党执政理念的发展变化和中国特色社会主义建设目标及路径的日益清晰，中国社会保障制度经历了两大发展时期。从早期的传统社会保障制度主要面向城镇居民，发展到现代社会保障制度成为全体人民共享国家发展成果的基本制度保障。[①] 在这两个时期，社会保障事业历经初创与调整、停滞与恢复、探索与改革三个主要发展阶段。[②] 经过三个阶段的发展，社会保障体系由传统的国家—单位保障体系向国家—社会保障体系转变，责任主体也由公有制基础上的单一主体（国家）承担转变为多元主体（国家、社会、家庭、个人）分担且独成体系的新格局。[③]

2. 社会保障体系的理论内涵。第一，马克思社会保障理论。马克思在《哥达纲领批判》中提出的“社会总产品扣除”理论不仅揭示了社会保障基金的来源，而且预测了社会主义社会需要社会保障。基于马克思的资本二重性原理，以社会保险、社会福利、社会救助等制度为代表的社会保障制度是解决当下中国民生问题的制度载体。第二，社会分层理论。新中国福利制度的发展起始于“社会身份本位”的劳动保险制度，受“政治分层”和城乡二元结构的影响，形成了我国社会福利的“内外现象”和福利分层。经过“发展主义”“和谐社会”“全面建设小康社会”等背景下的政策发展，现有社会福利体系的福利层变得相对复杂：既要缓解社会保险领域的“分层效应”，又要克服基本公共服务供给的“内外现象”；既要建立统一的社会保险制度，又要把基本公共服务从其与其他制度的捆绑中分离出来，并推动基本公共服务供给的均等化。[④] 第三，多层次化理论。多层次化是各国社会保障发展的基本取向，也是我

---

① 郑功成：《中国社会保障 70 年发展（1949—2019）：回顾与展望》，《中国人民大学学报》2019 年第 5 期。

② 邓大松、李芸慧：《新中国 70 年社会保障事业发展基本历程与取向》，《改革》2019 年第 9 期。

③ 宋晓梧：《中国社会保障制度 70 年演变及展望》，《中国劳动》2019 年第 10 期。

④ 岳经纶、方珂、蒋卓余：《福利分层：社会政策视野下的中国收入不平等》，《社会科学研究》2020 年第 1 期。

国早已明确的改革目标。目前，理论上还存在认识误区，如将其局限于养老金体系多层次化，或将先后有序的层次性代之以平行的“多支柱”概念等。

3. 社会保障体系存在的问题及对策。我国社会保障体系多层次化目标明确但发展理念依然模糊，相关政策渐成体系但实践效果并不理想，法定保障层次独大而非法定保障层次严重滞后，市场主体、社会组织虽有积极性但发育不良且难担重任，多层次社会保障体系建设亟待统筹规划与分层分类协同推进。[①] 养老金的多层次化备受关注，而养老保险与医疗保险衔接不足，两项支出也未充分发挥减贫功能。医保个人账户取消后，医疗保障体系仍存在风险分散不足、城镇家庭一家多制、灾难性医疗支出等问题。社会救助项目碎片化及支出的无效叠加，导致了保障水平的非平衡性发展。[②] 学界建议尽快优化并实现法定保障制度定型并全面覆盖，合理设计多层次体系的结构与功能定位，理性有序地推进养老保险、医疗保障、养老服务、社会救助、住房保障等骨干项目的多层次化。

2019 年恰值新中国成立 70 周年，回顾新中国成立以来社会保障体系的发展与改革成就，经过不断探索，适应市场经济体制与社会发展进步要求的新型社会保障体系逐步建立起来，有力地维护了经济改革的顺利推进。展望未来，全面加快建设适应新时代的高质量社会保障体系研究将成为学界聚焦的热点，其中，改变地区统筹分割局面和提高统筹层次，提高民生保障的运行效率，填补社会保障领域的立法空白，实现养老保险基金保值增值，完善社会养老服务体系、加快“银发产业”发展，进一步深化社会医疗保险制度改

---

① 郑功成：《多层次社会保障体系建设：现状评估与政策思路》，《社会保障评论》2019 年第 1 期。

② 郑秉文：《“后 2020”时期建立稳定脱贫长效机制的思考》，《宏观经济管理》2019 年第 9 期。

革，加快建立住房保障供应体系，构建以促进就业为核心的失业救助制度，优化社会救助体系，促进制度融合，加快社会保障国际化进程等问题的研究有待进一步拓展。

三 总结与展望

作为具有里程碑意义的2020 年，既是全面建成小康社会之年，也是第一个百年奋斗目标实现之年，同时也拉开了百年未有之大变局的帷幕。年初，一场突如其来的新冠肺炎疫情使本来处于下行压力中的中国经济受到了严峻挑战。面对突发的疫情，中国政府和人民不畏艰险，打响了一场抗击疫情的人民战争。经过艰苦卓绝的努力，付出巨大牺牲，最终取得了积极成效。中国雄厚的经济基础、完整的工业体系和庞大的国内消费市场，决定了疫情对中国经济的影响是短期的、暂时的，中国经济的长期竞争力、增长潜力和发展韧性不会因为疫情挑战而改变，中国经济长期向好的基本趋势不会改变。

社会的变革和进步总是在外界的强烈冲击下加快进程。在中国经济面临下行压力的情况下，疫情给许多行业带来冲击的同时也加快了产业结构调整的步伐，为加快中国经济转型升级带来了新的机遇。这次疫情让我们发现经济社会发展过程中存在的短板和漏洞，在补短板、堵漏洞的同时，要深化体制机制改革，完善国家治理体系和治理能力。以习近平同志为核心的党中央针对疫情及时做出决策部署，中央政府加大宏观政策调节力度，充分发挥中央和地方的积极性，深化供给侧结构性改革，提升经济潜在增长力，为中国经济发展提供了新的机会，为实现同时打赢疫情防控和脱贫攻坚两场硬仗，决胜全面建成小康社会提供了保障。

中国经济波澜壮阔的发展实践为原创性理论的创新和发展提供了强劲的动力和源泉，取得重大创新成果的理论研究必将为中国经济发展提供强大理论支撑，实践发展与理论创新的互促关系必将不断开创中国经济理论与实践发展的新局面，中国特色社会主义事业必将取得新突破!

本报告由中国人民大学书报资料中心经济编辑部和《经济学动态》编辑部联合课题组组织完成。课题负责人：李军林、胡家勇；统稿人：周学英；写作人员（按撰写顺序）：徐明、刘然、张皓、万千、许晖、张妮、万晓琼、王蕾；参与讨论修改的人员：杨新铭、李仁贵、陈建青、刘洪愧、何伟、刘新波、谭易等。本课题组在讨论与撰写过程中还得到其他学术单位与机构的支持。

（原载《经济学动态》2020 年第 4 期）

2020 年中国经济学与管理学研究热点

一　引言

2020 年，新冠肺炎疫情席卷全球，冲击了正常的国际经济秩序，令处于低迷中的世界经济雪上加霜，世界经济陷入了深度衰退。以数字化、智能化和网络化为特征的新一轮科技革命和产业变革正加速演进，数字经济的兴起为全球经济发展注入了新动能。2020 年，面对错综复杂的国内外形势，中国经济坚持构建以国内大循环为主体、国内国际双循环相互促进的新发展格局，推动经济高质量发展，积极应对新冠肺炎疫情，经济运行逐步恢复，全年经济实现了正增长，经济总量突破了 100 万亿元，脱贫攻坚战取得了全面胜利，全面建成小康社会取得了决定性成就。

2020 年，经济学界与管理学界立足中国经济实践，在已有理论成果的基础上，聚焦重点、深化研究，形成了理论创新成果不断涌现的生动局面。

中国人民大学书报资料中心经济编辑部和《经济学动态》编辑部联合课题组，沿用以往的评选程序和评价标准，梳理了 2020 年度的学术研究状况，确定了经济学与管理学八个学术研究热点，具体包括：①新冠肺炎疫情对全球经济的影响及挑战，②中国经济学构建与中国特色社会主义政治经济学研究，③新发展理念下的高质量发展研究，④数字经济与经济发展新动能，⑤全面脱贫与乡村振兴，⑥新发展格局下的全球价值链重构与中国应对，⑦数字金融的发展与风险监管，⑧全球变局下的科技创新发展研究。

课题组的遴选工作坚持七项原则。①学术性。从学术前瞻性、引领性、创新性，以及对学术发展和学科建设的推动作用等方面，考察研究的学术价值，这是热点选择的主要考量因素。②社会性。考察研究的社会功能，关注理论与实践的互动。③全面性。在复印报刊资料经管期刊矩阵年度转载的基础上，结合知网平台的收录数据，力求对年度研究状况做全面梳理和系统研究。④平衡性。平衡经济学和经济管理各学科的热点集中度，做到不只是以关注度或文献量等单一指标进行评价，而是覆盖尽可能多的学科。⑤综合性。关注跨学科研究、多学科综合研究，强调对重大问题的整合性认识。⑥包容性。选取概括性较强的研究主题，尽量规避过于微观具体或宏观空洞的领域，在中间层面进行筛选。⑦关注度。结合热点提出的时间节点和历年热点选题的重复性，对围绕热点展开的研究和发文数量进行定量考察。

下文将主要从研究背景、文献支撑、主要研究内容和未来展望四个方面逐一阐述2020年度八大学术热点。

二　2020年中国经济学与管理学研究热点分析

热点一：新冠肺炎疫情对全球经济的影响及挑战

2020年，新冠肺炎疫情的暴发和蔓延给全球经济社会带来了强烈的负面冲击，严重影响了世界经济秩序、国际经济关系，给疫情防控及经济社会治理带来多重压力和考验，使原已处于低迷状态的世界经济陷入了深度衰退。

基于中国知网的数据，检索到 2020 年疫情相关主题的学术论文达 13000 余篇，其中复印报刊资料经济学、管理学期刊全文转载 82 篇。研究内容主要集中在以下三个方面。

1. *新冠肺炎疫情的发展演变及其经济社会影响。*新冠肺炎疫情对全球经济而言是一场典型的外部冲击。这一冲击分为两波，第一波主要冲击了中国经济，全球大流行后，对欧美发达经济体形成了第二波冲击。[①] 学界从不同视角分析了新冠肺炎疫情的经济社会影响，对疫情的传导途径、作用机制等做出了多层次分析。有研究指出，疫情的传导途径是：公共卫生事件→公共管理的应急→经济活动的停摆→经济增长出现下降的拐点→反危机应急。[②] 疫情对全球经济的冲击包含三个层面：一是在世界经济宏观层面，疫情叠加经济下行周期，使世界经济陷入深度衰退；[③] 二是在世界经济微观层面，全球贸易和产业链在贸易保护主义浪潮中遭遇大规模的交易中断，但客观上激发了对新科技的需求，蕴含着科技创新的机遇；[④] 三是在国际政治或者国际关系层面，全球化分裂过程中，疫情破坏了全球产品内分工体系的基础，由西方发达国家跨国公司主导的经济全球化模式将加速萎缩或蜕变。[⑤] 关于疫情对中国经济冲击的研究，重点关注了疫情的发生和发展态势，以及疫情对中国宏观经济运行、国民经济各行业和产业转型升级、微观市

---

① 王一鸣：《疫情对中国和世界经济的冲击——前景和政策展望》，《全球化》2020 年第 3 期。

② 雷达、武京闽：《疫情叠加衰退：呼唤多边反危机协调新模式》，《探索与争鸣》2020 年第 4 期。

③ 李晓、陈煜：《疫情冲击下的世界经济与中国对策》，《东北亚论坛》2020 年第 3 期。

④ 徐康宁：《疫情影响下的世界经济：变局与重塑》，《华南师范大学学报》（社会科学版）2020 年第 9 期。

⑤ 刘志彪：《新冠肺炎疫情下经济全球化的新趋势与全球产业链集群重构》，《江苏社会科学》2020 年第 4 期。

场主体的心理预期和行为模式等的影响。代表性的研究包括：对疫情冲击下的中国经济基本走势与回升潜力的研判，[①] 疫情对中国对外贸易、国内就业的冲击，[②] 疫情冲击下的地方财政形势，[③] 疫情对中国产业链的影响，[④] 等等。此外，关于疫情对世界其他地区和国家经济冲击的研究，主要集中于亚洲、非洲、欧洲等区域和美国、俄罗斯、日本等国家。[⑤][⑥]

2. *应对新冠肺炎疫情的对策和措施*。习近平总书记在2020年3月召开的二十国集团领导人特别峰会上发出了“携手抗疫共克时艰”的倡议，并提出了四点建议：“第一，坚决打好新冠肺炎疫情防控全球阻击战。第二，有效开展国际联防联控。第三，积极支持国际组织发挥作用。第四，加强国际宏观经济政策协调。”[⑦] 随后欧美疫情的失控，见证了G20作为主要的国际反危机协调机制的失效。全球疫情迟迟未见好转，防控形势依然严峻。有研究指出，现有的国际反危机协调机制面临多重挑战，国际社会有必要在协调机制的创新方面进行合作。[⑧] 更多的研究则探讨了中国的应对策略：应对疫情的宏观经济政策的核心是避免短期冲击的长期化，政策力

---

① 中国人民大学中国宏观经济分析与预测课题组：《疫情冲击、修复调整与基础再造的中国宏观经济》，《经济理论与经济管理》2020年第8期。

② 沈国兵：《“新冠肺炎”疫情对我国外贸和就业的冲击及纾困举措》，《上海对外经贸大学学报》2020年第2期。

③ 傅志华、韩凤芹、周孝、申学锋：《疫情冲击下的地方财政形势：现状、风险与应对》，《地方财政研究》2020年第7期。

④ 刘志彪、陈柳：《疫情冲击对全球产业链的影响、重组与中国的应对策略》，《南京社会科学》2020年第5期。

⑤ 陈继勇、杨格：《新冠疫情对东亚产业链的影响分析》，《亚太经济》2020年第2期。

⑥ 崔岩：《新冠疫情冲击下的日本经济与社会经济政策的新课题》，《现代日本经济》2020年第6期。

⑦ 中共中央党史和文献研究院编：《习近平关于统筹疫情防控和经济社会发展重要论述选编》，中央文献出版社2020年版，第127—128页。

⑧ 雷达、武京闽：《疫情叠加衰退：呼唤多边反危机协调新模式》，《探索与争鸣》2020年第4期。

度要适度且要与体制、机制改革相配套，建立应对疫情的长效机制需要推进以提高地方治理能力为目标的财税改革，要重视疫情对国际分工和产业链布局的影响，建立与经济全球化相匹配的国际公共产品供给机制；[①] 疫情下我国的内外部经贸环境更加严峻，稳就业是当务之急，而稳外贸、稳外资是稳就业的关键支撑力；[②] 新冠肺炎疫情对中国经济产生的冲击存在明显的地区、行业和企业差异，很难实现无差别复工，政府推出的财政与金融支持政策不仅需要借助新的产业和政府平台才能有效连接政府、金融机构与中小企业，还需要通过积极的宏观政策让中国经济恢复到原有的增长轨道[③]等。

3. 总结中国抗疫经验，展望中国经济发展新格局。疫情在中国得到了初步控制，但仍未被完全战胜。有研究总结了现有经济系统在应对疫情方面存在的问题，提出了打造“灾害适应型经济”的框架体系：建立疫情灾害的应对机制、体系；建立灾后的宏观调控体系；加快相关高科技的推广应用。[④] 学界应用“后疫情时期”概念，强调疫情暴发加速了后金融危机时期的全球经济大变局，疫情带来的经济格局和政策格局变化、疫情在经济活动和政策考量中的烙印将在未来一段时期持续存在。[⑤] 有研究分析了当前形势下中国的机遇与挑战，探讨了如何加快构建以国内大循环为主体、国内国际双循环相互促进的新发展格局，以实现经济高质

---

① 张斌：《新冠肺炎疫情对宏观经济政策、财税改革与全球化的影响》，《国际税收》2020 年第 4 期。

② 沈国兵：《“新冠肺炎”疫情对我国外贸和就业的冲击及纾困举措》，《上海对外经贸大学学报》2020 年第 2 期。

③ 张平、杨耀武：《疫情冲击下增长路径偏移与支持政策——基于对企业非均衡冲击的分析》，《经济学动态》2020 年第 3 期。

④ 方行明等：《疫情对经济的影响与“灾害适应型经济”的转型》，《经济理论与经济管理》2020 年第 9 期。

⑤ 中国社会科学院经济研究所《中国经济报告（2020）》总报告组：《全球经济大变局、中国潜在增长率与后疫情时期高质量发展》，《经济研究》2020 年第 8 期。

量发展;[①] 提出中国要坚决维护嵌入全球价值链形式的经济全球化，但是需要由过去的出口导向的经济全球化战略转向利用内需的经济全球化战略;[②] 提出加快发展数字经济，“新基建”和产业互联网是疫情后加速数字经济前行的“路与车”。[③]

疫情中的世界和中国将受到怎样的冲击？做何应对？后疫情时期的经济社会发展将走向何方？这些问题将是学界持续关注的热点。

热点二：中国经济学构建与中国特色社会主义政治经济学研究

习近平总书记指出，“坚持和发展中国特色社会主义政治经济学，要以马克思主义政治经济学为指导，总结和提炼我国改革开放和社会主义现代化建设的伟大实践经验，同时借鉴西方经济学的有益成分……要加强研究和探索，加强对规律性认识的总结，不断完善中国特色社会主义政治经济学理论体系，推动充分体现中国特色、中国风格、中国气派的经济学科建设”。[④] 2020 年，中国特色社会主义政治经济学研究呈现马克思主义指导下的融合多个经济学分支学科的发展趋势，这集中体现在对“中国经济学”问题的关注和热议。

基于中国知网的数据，检索到 2020 年以“中国特色社会主义政治经济学”为主题的文章有 270 余篇，以“中国经济学”为主题的文章有 35 篇，其中，复印报刊资料经济学、管理学期刊全文转载 39 篇。2020 年，相关研究进展体现在以下三个方面。

---

① 丁一凡：《新冠肺炎疫情下的世界经济形势与中国新发展格局》，《当代世界》2020 年第 11 期。

② 刘志彪：《新冠肺炎疫情下经济全球化的新趋势与全球产业链集群重构》，《江苏社会科学》2020 年第 4 期。

③ 田杰棠、闫德利：《新基建和产业互联网：疫情后数字经济加速的“路与车”》，《山东大学学报》（哲学社会科学版）2020 年第 3 期。

④ 《习近平关于社会主义经济建设论述摘编》，中央文献出版社 2017 年版，第 331 页。

1. 马克思主义指导下的“中国经济学”研究。关于“中国经济学”的具体所指有很多争议，代表性的解释有“经济学的中国学派”“中国的经济学研究”“经济学在中国”等。作为一个研究领域，“中国经济学”可以被大致界定为研究者主要为中国人士、研究对象主要为中国经济、研究方法是对古今中外各种经济思想和理论的有批判地吸收和借鉴、研究目的是解释并指导中国经济实践、研究成果最终要形成一套逻辑自洽的理论体系。学界对“中国经济学”研究的目的、主体、对象和方法等的共识逐步加强，“并在新时代以中国特色社会主义政治经济学为落脚点”①。中国人民大学国家经济学教材建设重点研究基地组织召开的“中国经济学教材建设研讨会”，以“中国经济学的内涵与中国经济学教材体系建设的必要性和可行性”和“支撑‘中国经济学’教材体系的中国独创性理论”为主题，明确了以马克思主义为指导、在“中国经济学”的共识下整体推进中国经济学研究的探索方向，提出“中国经济学的本质在于，对新中国成立 70 多年来尤其是改革开放 40 多年来中国从落后国家建设成为小康社会的伟大成就进行系统性的理论总结，并且用来指导中国建设成为社会主义现代化强国”。②

2. 中国特色社会主义政治经济学理论体系构建研究。2020 年国内学界的相关讨论相对集中于以下三个方面。第一，基于对新时代特征和理论体系的不同理解，学界提出了中国特色社会主义政治经济学理论体系的多种构建路径，代表性的有：以解放和发展生产力、达到共同富裕为主线，以财富为经济分析的基本范畴，构建包

---

① 程霖等：《中国经济学的探索：一个历史考察》，《经济研究》2020 年第 9 期。

② 张军、洪永淼、郭庆旺、欧阳峣、吕炜、唐未兵：《构建中国经济学笔谈》，《经济学动态》2020 年第 7 期。

括经济制度、经济运行和经济发展（包括对外经济）三个部分的政治经济学理论体系；[①] 以中国的国家理论为总纲，从国家发展的目的与手段、目标与措施的对应关系中，建构政治经济学理论体系；[②] 以所有制为逻辑起点，在对二元化所有制结构进行深入分析和论证的基础上构建理论体系。[③] 第二，党的十九届四中全会对社会主义基本经济制度提出了新概括，即“公有制为主体、多种所有制经济共同发展，按劳分配为主体、多种分配方式并存，社会主义市场经济体制等社会主义基本经济制度”[④]。学界运用马克思主义政治经济学原理，从社会基本经济制度分析、构建中国经济制度学术体系、思想史等视角，分析并概括对中国特色社会主义政治经济学和中国经济实践的重要意义，深化了对中国特色社会主义制度的理解和认识。第三，中国特色社会主义政治经济学的国家理论研究，反映了中国政府在经济社会发展中的关键性地位。学界在以往研究的基础上发展了国家理论，其代表性进展有：提出了一个中国特色社会主义政治经济学的国家理论的基本框架，包含国家经济作用的内生性维度和外生性维度两个部分，内生性维度涉及参照系、市场失灵、国家的内生性作用，外生性维度涉及国家发挥经济作用的目的、社会主义意识形态和公有制等制度因素对国家的经济作用的影响；[⑤] 基于国家治理体系和治理能力现代化这一主题领域，梳理中外经济治理学说，对中国特色社会主义经济治理体系做出系

---

① 洪银兴：《进入新时代的中国特色社会主义政治经济学》，《管理世界》2020 年第 9 期。

② 林光彬：《中国社会主义政治经济学理论体系建构：回顾与展望》，《当代经济研究》2020 年第 9 期。

③ 刘谦、裴小革：《中国特色社会主义政治经济学逻辑起点定位研究——基于所有制视角的探索》，《上海经济研究》2020 年第 6 期。

④ 《中国共产党第十九届中共委员会第四次全体会议文件汇编》，人民出版社 2019 年版，第 10 页。

⑤ 孟捷：《中国特色社会主义政治经济学的国家理论：源流、对象和体系》，《清华大学学报》（哲学社会科学版）2020 年第 3 期。

统阐释。①

3. 经济学多学科研究进展。在马克思主义指导下，经济学多个分支学科对建设有中国特色、中国风格和中国气派的经济学做出了贡献，代表性研究有：结合发展经济学与政治经济学，创建发展的政治经济学的理论框架；以要素流动为基础理论，构建中国独有的世界经济学的完整学科体系；构建中国开放型经济学理论，阐释中国开放成就；突出发展战略与规划研究和宏观经济调控研究两大命题，打造彰显中国特色的国民经济学；构建“三农”研究的经济学话语体系，深入推进“三农”领域的学术研究；梳理近代以来金融学在中国的发展历程，探讨金融学本土化的时代命题；从中国经济思想史视角，考察中西传统经济思想与中国发展道路的历史关联。

把中国经济学研究融入构建中国特色社会主义政治经济学理论体系这个大命题，过程中或有不可避免的论争和无法弥合的分歧。但是，其作为推进中国经济学理论体系建设的有益探索，接续了已有的“中国经济学”的研究传统，有蓬勃的生命力、强大的聚合力和广阔的发展空间。

热点三：新发展理念下的高质量发展研究

习近平总书记在党的十九大报告中指出，“我国经济已由高速增长阶段转向高质量发展阶段，正处在转变发展方式、优化经济结构、转换增长动力的攻关期”②。由此拉开了学界对高质量发展的研究热潮。

基于中国知网的数据，检索到 2020 年有关高质量发展的学术

---

① 卢江、陈弼文：《中国特色社会主义经济治理体系研究》，《政治经济学评论》2020 年第 3 期。

② 习近平：《决胜全面建成小康社会　夺取新时代中国特色社会主义伟大胜利——在中国共产党第十九次全国代表大会上的报告》，人民出版社 2017 年版，第 30 页。

论文达5000余篇，其中，复印报刊资料经济学、管理学期刊全文转载约60篇，研究热点主要集中在以下三个方面。

1. 高质量发展的内涵。党的十九大报告将高质量发展描述为“更高质量、更有效率、更加公平、更可持续的发展”①。有的学者将之定义为：特定时期内，为满足我国国情需要提出来的新发展理念，通过高效供给，满足人民高质量需求，强调协调公平、绿色发展以及高程度的对外开放，使经济运行健康有序。② 有的学者提出，高质量发展是一个总括性理念，经济高质量是社会高质量和治理高质量的输出。中国迈向发达国家的核心经济机制在于要素质量升级和创新，但需要社会高质量和制度高质量作为前提。③ 主流观点认为高质量发展是能够满足人民日益增长的美好生活需要的发展，是体现新发展理念的发展，是创新成为第一动力、协调成为内生特点、绿色成为普遍形态、开放成为必由之路、共享成为根本目的的发展，其内涵随着生产力水平和经济社会发展水平的提升而不断丰富。④

2. 高质量发展的动力。有的学者认为，从中国转型经济的特征来看，实现高质量发展的动力不仅包括供给侧、需求侧动力，还包括体制环境层面的体制改革。供给侧动力包括通过创新驱动提高潜在经济增长率，通过结构调整扩大生产可能性边界；需求侧动力包括通过发展消费经济扩大消费需求供给、改变过度依赖投资的局面，调整投资方向，扩大有效投资，提高投资效率，发展高质

---

① 习近平：《决胜全面建成小康社会　夺取新时代中国特色社会主义伟大胜利——在中国共产党第十九次全国代表大会上的报告》，人民出版社2017年版，第35页。

② 秦放鸣、唐娟：《经济高质量发展：理论阐释及实现路径》，《西北大学学报》（哲学社会科学版）2020年第3期。

③ 高培勇等：《高质量发展的动力、机制与治理》，《经济研究》2020年第4期。

④ 张涛：《高质量发展的理论阐释及测度方法研究》，《数量经济技术经济研究》2020年第5期。

量的开放型经济，再造开放型经济的新动力；经济体制改革的重点在于推进高质量的市场经济体制改革、国有企业改革、财税制度改革。[①] 有的学者则将高质量发展的新动能归纳为：优化要素构成配置结构，形成以人力资本提升为主导的要素升级新动能；优化科技创新结构，形成以原创性科技创新为主导的技术进步新动能；优化产业体系结构，形成以技术改造与价值链提升为主导的产业创新新动能；优化需求结构，形成人民向往的消费升级新动能。[②] 有的学者认为，后疫情时期的中国高质量发展，在政策导向上应该积极推进创新驱动高质量工业化战略，区域优势互补、协调发展的新型城镇化战略，以畅通国内大循环为主体、国际国内双循环相互促进的新发展战略，以及以稳增长与防风险的平衡为主线的宏观调控战略。[③]

3. 经济高质量发展的测度指标体系。大多数学者以“五大发展理念”为基础构建包括创新发展、协调发展、绿色发展、开放发展、共享发展五项指标[④]，以及进一步加上稳定发展或综合质效组成六项指标的经济高质量发展评价指标体系。[⑤] 有的学者则认为经济高质量发展是国家治理（政治）、经济、社会、文化和生态多维度协调发展的结果，经济高质量发展离不开自然生态环境，脱离不了国家治理体系、社会体系和文化体系的支撑作用，离不开国家治理体系、社会体系、文化体系与经济体系的交互与耦合，因此，构

---

① 任保平：《中国经济高质量发展三维动力体系的系统再造研究》，《社会科学辑刊》2020 年第 3 期。

② 周小亮：《高质量发展新旧动能转换机制与路径：学术梳理的视角》，《东南学术》2020 年第 4 期。

③ 中国社会科学院经济研究所《中国经济报告（2020）》总报告组：《全球经济大变局、中国潜在增长率与后疫情时期高质量发展》，《经济研究》2020 年第 8 期。

④ 潘雅茹、罗良文：《基础设施投资对经济高质量发展的影响：作用机制与异质性研究》，《改革》2020 年第 6 期。

⑤ 吴志军、梁晴：《中国经济高质量发展的测度、比较与战略路径》，《当代财经》2020 年第 4 期。

建了包括国家治理、经济、社会、文化和生态五个维度的高质量发展指标体系。[①] 还有的学者建立了包含企业高质量发展测度体系、行业高质量发展测度体系、区域高质量发展测度体系在内的三级宏微观一体化高质量发展测度体系。[②]

高质量发展对中国经济发展提出了新的更高的要求——实现从高速增长向高质量发展的转型，向全球产业链的中高端迈进，培育经济发展的新动能，实现经济发展的质量变革、效率变革和动能变革；同时也提出了需要进一步研究的问题。展望未来，高质量发展过程中存在的问题和矛盾将得到重点关注，有关高质量发展的评判标准、新动能的培育、效率变革的实现，以及如何构建现代化动力体系、现代化产业体系、现代化供给体系和现代化制度体系来实现高质量发展等，都将成为持续研究的话题。

热点四：数字经济与经济发展新动能

自“十三五”时期部署“国家大数据战略”开始，我国数字经济持续高速发展，数字化转型政策不断深化落地。2019 年底至 2020 年，国家层面鼓励数字经济创新发展重要政策的出台更加密集。关于以数字信息作为关键生产要素的数字经济将持续推动经济社会数字化转型、助推经济社会发展变革、加速重构经济发展与治理模式，已形成全民共识。

2020 年，经济学与管理学领域的学者在过去数年研究积累的基础上，将数字经济这一新型经济形态的概念界定得更加清晰和完善，使其内涵、特征以及体系构成在学界基本形成了共识。学界围绕数字产业化、产业数字化、数字化治理、数据价值化等解

---

① 马立政、李正图：《中国经济高质量发展路径演进研究》，《学习与探索》2020 年第 6 期。

② 张涛：《高质量发展的理论阐释及测度方法研究》，《数量经济技术经济研究》2020 年第 5 期。

构数字经济的方向开展了大量的学术研究，形成了丰富的学术成果。

基于中国知网的数据，检索到2020 年数字经济（本部分将对工业互联网、工业机器人、智能制造、新经济、新基建、大数据、区块链、“互联网 +”、电子商务、数字农业等关键热词的交叉研究并入数字经济研究）相关的论文达30000 余篇，其中，复印报刊资料经济学、管理学期刊全文转载300 余篇。研究热点主要集中在以下六个方面。

1. 对数字经济本质和运行规律的理论性探索。近年来，数字经济的概念与体系构成越来越完善，目前被普遍定义为以数字化信息作为关键生产要素，以数字技术为核心驱动力，以现代信息网络为重要载体，通过数字技术与实体经济深度融合，不断提高数字化、网络化、智能化水平，加速重构经济发展与治理模式的新型经济形态。在数字经济背景下，资源配置模式和市场交易关系都发生了巨大变化，传统经济学需要不断充实和扩展理论体系以应对和解释不断涌现的新经济现象，学界对此已经形成了共识。学者坚持以问题导向寻求理论创新，围绕数字经济生产方式、数字经济运行规律与发展道路、数字劳动等难题，从经济学理论范式出发开展的理论探讨，近两年来明显增多。①

2. 围绕数字经济助推经济发展变革并成为经济发展新引擎开展的理论和应用研究。数字经济在助推经济发展质量变革、效率变革、动力变革，增强我国经济创新力和竞争力方面展现出重要作用。学界对数字经济在促进经济高质量发展、推动经济发展方式转变、带动居民消费增长、提升城乡居民收入等方面发挥的重要积极作用达成了共识。学界进一步对数字经济通过宏观、中观和微观三

① 丛林、何治国：《区块链革新与智能合约的经济影响》，《比较》2020 年第2 期。

个层面培育经济新动能、驱动经济高质量发展的内在机理展开了研究，并提出：在宏观上，数字经济通过改善要素资源配置效率实现国民经济合理化、均衡化发展，从而实现高质量发展①；在中观上，通过创新、协同和融合机制，促进产业结构、市场结构和城乡及区域结构优化升级②；在微观上，帮助企业实现规模经济和范围经济，优化资源配置效率，变革企业组织和治理模式，提高企业经营绩效，提升全要素生产率③。

3. 对数据这一新型生产要素在社会经济运行与创新发展变革中的作用机理的研究。数据价值化是数字经济发展的基础，它包括但不限于数据采集、数据标准、数据确权、数据标注、数据交易、数据流转和数据保护等要素。2020 年，学界开始对数据要素市场培育与发展给予越来越多的关注。④ 数据资源作为关键生产要素进入经济体系，不断驱动企业运营、资金流转融通、产业链协同、贸易流通等各层面的创新与转型。目前，学界对数据的作用机理和要素价值的研究主要集中于企业管理、贸易流通、货币金融等领域。在企业管理领域，围绕“数据 + 算法”驱动的数字化过程给公司治理、组织管理、人力资源管理、战略管理、营销管理、运营管理、财务管理等带来一系列颠覆性变革，数字技术的可重新编程性和数据同质化特性改变了产品创新、过程创新、组织创新和商业模式创新的方方面面⑤，学界的相关案例质性研究和实证研究十分丰富。在贸易流通领域，数字化基础设施发展与商品流通消费，数字贸易的概念、特征和规则，

---

① 王林辉等：《人工智能技术会诱致劳动收入不平等吗——模型推演与分类评估》，《中国工业经济》2020 年第 4 期。

② 张万里、宣旸：《产业智能化对产业结构升级的空间溢出效应——劳动力结构和收入分配不平等的调节作用》，《经济管理》2020 年第 10 期。

③ 刘政等：《企业数字化、专用知识与组织授权》，《中国工业经济》2020 年第 9 期。

④ 田杰棠、刘露瑶：《交易模式、权利界定与数据要素市场培育》，《改革》2020 年第 7 期。

⑤ 刘洋等：《数字创新管理：理论框架与未来研究》，《管理世界》2020 年第 7 期。

数字化对进出口产品和产业的影响，数字多边贸易合作机制构建等是热点所在。① 在货币金融领域，数字普惠金融和数字货币等是热门话题，学者尤其关注数字金融作用于乡村振兴、消除贫困、改革社会保障制度、解决居家养老等重大社会问题的积极意义，以及数字货币的法定身份、机制设计与运行、监管制度和模式等重大问题。②

4. *围绕数字产业化和产业数字化开展的理论、实证与对策性研究*。数字产业化和产业数字化是数字经济的核心内容，是数字技术与实体经济融合的实现主体。数字产业化主要关注信息通信产业，它为数字经济发展提供技术、产品和服务等，是数字经济发展的支撑性产业。2020 年，学界对新型基础设施发展、人工智能和区块链技术等关注度尤高。③ 产业数字化是数字经济发展的主阵地，是融合发展的主体，相关热点论题主要是对三次产业各自数字化发展的研究，包括但不限于数字农业发展以及数字化对乡村振兴和精准扶贫的影响、工业互联网、工业机器人、两化融合、智能制造、车联网和平台经济发展等。此外，数字化推动产业升级、产业融合发展、产业链升级改造以及全球价值链分工重构等内容也获得了重点研究。

5. *数字经济治理研究*。这是一个新兴、前沿且交叉融合的研究领域，跨越传统的经济学、管理学、信息资源管理学和法学等多个学科。研究热点主要集中于：基于数字经济特性所带来的治理挑战；数据确权、保护与流动规则的建立与实践；数据经济的财税治理规则；算法治理与全球共识；数字平台的竞争治理与反垄断监管；基于数字平台社会责任的网络生态治理；全球数字经济治理规

---

① 刘洪愧：《数字贸易发展的经济效应与推进方略》，《改革》2020 年第 3 期。

② 战明华等：《数字金融发展、渠道效应差异和货币政策传导效果》，《经济研究》2020 年第 6 期。

③ 郭凯明等：《新型基础设施投资与产业结构转型升级》，《中国工业经济》2020 年第 3 期。

则的各国博弈与协同治理共识；等等。当前中国数字经济治理体系在理念、主体、目标、场域、内容和工具上，远未适应新兴技术应用所带来的转型挑战，2020年，学界开始关注并探索对该领域的研究。其中，数字平台的竞争治理与反垄断监管是2020年极具热度的话题，这一方面是国内数字经济健康良序发展的需要，另一方面是全球数字市场反垄断监管的大势所趋。[①]

6. *数字经济领域的统计与核算研究*。一是数字技术发展所带来的企业财务会计核算的革新。如新的技术颠覆了原有企业财务会计核算中的会计基本假设以及资产定义、收入确认、平台资产处理方式和财务分析等，也改变了财务管理与决策的方法与过程。二是大数据背景下的统计方法与工具的革新。[②] 大数据彻底改变了传统统计在数据采集、统计分析与处理等环节的工作方法，为此要逐渐建立适应大数据环境的统计体系。三是数字经济规模与对国民经济贡献度的测算。[③] 数字经济规模测算研究界定了数字经济核算范围，构建了核算框架，完善了统计核算体系，是当前国内外统计机构与研究者面临的亟待深入研究的问题。

我国正面临数字经济发展的重大战略机遇期，国家政策层面正在大力推进实体经济数字化转型，不断加速数据要素价值化进程，加快提升数字产业支撑能力，深化数字经济开放合作与抢抓全球数字治理规则话语权，国内学者也在此领域展现出了极高的研究热情。展望未来，数字经济的基础理论性研究、数字经济治理研究、数字经济统计核算研究等重大学术问题将成为持续研究的方向。

---

① 吴汉洪、王申：《数字经济的反垄断：近期美国反垄断领域争论的启示》，《教学与研究》2020年第2期。

② 郭婧璇等：《异质性大数据的分布式估计》，《统计研究》2020年第10期。

③ 许宪春、张美慧：《中国数字经济规模测算研究——基于国际比较的视角》，《中国工业经济》2020年第5期。

热点五：全面脱贫与乡村振兴

2020 年是决胜全面建成小康社会、决战脱贫攻坚之年。新冠肺炎疫情给脱贫攻坚全面收官带来了新的困难和挑战。在党中央的坚强领导下，我们如期完成了新时代脱贫攻坚目标任务，现行标准下农村贫困人口全部脱贫，贫困县全部摘帽，消除了绝对贫困和区域性整体贫困，历史性地解决了困扰中华民族几千年的绝对贫困问题。在消除绝对贫困的基础上，国家“三农”工作的重点逐步转移到全面实施乡村振兴战略上来。在这个具有重大历史意义的关键节点，2020 年经济学界和管理学界围绕脱贫攻坚、相对贫困治理、脱贫攻坚与乡村振兴的有效衔接、后小康社会时期乡村振兴等问题进行了大量研究，取得了丰硕成果。

基于中国知网的数据，检索到 2020 年关于脱贫攻坚、相对贫困治理和乡村振兴的学术论文达 23000 余篇，其中复印报刊资料经济学、管理学期刊全文转载 56 篇。研究热点主要集中在以下四个方面。

1. 脱贫攻坚的成就。从实践发展来看，到 2020 年 11 月 23 日，国务院扶贫办确定的全国 832 个贫困县全部脱贫摘帽，全国脱贫攻坚目标任务已经完成。从发展理论来看，脱贫攻坚最伟大的理论成果是形成了习近平总书记关于扶贫的系列重要论述；从推进“五位一体”总体布局和“四个全面”战略布局来看，脱贫攻坚在政治、经济、社会、文化、生态文明建设方面发挥了积极的推动作用，对于协调推进“四个全面”的战略布局发挥了基础性作用；从两个百年奋斗目标和中华民族伟大复兴中国梦来看，打赢脱贫攻坚战实现了第一个百年奋斗目标的底线任务；从全球减贫的中国贡献来看，脱贫攻坚为全球减贫贡献了中国智慧和中国方案。[①]

---

① 黄承伟：《共同富裕进程中的中国特色减贫道路》，《中国农业大学学报》（社会科学版）2020 年第 6 期。

2. *相对贫困治理*。2020年脱贫攻坚取得决定性胜利，在由绝对贫困向相对贫困转型研究的起始阶段，学界没有就相对贫困标准达成共识。有学者指出，中国应采用多维相对贫困标准，既要包括反映“贫”的经济维度，也要包括反映“困”的社会发展维度，还要包括生态环境相关指标，而且没必要在相对贫困标准上与OECD国家接轨。① 也有学者指出，在现阶段要想提出一个完善的相对贫困指标体系还为时尚早，而提出相对贫困标准体系的重要意义在于其思路而不在于标准自身，并指出共同富裕是中国解决相对贫困的总目标。② 还有学者指出，建立解决相对贫困的长效机制要把握好三个关键问题：一是把握贫困的动态变化，建立解决相对贫困的长效识别机制；二是把握贫困的多维表现，建立解决相对贫困的长效保障机制；三是把握贫困的深层原因，建立解决相对贫困的长效动力机制。③

3. *脱贫攻坚与乡村振兴的有效衔接*。相关研究指出，脱贫攻坚与乡村振兴有效衔接的现实难题包括：与脱贫攻坚相比，乡村振兴工作目标人群的数量更大、差异也更大，任务目标在区域间有更大的不平衡，二者之间也存在治理体系转换的问题、贫困地区脱贫前后经济发展政策的不平衡、社会政策实施中兼顾不同群体的诉求与需求的现实困难；在应对策略方面，要坚持以人民为中心的理念、以解决问题为导向、以机制化为目标、以补短板为重点，在巩固脱贫攻坚成果的基础上逐步完善乡村振兴的网络化服务体系和政策体系；④

---

① 王小林、冯贺霞：《2020年后中国多维相对贫困标准：国际经验与政策取向》，《中国农村经济》2020年第3期。

② 檀学文：《走向共同富裕的解决相对贫困思路研究》，《中国农村经济》2020年第6期。

③ 蒋永穆：《建立解决相对贫困的长效机制》，《政治经济学评论》2020年第2期。

④ 左停：《脱贫攻坚与乡村振兴有效衔接的现实难题与应对策略》，《贵州社会科学》2020年第1期。

二者有效衔接的关键在于路径衔接，具体体现为微观政策的转移接续。①

4. 后小康社会的乡村振兴。有学者认为乡村振兴要以增进农民福祉为导向，依靠多元主体共建共治共享引领乡村振兴，关键是要抓住城市化带动消费升级的历史机遇，健全城乡融合的体制机制，通过要素市场改革，促进生产要素城乡顺畅配置与流动。② 有学者认为，后小康社会促进乡村振兴的战略路径为：第一，分阶段、分地区稳步推进农业农村现代化；第二，做好精准扶贫和乡村振兴战略的有效衔接；第三，加快构建乡村现代产业体系，夯实乡村振兴之基；第四，推进健康乡村建设，不断增进农民福祉；第五，推进智慧乡村建设，缩小城乡数字鸿沟；第六，推进善治乡村建设，提升乡村治理能力；第七，深化改革，激发农村内生动力和活力。③ 也有学者认为，促进乡村振兴的主要政策措施包括强化粮食安全保证政策、创新乡村产业用地政策、完善乡村人才振兴政策、创新农业支持保护政策、完善现代乡村产业政策、完善农民利益联结政策、完善乡村生态宜居政策、完善城乡公共服务政策、建立健全安全乡村政策。④

如何巩固脱贫攻坚成果、如何解决相对贫困及相应的体制机制构建、如何全面推进乡村振兴等，是全面推进乡村振兴和加快农业农村现代化发展的实践中面临的重要问题。展望未来，相对贫困治理及相应的体制机制构建、巩固脱贫攻坚成果与乡村振兴的有效衔

---

① 高强：《脱贫攻坚与乡村振兴有效衔接的再探讨——基于政策转移接续的视角》，《南京农业大学学报》（社会科学版）2020 年第 4 期。

② 姚树荣、周诗雨：《乡村振兴的共建共治共享路径研究》，《中国农村经济》2020 年第 2 期。

③ 中国社会科学院农村发展研究所课题组：《农村全面建成小康社会及后小康时期乡村振兴研究》，《经济研究参考》2020 年第 9 期。

④ 魏后凯等：《“十四五”时期促进乡村振兴的思路与政策》，《农村经济》2020 年第 8 期。

接，以及农业高质量发展、乡村产业发展、农村改革、城乡融合发展等问题，将成为重要的关注点。

热点六：新发展格局下的全球价值链重构与中国应对

如何在全球价值链的重构过程中突破“低端锁定”困局，攀升全球价值链的高端位置，是中国经济面临的一大挑战。2020 年，新冠肺炎疫情暴发及蔓延给全球经济带来了巨大的冲击，全球价值链作为国际生产体系的重要运行模式，更曾因疫情而一度“断链”。我国提出“加快形成以国内大循环为主体、国内国际双循环相互促进的新发展格局”这一战略，积极应对百年未有之大变局，重塑我国国际合作和竞争新优势。在此背景下，全球价值链问题在 2020 年获得了诸多关注。

检索中国知网数据库，查得 2020 年有关全球价值链的学术文章有 800 篇左右，其中，复印报刊资料经济学、管理学期刊全文转载 105 篇。围绕全球价值链的重构趋势，学界的研究取得了以下四个方面的进展。

1. 全球价值链的理论解读。学界从基本概念的界定和廓清、理论基础的新阐释、研究方法和研究工具的创新等方面推进了全球价值链的理论研究。代表性研究成果主要集中于三个方面。第一，研究者多使用价值链、产业链、供应链从不同侧面描述国际生产体系的发展变化，这三个概念相互联系但是未被清晰界定。有研究指出，全球价值链、全球供应链、全球产业链、产品内分工等概念，是同一事物在不同场合下的具体表述。① 第二，学界从要素流动视角重新解读全球价值链。相关研究论证了全球价值链作为一种产品内分工模式，其基础是各国拥有不同的生产要素优势：价值链分工

① 刘志彪：《新冠肺炎疫情下经济全球化的新趋势与全球产业链集群重构》，《江苏社会科学》2020 年第 4 期。

是在产品各阶段上按照要素分工，而在产品的整体生产上进行要素合作，形成的是要素合作型的国际专业化。价值链分工的主导者是拥有高级要素的国家及其企业，一国的要素结构而非要素的充裕性或其价格优势决定了其在价值链分工中的地位。[①] 第三，改进测算方法，基于 Leontief 逆矩阵构建了一个统一测算框架，对累积关税成本率进行结构分解。[②]

2. *新冠肺炎疫情影响下全球价值链的发展方向*。此次新冠肺炎疫情无疑是对世界经济的巨大外部冲击，而全球价值链是疫情冲击世界经济的重要渠道或者环节。疫情造成的主要国家之间的隔离措施，使全球价值链出现中断，全球生产体系运转不畅，加剧了全球价值链的区域化、国内化趋向。[③] 有研究提出，疫情叠加经济衰退冲击到经济全球化的基础——全球价值链分工，暴露出“现存的国际经济秩序在治理外生冲击的外部性方面缺乏有效的措施和手段”，世界各国会改变对经济全球化的评判标准，从单纯的经济增长转向更多民生安全的考量。由此可能产生经济全球化的逆转，全球价值链“可能因此被碎片化的、以国别为基础的价值链所替代”。[④]

3. *全球价值链与国际经济问题*。全球价值链作为全球经济分工体系的主要模式，是全球经济运行的微观基础。学界从全球价值链的视角出发或者应用全球价值链作为分析工具研究了国际经济层面的问题。学者重点关注了经济全球化与逆全球化、全球失衡问题、全球经济治理体系改革、中美经贸关系等领域，从全球化的发展方向、全球失衡的微观机理、全球经济治理体系面临的困境和发展趋

① 张幼文：《世界经济学的基础理论与学科体系》，《世界经济研究》2020 年第 7 期。

② 倪红福：《全球价值链中的累积关税成本率及结构：理论与实证》，《经济研究》2020 年第 10 期。

③ 盛斌：《全方位应对疫情对全球价值链的冲击》，《社会科学报》2020 年 4 月 9 日。

④ 雷达、武京闽：《疫情叠加衰退：呼唤多边反危机协调新模式》，《探索与争鸣》2020 年第 4 期。

势、“一带一路”沿线各国经济合作路径、中美经贸关系走向等角度做了深入的研究。① 此外，对区域价值链领域的研究也在推进，代表性成果包括对地区全球产业链嵌入的产业升级效应的学理分析、对 RCEP 区域价值链重构路径的探索、区域价值链视角下的中东欧国家经济转型研究等。②

4. 中国攀升全球价值链的路径和模式。学界研究比较集中于中国产业攀升全球价值链的路径，制度、科技等因素对价值链攀升的作用机制，国内价值链和全球价值链互动效应等领域。代表性研究包括新兴经济大国中间产品创新驱动全球价值链攀升的机制与路径、中国加工贸易企业在全球价值链上攀升的路径、进口中间品对我国制造业研发创新的影响、营商环境对攀升全球价值链的影响及可能机制、智能生产技术的使用对中国企业参与全球价值链的影响、参与全球价值链和国内价值链对中国地区—产业维度经济增长的影响等。

全球价值链处于持续的调整过程中。中国作为全球价值链的中心环节之一，受益于现有的全球价值链分工格局。如何在全球价值链重构过程中保持地位进而取得优势，是当前和未来的重要经济实践问题，其将在学界引发持续的关注。

热点七：数字金融的发展与风险监管

党的十九大报告提出要“健全金融监管体系、守住不发生系统性金融风险的底线”，并推动“创新监管方式”。近年来，我国金融发展的一个突出特征是数字金融的迅速兴起。数字金融是科技与金融深度耦合的产物，也是当前全球金融发展的重要趋势。但是数字

---

① 黄建忠：《全球化“熔断”与中国的非稳态战略机遇期》，《探索与争鸣》2020 年第 8 期。

② 盛斌、赵文涛：《地区全球价值链、市场分割与产业升级——基于空间溢出视角的分析》，《财贸经济》2020 年第 9 期。

金融在解决融资难融资贵问题的同时也带来了新的风险。数字金融风险监管的意义十分重要，监管的方向和力度会影响金融业发展的整体走向。从已有研究来看，最早集中于数字金融概念界定、理论阐述和政策分析，近年来在数字金融价值和影响研究方面取得了较大进展，并且深入探讨了数字金融可能存在的风险与监管问题。

检索中国知网数据库，查得 2020 年关于“数字金融”“互联网金融”“数字货币”主题的学术文章有 3630 篇左右。其中，复印报刊资料经济学、管理学期刊全文转载 32 篇，探讨的主题集中在以下两个方面。

1. 数字金融的价值与影响。一是数字金融促进了消费增长。有学者基于中国数字普惠金融发展指数和中国家庭追踪调查（CFPS）数据，评估了数字金融发展对居民消费水平的影响，发现数字金融的发展通过提升支付的便利性，缩短了购物时间，从而促进了居民消费。但是，数字金融的发展虽然提升了农村居民的收入，对农村居民消费却没有显著影响。① 二是数字金融有利于企业创新。理论上，数字金融发展能够有效缓解融资难融资贵问题，实证研究也支持了这一结论，并认为数字金融发展驱动企业去杠杆、提升财务稳定性，有助于赋能企业创新活动，而有效的金融监管是发挥数字金融创新驱动的重要条件。② 三是数字金融放大了货币政策效果。以第三方在线支付规模为数字金融发展的代理变量，实证研究表明数字金融发展放大了货币政策的效果，主要传导机制是对利率渠道的放大效应要强于对信贷渠道的弱化效应。③ 四是数字金融虽然取得

① 张勋等：《数字金融发展与居民消费增长：理论与中国实践》，《管理世界》2020 年第 8 期。

② 唐松等：《数字金融与企业技术创新——结构特征、机制识别与金融监管下的效应差异》，《管理世界》2020 年第 5 期。

③ 战明华等：《数字金融发展、渠道效应差异和货币政策传导效果》，《经济研究》2020 年第 6 期。

了跨越式发展，但地区间仍存在明显差距。有学者编制了2011—2018年我国内地省、市、县三个层级的数字普惠金融指数，并发现：我国数字普惠金融从2011年到2018年实现了跨越式发展；我国数字普惠金融整体上表现出很强的地区收敛性；虽然中西部地区在数字金融覆盖广度上与东部沿海地区差距大幅缩小，但数字金融在使用深度上尚有一定的追赶空间。①

2. *数字金融的风险与监管*。数字金融不仅包括数字货币，还有数字支付、互联网保险与基金、网络借贷等。相对而言，数字支付风险、互联网保险和基金风险防控及监管路径较为清晰，数字金融风险防控的重点和难点在于数字货币和网络借贷。

数字货币的风险与监管。数字货币是数字金融的重要内容，可分为非法定数字货币和法定数字货币。最典型的数字货币如比特币、以太币和天秤币，都是非法定数字货币。非法定数字货币的规模和种类均呈现快速增长，但由于市场深度有限，存在投机炒作现象，导致价格大幅波动；如果数字货币由私人部门创设，缺乏国家信用，那么可能导致很高的市场风险；与世界主要货币挂钩的天秤币可能会对货币体系造成重大影响。从国际组织和国家（地区）层面的应对措施来看，当前金融稳定理事会、巴塞尔委员会、国际证监会组织、国际清算银行和反洗钱金融行动组都结合自身职责定位，从不同角度提出了监管建议。② 非法定数字货币的发展倒逼各国（地区）研发法定数字货币，虽然法定数字货币克服了币值不稳、信用不足等弊端，但同时也给货币制度和监管制度带来了新的挑战。我国法定数字货币的发行对货币政策可能产生的影响有以下

---

① 郭峰等：《测度中国数字普惠金融发展：指数编制与空间特征》，《经济学（季刊）》2020年第4期。

② 李文红：《虚拟资产的国际监管思路及其对建立防范互联网金融风险长效机制的启示》，《金融监管研究》2020年第8期。

三个方面：一是可能有利于促进经济增长，但不利于物价稳定；二是货币流动速度加快也可能会导致金融不稳定；三是增加货币乘数的不确定性，压缩了货币政策的操作空间。① 针对法定数字货币可能存在的风险，有学者建议应从四个方面进行监管：一是通过“监管沙盒”模式进行模拟测试，减少金融风险；二是要求各监管部门实现数据共享，以“共治”模式保障金融稳定；三是提高金融穿透监管能力，把握数字货币资金的来源、运用和去向，精准识别金融风险；四是加强国际监管合作，保障资本国际流动下货币金融体系安全。②

网络借贷的风险与监管。一项以网络借贷市场搜集的 718 家正常平台和 12 家问题平台数据为基础的实证研究，重点关注了典型网络借贷风险传染事件发生前后市场交易量的变化，研究发现：相比正常平台，问题平台交易量的波动幅度更大；风险开始扩散后，平台规模对交易量的变化有较为显著的负向影响，平台规模越大，成交量下降幅度越大；人均投资金额越高，对交易量的正向作用越大，平台受危机影响程度越小。③ 根据网络借贷的风险特点，有学者建议建立事前、事中和事后监管机制，包括建立金融科技监管沙盒制度、明确准入机制、大力发展监管科技并实行穿透式监管、加强对风险预警和缓释机制的建设。④

近年来，我国数字金融取得了跨越式发展，引起了学界的广泛关注。由于数字金融相关技术和业务模式仍不成熟，未来如何实现

---

① 方显仓、黄思宇：《数字货币与中国货币政策转型》，《学术论坛》2020 年第 2 期。

② 赵莹：《我国法定数字货币的金融监管制度构建》，《重庆社会科学》2020 年第 5 期。

③ 李苍舒：《中国新金融业态风险传染典型事实及特征的实证研究》，《经济理论与经济管理》2020 年第 4 期。

④ 李苍舒、沈艳：《数字经济时代下新金融业态风险的识别、测度及防控》，《管理世界》2019 年第 12 期。

金融与科技的有机结合，实现金融安全与金融效率的平衡，将成为中国数字金融行业以及金融监管部门的艰巨挑战。随着数字金融的普遍应用和相关统计数据的不断完善，数字金融对微观经济的影响及传导机制、央行法定数字货币对现行金融格局可能带来的影响、如何创新监管方式防范数字金融风险等仍将是学界研究的热点问题。

热点八：全球变局下的科技创新发展研究

近年来全球大事件风起云涌，地区冲突不断升级，“黑天鹅”“灰犀牛”事件迭出，贸易保护主义、单边主义、民粹主义等逆全球化暗流涌动，世界经济重心、世界政治格局、全球化进程、科技与产业、全球治理、世界秩序等都面临前所未有的大变革。2020年全球更是在疫情笼罩下，各种不确定因素愈加频繁涌现。习近平总书记多次指出“世界处于百年未有之大变局”，是对世界当前发展大势、历史演进趋势、时代变化态势和中国自身优势做出的综合战略研判。于变局中开新局，在危机中育先机，科技创新是主导的关键变量。当前，我国对科技创新的重视正被提到前所未有的高度。

2020年，经济学与管理学领域的学者对科技创新的论题一直保持高度的研究热情。学者围绕创新基本理论、我国科技创新的必要性、创新所面临的国内外形势、我国的科技创新优势和劣势、我国创新体系构建与创新环境、创新政策的制定实施与作用效果、我国参与全球产业链创新链分工、关键核心技术方面的突破、推进企业创新与平台创新、促进科技成果转化与知识产权管理等主题开展的学术探讨非常丰富。

基于中国知网的数据，查得2020年科技创新主题的文献有17580篇左右，学术论文有4340篇左右，其中，复印报刊资料经济学、管理学期刊全文转载150余篇。研究主题主要集中在以下五个方面。

1. 创新理论的基础性研究。创新是一个宽泛的研究领域，从学科来说，横跨自然科学和社会科学。近年来，随着技术进步对经济社会发展的作用越来越凸显，创新理论研究一直是经济学与管理学中的热门话题。虽然国内还未形成严格意义上专门对应创新研究的独立学科，但是创新理论研究开展得如火如荼。国内经济学在创新研究领域还未有突破技术创新经济学理论和制度创新经济学理论的重大发展，主要研究成果集中在对创新领域数学统计分析、理论实证分析等研究方法的运用上。相对而言，管理学领域的创新研究取得了较大进展，如 2020 年破坏性创新理论、突破性创新理论等研究主题颇受学界关注。①

2. *对我国国家创新体系建设的理论与实践研究*。相关研究主要集中于三个方面。一是我国科技创新的战略部署。从唯物史观的角度梳理新中国成立以来我国科技战略转型历程，以及从国内外形势变化的角度，论述我国当前实施创新驱动发展战略、加快建设创新型国家战略部署的必要性与科学性的研究均十分丰富。二是我国科技创新运行机制和战略路径。推动科技创新、引领科技体制及相关体制深刻变革，一直是科技管理领域探讨的重大议题。党的十九届四中全会召开后，科技举国体制问题更是成为学界关注的焦点。②如何以重大科技任务和重大工程建设为依托，强化人才、资金、物资等创新要素的一体化配置，如何优化科技创新环境、合理化利用科技资源和打造跨学科跨领域、政产学研用协同的高效科技攻关体系等问题是领域内持续的热点③。三是我国科技创新政策研究。科技创新政策服务于科技创新战略目标。学界对科技创新政策的研究主要集中于促进基础研究、关键核心技术、战略新兴产业、高新技

---

① 庄子银等：《突破性创新研究进展》，《经济学动态》2020 年第 9 期。

② 雷丽芳等：《科技举国体制的内涵与模式》，《科学学研究》2020 年第 11 期。

③ 封凯栋等：《产学研组织方式变革：路径依赖与改革前瞻》，《科研管理》2020 年第 10 期。

术企业等方向，主要关注了行政审批政策、金融政策、公平竞争保障政策、专利政策、国际贸易政策等政策有效性和可持续性等话题。①

3. 对产业创新的实证性研究。相关研究所关注的产业对象主要包括新一代信息技术产业、智能及新能源汽车产业、高端装备制造产业、生物产业等战略性新兴产业；受新一代技术影响改造的传统产业，如传统制造业、生产性服务业、商贸流通业、农业等；② 国家实现技术突破的重点产业，如高铁产业。③ 从研究内容来看，主要研究方向包括单个产业的技术创新绩效、产业关联和技术传导、产业协同创新、产业链位置和创新网络位置等。④ 此类研究对当前产业发展和政策制定均有着十分积极的指向性意义。

4. 企业创新管理和平台创新研究。企业作为创新体系的重要主体，是驱动创新的核心角色。在创新生态系统中，平台企业承担着重要的创新主导作用。鉴于平台实践的重要性和平台问题的新颖性，创新平台的竞争策略问题已经成为近年来技术创新和战略管理学科中最受关注的领域之一。⑤ 对一般企业创新的研究，研究视角可综合归纳为两个方面：一是企业通过产品创新、供应链创新、研发创新、模式创新、技术创新等不断提升企业创新能力；⑥ 二是国家不断推进培育创新型企业，在政策环境、产学研结合机制、制度环境、投资环境、市场环境和基础环境建设等方面不断支持鼓励企

① 杨震宁、赵红：《中国企业的开放式创新：制度环境、“竞合”关系与创新绩效》，《管理世界》2020 年第 2 期。

② 王文等：《工业机器人冲击下的服务业：结构升级还是低端锁定》，《中国工业经济》2020 年第 7 期。

③ 黄阳华、吕铁：《深化体制改革中的产业创新体系演进——以中国高铁技术赶超为例》，《中国社会科学》2020 年第 5 期。

④ 王建平、吴晓云：《网络位置、产品创新战略与创新绩效——以中国制造企业为样本》，《经济与管理研究》2020 年第 1 期。

⑤ 贺俊：《创新平台的竞争策略：前沿进展与拓展方向》，《经济管理》2020 年第 8 期。

⑥ 李长英、赵忠涛：《技术多样化对企业创新数量和创新质量的影响研究》，《经济学动态》2020 年第 6 期。

业开展创新，其中，对鼓励创新的政策有效性、制度完善性等方面的探讨尤其丰富且深入。①

5. *重大项目创新管理研究*。重大工程技术创新不同于一般工程项目创新或企业创新，它是以需求为导向、聚焦于“目标”的技术创新活动。重大工程创新生态系统的完备构建与有效运转对于重大工程的顺利实施和创新主体的价值共创具有重要意义。围绕如港珠澳大桥工程等国家重大项目工程的创新管理研究成为前沿议题。②

国家对科技创新的重视已经提到举国体制的层面，未来五年至十年，科技创新将向战略目标加速层层推进。国内学者在创新领域的研究成果十分丰富，学术成果的实用性和社会性较强，对科技实践起着直接的指导作用。展望未来，围绕科技创新推进我国现代产业体系构建、提升我国在全球产业链中的位置、打造世界一流创新型企业、进一步推进政产学研用创新体系等话题将会持续火热，同时也期待创新基础理论研究在我国有所突破。

三　总结与展望

联合课题组就年度“中国经济学与管理学研究热点”的研讨发布已经进行到第五年。五年来，秉承着记录学术轨迹、聚焦研究热点的宗旨，以复印报刊资料的选文工作为基础，综合考虑研究进展的学术性、与经济实践的结合程度、文献量等，选出经济学和经济管理学科年度关注度最高的一批研究热点。这些热点反映了中国经济学和经济管理学术研究在学术分工细化的趋势中对重大实践问题

① 杨震宁、赵红：《中国企业的开放式创新：制度环境、“竞合”关系与创新绩效》，《管理世界》2020 年第 2 期。

② 陈宏权等：《重大工程全景式创新管理——以港珠澳大桥工程为例》，《管理世界》2020 年第 12 期。

的共同关注，具有强烈的问题意识，凸显了学术研究的一些特点：①即时响应大政方针，把握时代脉搏；②紧密联系经济实践，聚焦关键问题；③持续挖掘研究潜力，探索学术机理。

展望2021年，世界经济的复苏仍伴随着诸多不确定性，新冠肺炎疫情仍在持续，全球治理体系处于变革之中，国际经济合作呈现区域化、集团化特征，全球生产网络和全球价值链向区域化、国内化发展，世界主要发达经济体民粹主义思潮兴起，经济全球化遭遇强劲逆流。中国提出构建以国内大循环为主体、国内国际双循环相互促进的新发展格局战略，积极应对国内外的复杂形势。作为经济全球化的受益者、贡献者和推动者，在实现人类命运共同体的理念指导下，中国可以在国际经济治理体系、国际经济合作、全球生产体系维护等诸多方面发挥积极作用。

中国经济发展实践和世界经济的动荡变革为学术研究提供了生动而丰富的研究素材。通过从实践中提炼理论、用理论指导实践，中国经济学界持续回应着构建有中国特色、中国风格、中国气派的经济学理论体系的时代命题，在马克思主义的指导下，坚持以人民为中心，推动中国的经济学研究深入发展。

本报告由中国人民大学书报资料中心经济编辑部和《经济学动态》编辑部联合课题组组织完成。课题负责人：李军林、胡家勇；统稿人：刘然；写作人员（按撰写顺序）：徐明、刘然、万晓琼、张妮、周学英、许晖；参与讨论修改的人员：杨新铭、李仁贵、武鹏、陈建青、刘新波、何伟、刘洪愧、谭易等。本课题组在讨论与撰写过程中，还得到其他学术单位与机构的支持。

（原载《经济学动态》2021年第3期）

2021年中国经济学与管理学研究热点

一 引言

2021年是党和国家历史上具有里程碑意义的一年。2021年，中国共产党成立一百周年，实现第一个百年奋斗目标，开启向第二个百年奋斗目标进军新征程。过去一年，我国沉着应对百年变局和世纪疫情，构建新发展格局迈出新步伐，高质量发展取得新成效，实现了“十四五”良好开局。基于我国经济社会发展的实践土壤，以重大问题为导向，经济学和管理学研究也迈向了新阶段，并取得重要进展。为更加清晰地展示2021年我国经济学和管理学研究取得的优秀成果，中国人民大学书报资料中心经济编辑部和《经济学动态》编辑部联合课题组进行了年度研究热点分析。

在遴选研究热点过程中秉持学术性、社会性、全面性、平衡性、综合性、包容性和关注度原则，以中国人民大学书报资料中心复印报刊资料全文转载文献为基础，经过课题组及相关专家学者多轮论证与研讨，最终形成2021年经济学与管理学九个学术研究热点：①中国共产党百年经济实践和理论创新；②共同富裕的理论阐释与实践路径；③推动构建新发展格局；④统筹发展和安全；⑤以新型举国体制推动重大科技创新管理；⑥碳达峰、碳中和与绿色转型；⑦数字经济与实体经济的深度融合发展；⑧国际经贸规则重塑与中国应对；⑨新冠肺炎疫情对中国经济的冲击及应对之策。

综合2016—2020年的热点分析，可以清晰地看出中国经济学与管理学研究印迹。例如，中国特色社会主义政治经济学连续五年入选研究热点，也正是历时五年的记录才能够全面反映在构建中国学术话语体系中的研究背景、主要内容和研究进展，对理论经济学研究而言具有重要意义。再如，2016—2020年关于贫困问题的研究同样一直是学术界的热点问题，选题历经精准扶贫、乡村振兴、脱贫攻坚、全面脱贫，变化的是具体的学术语言、文字含义，不变的是中国学术研究以重大现实问题为基础的基本规律。当然，在具体的研究领域更加明显地体现出了阶段性，例如全面“营改增”税制改革、“一带一路”倡议下的国际合作探讨、区域协调发展等。这些在记录中产生的线和点勾勒出了中国经济学和管理学研究的发展轨迹。

二　2021年中国经济学与管理学研究热点分析

热点一：中国共产党百年经济实践和理论创新

2021年是中国共产党建党一百周年。百年来，中国共产党经历了革命、建设、改革、社会主义新时代四个阶段的发展历程，带领全体人民取得了中国特色社会主义经济建设的辉煌成就。经济学各学科总结了中国共产党百年来领导人民经济建设实践经验、马克思主义经济学中国化的创新与发展，深入研讨了中国共产党为什么能的历史主题。

基于中国知网的数据，2021年有关中国共产党百年经济实践经验和理论创新的相关论文有1100余篇，其中复印报刊资料经济学、管理学期刊全文转载65篇。中国共产党的百年历史，是马克思主义基本原理与中国具体实际相结合的探索历程，相关研究主要从中国共产党运用马克思主义基本原理指导经济实践、中国共产党在实践中推动马克思主义中国化这两个方面展开。

1. 中国共产党百年经济实践经验总结。学界普遍运用马克思主义的思想和方法，依据社会主要矛盾的变化将中国共产党百年经济实践划分为四个阶段，即新民主主义革命时期、社会主义革命和建设时期、改革开放时期、党的十八大以来的新发展阶段。通过梳理史实，学界对党领导经济的治理规律、经济现代化建设、经济发展、社会主义经济制度（市场经济体制、所有制结构、分配制度、土地制度等）、宏观经济政策、反贫困方略，以及对外贸易、金融、财政、税收等重要问题和研究领域做了深入探讨，总结归纳了中国共产党领导经济工作的成功经验。具体包括：①坚持党的领导。坚持党的领导是中国特色社会主义取得成功的核心要素，也是中国特色社会主义最本质的特征和最大优势。其中，全面领导是核心要义，政治领导是根本，思想领导是关键，组织领导是保障。[①] 党领导经济工作的经验有：适应现实变化开展经济工作，坚持社会主义的领导经济工作方向，调动人民积极性的领导经济工作原则，树立开放的态度处理对外经济关系。[②] ②坚持共产主义的社会理想。中国共产党的纲领是实现社会主义并最终实现共产主义，有研究提出在计划经济时代影响中国共产党经济决策的主要因素之一是对社会主义的理解和目标追求；[③] 围绕“中国如何走向现代化”这一命题，确立了中国式经济现代化发展道路，实现了经济现代化从理想

① 张占斌、王学凯：《中国共产党百年经济治理：演变、规律与启示》，《经济社会体制比较》2021 年第 3 期。

② 乔榛：《中国共产党对经济工作的领导：历史、经验和启示》，《上海商学院学报》2021 年第 3 期。

③ 萧冬连：《计划经济时代影响中共经济决策的主要因素》，《中共党史研究》2021 年第 3 期。

到现实的飞跃。[①] ③坚持用马克思主义基本原理指导实践。总结中国共产党经济工作的成功经验，最根本的一条就是坚持以人民为中心、坚持用马克思主义的立场观点方法分析问题和解决问题；中国共产党自成立以来，坚持依据社会主要矛盾转变，制定不同时期的基本路线和方针。[②] ④坚持深化改革创新与对外开放。把握正确的改革方向，坚持把改革作为强国、富民的重要力量源泉，是党的百年征程取得经济建设成就的一大因素；[③] 20 世纪 70 年代以后的开放环境则成为推动中国经济逐步趋向市场化的重要因素。[④]

2. 基于中国共产党经济实践的理论创新。马克思主义是中国共产党百年经济思想的理论源泉，中国共产党在百年经济实践历程中，独立自主地运用马克思主义立场、观点、方法，解决中国的具体问题，同时也发展了马克思主义理论。一是学界对党的百年经济思想史做出了整体性研究，对经济发展和经济现代化思想、社会主义经济制度理论、“三农”战略、反贫困理论等做了梳理提炼，展现出中国共产党百年来经济理论创新的立体影像。明确新发展阶段经济发展思想的核心内容、思想渊源及其理论创新价值；总结了经济发展分析的六个维度，即社会主要矛盾、发展理念、现代化、二元结构、经济发展调节机制、发展格局，并提出将这六个方面的经济发展思想学理化、系统化，以作为中国发展经济学的主干。[⑤] 二是基于对社会基本矛盾和主要矛盾的研究，明确了中国社会发展

---

① 任保平、豆渊博：《从理想到现实：建党百年来我国经济现代化的理想目标与现实推进》，《西安财经大学学报》2021 年第 2 期。

② 史丹：《中国社会主要矛盾转变与党对经济工作的领导》，《中国工业经济》2021 年第 10 期。

③ 任保平、豆渊博：《从理想到现实：建党百年来我国经济现代化的理想目标与现实推进》，《西安财经大学学报》2021 年第 2 期。

④ 萧冬连：《计划经济时代影响中共经济决策的主要因素》，《中共党史研究》2021 年第 3 期。

⑤ 金碚：《中国共产党经济发展思想百年变革研探》，《当代经济科学》2021 年第 4 期。

的历史方位，形成了中国特色的历史方位论；在此基础上，统筹国内和国际两个大局，制定开展国内经济建设和处理国际经济关系的战略和政策，形成了中国特色的社会主义经济建设论和中国特色的社会主义与世界资本主义经济关系论，创造了中国式现代化新道路。① 三是在所有制、分配制度、土地制度和脱贫攻坚研究领域取得创新性的理论成果。党对社会主义生产资料所有制形式和结构认识及实践的路线图，即单一公有制—五种经济成分并存—单一公有制—公有制为主体多种所有制经济共存发展—以公有制为主体的混合所有制；② 分配制度变革以人民至上为价值导向、以共同富裕为奋斗目标、以“生产力—生产关系—上层建筑”互相推动为演变逻辑的渐进式、探索式改革进程；③ 马克思主义土地公有制和生产关系适配生产力理论是百年土地变迁中不变的理论源泉和核心规律；④ 基于党领导人民战胜贫困的历程，提出融合“理论、理念、制度和机制”为一体的综合性减贫体系。⑤

对建党百年来的经济实践经验和经济理论的研究，秉承“以史为鉴、开创未来”的根本要求，是一个承前启后、继往开来的学术总结。当前，我国开启了全面建设社会主义现代化国家新征程，在新阶段、新理念与新发展格局下，如何实现更高质量的经济增长、更高水平的改革开放、更加可持续的经济发展，仍有一系列重大理论和实践问题亟待深入研究。可以肯定的是，未来的经济实践与理

---

① 谢富胜、匡晓璐、赵敏：《中国共产党百年历程中对马克思主义政治经济学的理论创造》，《经济研究》2021 年第 10 期。

② 谢地、郑丽芳：《从中国实际出发探索适宜的社会主义所有制结构——建党百年所有制理论演进与实践轨迹》，《财经科学》2021 年第 7 期。

③ 韩喜平、何况：《中国共产党百年分配制度变革及其人民立场》，《经济纵横》2021 年第 5 期。

④ 严金明、郭栋林、夏方舟：《中国共产党百年土地制度变迁的“历史逻辑、理论逻辑和实践逻辑”》，《管理世界》2021 年第 7 期。

⑤ 杨灿明：《中国战胜农村贫困的百年实践探索与理论创新》，《管理世界》2021 年第 11 期。

论创新依然是马克思主义指导下的经济实践，是在实践经验上总结的理论创新。

热点二：共同富裕的理论阐释与实践路径

在打赢脱贫攻坚战、全面建成小康社会和实现第一个百年奋斗目标之后的新发展阶段，共同富裕受到了前所未有的重视。根据“十四五”规划纲要，“十四五”时期民生福祉要达到新水平。党的十九届五中全会要求扎实推动共同富裕，明确提出了“全体人民共同富裕取得更为明显的实质性进展”的目标。2021 年 8 月，中央财经委第十次会议对共同富裕问题进行了专题研究，习近平总书记发表重要讲话强调，共同富裕是社会主义的本质要求，是中国式现代化的重要特征，要坚持以人民为中心的发展思想，在高质量发展中促进共同富裕。2021 年 10 月，习近平总书记在《求是》杂志发表重要文章《扎实推动共同富裕》，指出“共同富裕是全体人民共同富裕，是人民群众物质生活和精神生活都富裕，不是少数人的富裕，也不是整齐划一的平均主义”。

基于中国知网的数据，2021 年以“共同富裕”为主题的文章有 4440 余篇，其中复印报刊资料经济学、管理学期刊全文转载 18 篇。研究主题集中在以下方面。

1. *共同富裕思想的演进过程*。从中国共产党成立之日起，党就把为人民谋幸福、为中华民族谋复兴作为初心使命，并在长期实践中不断深化对共同富裕的认识。[①] 新民主主义革命时期，党领导全国人民争取民族独立和人民民主，为共同富裕奠定了重要基础；社会主义革命和建设时期，党领导全国人民建立社会主义人民民主制度和以公有制为主体的经济制度，开始建立完整的工业体系，为共

---

① 逄锦聚：《中国共产党带领人民为共同富裕百年奋斗的理论与实践》，《经济学动态》2021 年第 5 期。

同富裕奠定了制度基础和产业基础；改革开放和社会主义现代化建设时期，中国完善了市场经济体系，建立了与市场经济相适应的社会保障与公共服务体系，这是实现共同富裕的激励系统和保障系统；中国特色社会主义新时代，中国完成了全面建成小康社会与脱贫攻坚的伟大任务，开启了全面建成社会主义现代化强国、进入中等发达国家这一整体富裕发达社会的现代化新征程。①

2. 新时代对共同富裕的基本共识。共同富裕是一个综合性概念，在中国特色社会主义新时代，具有全时空性、全方位性、全民性和全过程性。② 共同富裕是社会整体进入富裕社会，是全体人民都富裕，是物质富裕与精神富裕相统一的全面富裕，是消除了两极分化但存在合理差距的普遍富裕。③

3. 共同富裕的实现路径。概括起来，主要有：毫不动摇地巩固和发展公有制经济，毫不动摇地鼓励、支持和引导非公有制经济发展；④ 夯实社会主义市场经济基础性制度，推进要素市场化配置改革；⑤ 推动经济高质量发展，把“蛋糕”做大；⑥ 构建初次分配、再分配及第三次分配协调配套的基础性制度安排；⑦ 实现收入分配格局从“葫芦形”逐步转变为“橄榄形”；⑧ 加大社会保障调节力

---

① 李军鹏：《共同富裕：概念辨析、百年探索与现代化目标》，《改革》2021 年第 10 期。

② 吴文新、程恩富：《新时代的共同富裕：实现的前提与四维逻辑》，《上海经济研究》2021 年第 11 期。

③ 李军鹏：《共同富裕：概念辨析、百年探索与现代化目标》，《改革》2021 年第 10 期。

④ 赖德胜：《在高质量发展中促进共同富裕》，《北京工商大学学报》（社会科学版）2021 年第 6 期。

⑤ 张占斌：《中国式现代化的共同富裕：内涵、理论与路径》，《当代世界与社会主义》2021 年第 6 期。

⑥ 赖德胜：《在高质量发展中促进共同富裕》，《北京工商大学学报》（社会科学版）2021 年第 6 期。

⑦ 刘元春、刘晓光：《在三大超越中准确把握共同富裕的理论基础、实践基础和规划纲要》，《经济理论与经济管理》2021 年第 12 期。

⑧ 陈宗胜：《综合运用经济发展、体制改革及分配举措推进共同富裕》，《经济学动态》2021 年第 10 期。

度和精准性，逐步缩小城乡、区域、人群差距，增强社会保障待遇和服务的公平性、可及性，充分发挥社会保障在改善收入和财富分配格局中的调节作用；[①] 加大人力资本投资，促进中等收入群体规模扩大；[②] 继续大力发展民营经济，增加居民财产收入；加快乡村振兴，提高农村居民收入，促进城乡共同富裕；[③] 在人口充分流动中推动各地区协调发展，缩小区域差距；[④] 等等。2021 年 6 月，《中共中央　国务院关于支持浙江高质量发展建设共同富裕示范区的意见》发布，赋予浙江重要示范改革任务，为全国推动共同富裕提供省域范例。建设共同富裕示范区，为破解新时代社会主要矛盾探索出一条成功路径，及时形成可复制推广的经验做法，能为其他地区分梯次推进、逐步实现全体人民共同富裕做出示范。[⑤]

在新阶段开启全面建设社会主义现代化强国的历史进程中，扎实推进共同富裕是一个长期的渐进性过程。未来一段时间需要把着力点放在解决发展不平衡不充分的社会主要矛盾上，处理好“先富”与“共富”以及“公平”与“效率”的关系，在如何做大“蛋糕”并切好“蛋糕”上下足功夫。

热点三：推动构建新发展格局

面对新的发展形势和环境，2020 年 5 月 14 日，中共中央政治局常委会会议提出：“深化供给侧结构性改革，充分发挥我国超大规模市场优势和内需潜力，构建国内国际双循环相互促进的新发展

① 张来明、李建伟：《促进共同富裕的内涵、战略目标与政策措施》，《改革》2021 年第 9 期。

② 赖德胜：《在高质量发展中促进共同富裕》，《北京工商大学学报》（社会科学版）2021 年第 6 期。

③ 陈宗胜：《综合运用经济发展、体制改革及分配举措推进共同富裕》，《经济学动态》2021 年第 10 期。

④ 刘培林、钱滔、黄先海、董雪兵：《共同富裕的内涵、实现路径与测度方法》，《管理世界》2021 年第 8 期。

⑤ 何立峰：《支持浙江高质量发展建设共同富裕示范区为全国扎实推动共同富裕提供省域范例》，《宏观经济管理》2021 年第 7 期。

格局”，这是基于当前和今后一个时期国内外环境变化做出的重大战略抉择，是对开放水平和开放质量的更高要求。习近平总书记在党的十九届五中全会上指出“构建新发展格局，要坚持扩大内需这个战略基点，使生产、分配、流通和消费更多依托国内市场，形成国民经济良性循环”。2021 年中央经济工作会议公报指出：“构建新发展格局迈出新步伐，高质量发展取得新成效，实现了‘十四五’良好开局。”

基于中国知网的数据，2021 年“双循环”“新发展格局”相关文献约为 2600 篇，其中复印报刊资料经济学、管理学期刊全文转载 70 余篇。丰硕的研究成果深入剖析了新发展格局的理论内涵和本质要求，为今后研究奠定了基础、指明了方向，研究进展主要体现在以下方面。

1. *新发展格局的理论内涵与本质要求*。对于新发展格局的理论分析主要基于马克思主义政治经济学视角，一是基于马克思再生产理论、资本循环理论，阐述了“双循环”新发展格局“循环的是什么”和循环得以运行的基础逻辑是什么。具体地，学者利用马克思主义政治经济学中的资本循环理论，说明循环的本质是以价值运行为核心的资本循环；结合社会总资本再生产理论，阐述了资本循环得以运行的核心在于技术结构、分配结构、需求结构和生产结构之间的相互配合。① 二是结合马克思主义再生产理论中的生产、分配、流通和消费四个环节，认为新发展格局的理论同马克思的再生产理论是一脉相承的。② 还有学者运用“阶段—模式—动力”三维理论，认为构建新发展格局与现代化相适应，是中国基于自身资源

① 李帮喜、赵奕菡、冯志轩、赵峰：《价值循环、经济结构与新发展格局：一个政治经济学的理论框架与国际比较》，《经济研究》2021 年第 5 期。

② 洪银兴：《政治经济学视角的新发展格局》，《马克思主义与现实》2021 年第 1 期。

禀赋和发展路径而探索的、以自立自强为本质特征的、突破“依附性”、具有“替代性”的一种经济现代化模式，是一种充分利用大国经济优势，围绕自主创新驱动经济循环畅通无阻的经济现代化战略。[①] 相应地，构建新发展格局的内涵是实现高质量工业化战略。[②] 对于新发展格局的本质要求，学者明确指出，构建新发展格局是改变以往的发展模式、主动应对新发展阶段和国际环境变化的重要举措。[③] 由于新发展阶段我国经济社会发展环境的不稳定性和不确定性显著增加，由外循环发挥重要作用转向内循环为主是必然选择。[④] 因此，应清晰地认识到，新发展格局的核心要义在于统筹发展和安全。只有这样才能充分理解内外循环互为条件、彼此依托、不可割裂，并将发展重心放在构筑起强大的国内经济循环体系上。[⑤]

2. *构建新发展格局的路径*。构建新发展格局需要切实疏通“国内大循环”“国内国际双循环”的堵点和难点，基于现有研究结论，具体实践路径可以归结为三点：一是培育完整的内需体系。基于马克思社会再生产和分工理论，在构建新发展格局中消费具有基础性作用，分配和流通环节对消费需求具有支撑和市场实现作用。缩小城乡收入差距[⑥]、构建高标准市场体系[⑦]对于释放需求潜力具有重要意义。二是构建自主安全可控的国内产业链。构建新发

① 黄群慧：《新发展格局的理论逻辑、战略内涵与政策体系——基于经济现代化的视角》，《经济研究》2021 年第 4 期。

② 黄群慧：《新发展格局的理论逻辑、战略内涵与政策体系——基于经济现代化的视角》，《经济研究》2021 年第 4 期。

③ 李帮喜、赵奕菡、冯志轩、赵峰：《价值循环、经济结构与新发展格局：一个政治经济学的理论框架与国际比较》，《经济研究》2021 年第 5 期。

④ 江小涓、孟丽君：《内循环为主、外循环赋能与更高水平双循环——国际经验与中国实践》，《管理世界》2021 年第 1 期。

⑤ 高培勇：《构建新发展格局：在统筹发展和安全中前行》，《经济研究》2021 年第 3 期。

⑥ 裴长洪、刘洪愧：《构建新发展格局科学内涵研究》，《中国工业经济》2021 年第 6 期。

⑦ 马建堂：《建设高标准市场体系与构建新发展格局》，《管理世界》2021 年第 5 期。

展格局根本上有赖于供给侧结构性改革，① 着力点在于产业链和创新链深度融合，建立自主可控的现代产业体系。② 重塑产业链包括产业基础能力提升、运行模式优化、产业链控制力增强和治理能力提升等产业链现代化过程。③ 三是更高水平的对外开放。新发展格局绝不是封闭的国内循环，而是开放的国内国际双循环。今后我国要在更深层次和更高水平上参与全球产业分工和创新分工，在更高水平上增强自主创新能力和提升国际竞争力。④

3. *构建新发展格局的政策体系*。为疏通“国内大循环”“国内国际双循环”的堵点和难点，学者从产业发展、对外开放、财税等方面提出了富有针对性的政策建议。产业政策层面，建议将政策的选择性与功能性相结合，针对“卡脖子”技术提供创新支撑体系，创造公平竞争的产业发展环境。⑤ 对外开放层面，建议完善涉外经济法律法规体系，提高法律实施和执法水平；深入研究高水平贸易规则，推进与其相衔接的制度体系建设。财税政策层面，要求财税改革必须更加重视社会公平，通过进一步完善个人所得税制度、改进间接税制度、完善社会保障制度、加大有利于居民收入分配公平的转移支付力度等提升居民消费水平。⑥ 此外，还有学者建议以完善产权保护制度、要素市场化改革、反垄断和不正当竞争、优化营商环境为重点，加快构建高标准市场体系。⑦

展望未来，加快构建新发展格局仍应围绕以下三个方面开展深入

---

① 李帮喜、赵奕菡、冯志轩、赵峰：《价值循环、经济结构与新发展格局：一个政治经济学的理论框架与国际比较》，《经济研究》2021 年第 5 期。

② 洪银兴、杨玉珍：《构建新发展格局的路径研究》，《经济学家》2021 年第 3 期。

③ 刘志彪、凌永辉：《论新发展格局下重塑新的产业链》，《经济纵横》2021 年第 5 期。

④ 江小涓、孟丽君：《内循环为主、外循环赋能与更高水平双循环——国际经验与中国实践》，《管理世界》2021 年第 1 期。

⑤ 陈劲、阳镇：《新发展格局下的产业技术政策：理论逻辑、突出问题与优化》，《经济学家》2021 年第 2 期。

⑥ 朱青：《论“新发展格局”下的财税改革》，《财贸经济》2021 年第 5 期。

⑦ 马建堂：《建设高标准市场体系与构建新发展格局》，《管理世界》2021 年第 5 期。

研究：一是扩大内需，释放国内经济和消费潜力，稳定产业链供应链，提高国内市场供给质量；二是提升国际外部循环的质量和水平，实现商品和要素流动型开放向制度型开放升级，完善国内法规和治理体系，优化营商环境；三是打破联通内外循环的制度性壁垒，推进国内国际规则制度的衔接，促进资本、技术、人才、数据等要素跨境流动。

热点四：统筹发展和安全

改革开放以来，中央高度重视正确处理改革、发展和稳定之间的关系，把维护国家安全和社会安定作为党和国家的一项基础性工作来抓，为改革开放和社会主义现代化建设营造了良好的安全环境。2016 年 4 月 14 日，中国设立第一个全民国家安全教育日，习近平总书记指示：以总体国家安全观为指导，全面实施国家安全法，深入开展国家安全宣传教育，切实增强全民的国家安全意识。2020 年“十四五”规划纲要首次把“统筹发展和安全”纳入“十四五”时期中国经济社会发展的指导思想。2021 年 11 月，《中共中央关于党的百年奋斗重大成就和历史经验的决议》中指出：“明确必须坚持和完善社会主义基本经济制度，使市场在资源配置中起决定性作用……推动高质量发展，统筹发展和安全。”当前，中国正处于世界百年未有之大变局，面对国内社会主要矛盾变化带来的新特征新要求和错综复杂的国际环境带来的新矛盾新挑战，经济安全这一重大问题正逐步成为经济学界关心的热点问题。

基于中国知网的数据，2021 年以“发展与安全”“经济安全”（包括经济主权安全、金融安全、产业与技术安全、能源资源安全和粮食安全等）为主题的文章有 568 篇。其中复印报刊资料经济学、管理学期刊全文转载 32 篇。研究进展主要体现在以下方面。

1. *发展和安全的关系*。坚持统筹发展和安全两件大事，是正确理解和把握总体国家安全观的精髓之一。发展和安全是鸟之两翼、车之双轮。发展是安全的基础，安全是发展的条件，统筹抓好这两件大事，既要求善于运用发展成果夯实国家安全的实力基础，又要求善于塑造有利于经济社会发展的安全环境，做到坚持发展不停步、维护安全不懈怠。把安全放在更加突出的位置，在发展中更多考虑安全因素，努力实现发展和安全的动态平衡，系构建新发展格局的根本出发点和落脚点。① 聚焦经济安全观，有学者总结入世以来的经验，认为中国在处理外部世界与自身经济安全之间的关系中，历经适应、调整和确立期，2020 年后具有中国特色的大国经济安全观基本形成，中国应对化解外部风险的方式，更为鲜明地呈现出立足国内力量源泉、积极主动的特征。②

2. *防范和应对系统性风险*。确保国家经济安全，要求加强经济安全风险预警、防控机制和能力建设。从已有研究来看，防范和应对系统性风险的指标体系集中于金融指标，相应的对策建议以货币政策和财政政策为落脚点：一是指标测度体系。从系统性风险视角识别中国宏观经济韧性是十分重要的问题。有学者基于时变脉冲响应函数对经济韧性进行了测度，研究发现，我国金融市场的系统性风险呈现明显的下降趋势，宏观经济抵御风险冲击的能力稳步提升；进出口系统抵御风险冲击的能力显著增强。③ 针对经济主体流动性不足这一金融风险，有学者通过构建部门的流动性资产负债表，对我国金融安全进行了评估，为防范、化解重大系统性风险提供了重要参考工具。④ 二是宏观经济政策与制度。宏观经济政策一

---

① 高培勇：《构建新发展格局：在统筹发展和安全中前行》，《经济研究》2021 年第 3 期。

② 孙伊然、何曜、黎兵：《“入世”20 年中国经济安全观的演进逻辑》，《世界经济研究》2021 年第 12 期。

③ 刘晓星、张旭、刘守伟：《中国宏观经济韧性测度——基于系统性风险的视角》，《中国社会科学》2021 年第 1 期。

④ 张金清、张剑宇、聂雨晴、孙大钊：《中国金融安全评估：2000—2019 年——基于部门流动性资产负债表的分析框架》，《管理世界》2021 年第 6 期。

直以来在应对宏观经济风险中发挥着重要作用。学者提出在制定经济政策时既要统筹考虑安全与发展，也要因地制宜，从系统结构视角制定财政政策、货币政策，提升宏观经济总体的抗风险韧性。① 还有学者认为，市场主体安全是最具基础意义的安全，财政安全是最具底线意义的安全，要先统筹好市场主体发展和安全以及财政发展和安全。②

3. 总体安全观下的具体问题。国家安全问题涵盖的领域十分广泛，“十四五”规划纲要提出，在经济建设上，保障粮食安全、能源资源安全、产业链供应链安全，坚持金融为实体经济服务，全面加强金融监管，防范化解经济金融领域风险。在这些特定研究领域均有明显进展。粮食安全方面，学者结合新发展格局阐释了保障中国粮食安全的重要性，认为要推动国内农业转方式、调结构、补短板、强产业，以增强应对外部风险和冲击的韧性与定力。③ 在能源安全方面，有学者基于能源的可得性、经济性、清洁性和可持续性构建中国能源安全指标体系，认为应将能源可获得性作为预防能源风险的重要内容，把稳价格和降成本作为提高能源安全保障的重要途径。④ 在产业链供应链安全方面，有学者认为其关键任务在于实现制度优势与产业链供应链治理效能之间的有效转化，稳步实现从“管制”到“共治”的阶段性跨越。⑤ 以集成电路产业链安全为例，新时期提升产业链自主可控水平，关键在于夯实产业链基础。因

① 刘晓星、张旭、刘守伟：《中国宏观经济韧性测度——基于系统性风险的视角》，《中国社会科学》2021年第1期。

② 高培勇：《构建新发展格局：在统筹发展和安全中前行》，《经济研究》2021年第3期。

③ 朱晶、臧星月、李天祥：《新发展格局下中国粮食安全风险及其防范》，《中国农村经济》2021年第9期。

④ 史丹、薛钦源：《中国一次能源安全影响因素、评价与展望》，《经济纵横》2021年第1期。

⑤ 王静：《新发展格局下中国产业链供应链安全稳定战略的逻辑转换》，《经济学家》2021年第11期。

此，要高度重视基础科学研究，加快人才、技术和数据等要素培育，瞄准前沿技术实现换道超车，提升产业链安全水平。[①] 在金融安全方面，“十四五”时期仍需强化风险意识和底线思维，全面提升金融安全水平，从不良资产处置、高风险金融机构出清、地方政府债务风险化解、房地产金融风险防控、金融治理现代化水平提升、金融基础设施统筹监管、海外金融资产安全维护等方面着力，建立完善金融风险防控的长效机制。[②]

目前，关于经济安全中的经济主权安全、金融安全、产业与技术安全和能源安全这四个方面的研究相对较少，粮食安全研究较为丰富。为了更好地契合新发展阶段、新发展理念、新发展格局，统筹好发展和安全，未来研究应更多着眼于上述四个安全领域，构建更加具有针对性的安全评估模型，挖掘深层次的安全风险影响因素，提出可实际应用的安全风险防控措施。

热点五：以新型举国体制推动重大科技创新管理

创新在我国现代化建设全局中居于核心地位，科技自立自强是国家发展的重要战略支撑。2021 年 1 月 5 日，全国科技工作会议以“健全新型举国体制”为主题在京召开，提出“加快关键核心技术攻关和实施重大科技任务”“加大重点领域改革力度，开展科技体制改革总结评估，修订国家科学技术奖励条例”等一系列重大决策部署。2021 年 5 月 14 日，中共中央政治局常务委员会再次强调“要发挥新型举国体制优势，加强科技创新和技术攻关，强化关键环节、关键领域、关键产品保障能力”。2021 年，中国学术界成功破题，通过分析中国及世界其他主要国家在追求重大突破中的历史

① 周观平、易宇：《新发展格局下提升中国集成电路产业链安全可控水平研究》，《宏观经济研究》2021 年第 11 期。

② 吴振宇、唐朝：《“十四五”时期金融风险防控面临的挑战与应对》，《改革》2021 年第 6 期。

经验，打破了人们对举国体制的刻板印象，凸显了新型举国体制的关键逻辑；通过对全球经济体系与国际竞争的历史与现状分析，指出了理论研究和对策研究的探索方向；对若干战略性产业和关键部门的实证分析，则为本土理论创新打下了基础。

基于中国知网的数据，2021 年相关研究文献约为 2223 篇，其中复印报刊资料全文转载 10 余篇。围绕以新型举国体制推动重大科技创新管理这一重大问题，研究主题集中在以下方面。

1. 新型举国体制的重要价值与作用机制。在国家提出“新型举国体制”以来，一些学者将举国体制与旧有的计划体制相等同，仅仅揣测“新型”的含义，这一思路得到了另外一些学者的纠偏和辨明，[①] 证明举国体制是一种任务体制，无关计划或市场，其特征是以特殊机构执行和完成当前重大社会经济任务，这里的“新型”是由新的实践所定义的。历史上，举国体制的成功范例包括“两弹一星”项目等；在新的历史时期，建立健全关键核心技术攻关的新型举国体制，是对我国科技创新历史经验的坚持和发展，是牢牢掌握创新主动权和发展主动权、实现科技自立自强的现实需要。

2. 构建新型举国体制的组织机制与实施方法。关于探讨新型举国体制如何将国家作为重大科技创新组织者的优势作用充分发挥出来，目前已有研究结论，主要包括构建社会主义市场经济条件下的新型举国体制、打造体现中国优势的政产学研的新型贯通体系、夯实国家作为原始创新和颠覆性技术创新主导的基础研究与应用基础研究领域的主体地位、构建科学研究和技术创新一体化的新型激励体制等。[②] 有学者提出在构建自主创新的“技术—制

---

① 路风、何鹏宇：《举国体制与重大突破——以特殊机构执行和完成重大任务的历史经验及启示》，《管理世界》2021 年第 7 期。

② 刘晓燕、侯文爽、单晓红：《基于多层网络的科技创新政策府际合作机理》，《科研管理》2021 年第 3 期。

度”系统的过程中，国家需要通过充分的社会动员和合理的战略性资源配置，以重大工程技术问题为抓手，为不同规模、不同属性的创新主体提供合适的经济激励，为其结构性转变创造出正面预期。中国的创新内循环建设仍需在相当长一段时间内，从多轮试错中逐步积累经验才能步入正轨。[①] 应坚持集中力量办大事的制度优势、超大规模的市场优势同发挥市场在资源配置中的决定性作用结合起来，着力解决我国经济社会发展、民生改善、国防建设面临的现实问题。

3. 发挥新型举国体制优势的国际经验借鉴。在世界百年未有之大变局和世纪疫情交织背景下，学者有针对性地研究不同国家的战略选择和战略实践，探讨如何发挥新型举国体制优势，对科技创新事业进行战略性、全局性谋划。[②] 包括对美国、日本、欧洲等具有产业发展优势的国家的科技创新体制的研究。特别是美国在第二次世界大战期间成立的战时生产局和制订的曼哈顿计划，以及至今还在活跃的美国国防高级研究计划局都是学界研究讨论的热点。中美贸易摩擦以来，科技领域“卡脖子”问题凸显，学者通过梳理美国半导体产业的发展历程，发现美国长期谴责和攻击别国产业政策，并且标榜自己是自由市场经济的国家，在国际创新竞争的关键时刻政府通常会出面大力干预，这甚至成为美国国家创新系统不可缺少的一环。2021 年 6 月美国国会参议院通过的《2021 美国创新与竞争法案》（*American Innovation and R & D Competitiveness Act of 2021*），旨在对美国科学研究与技术创新领域投资逾 2000 亿美元，就是典型的超大规模补贴产业政策。其中，美国政府将在

---

① 张杰：《构建中国国家战略科技力量的途径与对策》，《河北学刊》2021 年第 5 期。

② 封凯栋、纪怡：《建设本土创新共同体——国际创新竞争背景下中国的困境与出路》，《文化纵横》2021 年第 8 期。

未来数年内补贴半导体产业520亿美元，以维持美国本土的芯片制造产能，保护供应链安全；同时，美国政府将拨款逾1000亿美元改造美国国家科学基金会，设立新的技术和创新部门，重点支持半导体、人工智能、高性能计算、先进制造等领域，以保持美国产业在全球的技术领先地位。①

展望未来，学界将从两个方面继续深化研究：一是夯实中观层面的研究，立足世界主要国家的历史经验，深入挖掘举国体制的具体机制，辨析有效政府与有效市场互相协作互相促进的关系；二是深耕现场，通过深入的案例研究和比较研究，及时总结和归纳在新领域、新实践中的机制创新，在学习、参与和推动关键突破的历史进程中，发展出理解社会经济重大变化的理论框架。

热点六：碳达峰、碳中和与绿色转型

实现碳达峰、碳中和是推动高质量发展的内在要求，是实现绿色转型的题中应有之义。2021年3月，中央财经委员会第九次会议强调：实现碳达峰、碳中和是一场广泛而深刻的经济社会系统性变革，要把碳达峰、碳中和纳入生态文明建设整体布局，拿出抓铁有痕的劲头，如期实现2030年前碳达峰、2060年前碳中和的目标。为实现“双碳”目标，中国加快建立健全绿色低碳循环发展经济体系，彰显了以人民为中心的发展理念，体现了构建人类命运共同体的责任担当。2021年12月，中央经济工作会议再次强调“要正确认识和把握碳达峰碳中和”，要坚定不移推进，狠抓绿色低碳技术攻关，创造条件尽早实现能耗“双控”向碳排放总量和强度“双控”转变，加快形成减污降碳的激励约束机制。

2021年是全面贯彻落实新发展理念，做好碳达峰、碳中和工作

---

① 李寅：《重塑技术创新优势？——美国半导体产业政策回归的历史逻辑》，《文化纵横》2021年第8期。

的元年。中央围绕有序推进碳达峰、碳中和做出了一系列重大决策部署。在此背景下，学界从对习近平生态文明思想的理论研究入手，结合当前中国发展历史阶段，积极从理论解析、政策解析、实证研究、中外比较分析等多角度开展了丰富的研究活动，取得了丰硕的研究成果。基于中国知网的数据，2021 年相关研究文献 3730 篇，学术论文 1500 篇，复印报刊资料全文转载 108 篇。研究主题集中体现在以下方面。

1. 系统阐释习近平生态文明思想。学界通过梳理我国生态经济发展脉络，围绕当前“生态兴则文明兴”“人与自然是生命共同体”等重大命题，系统阐释习近平生态文明思想。[①] 当前阶段提出的“双碳”概念、目标以及相关理论与实践，符合我国生态文明建设的客观需求。[②] 碳达峰、碳中和是绿色转型的抓手、测度和推力，绿色转型为碳达峰、碳中和提供了技术选项和实现路径。[③] 推进碳达峰、碳中和是我国生态文明建设的生动体现，是以习近平生态文明思想为指导来展开的，是思想在实践层面的生动映射。

2. 围绕“双碳”目标，探索具体实现路径。从碳核算、减碳措施、碳捕获利用与封存、碳经济等角度，[④] 开展有关节能减排、产能治理、能源革命、油气资源开发与利用、清洁能源发展、电力市场发展、储能与氢能发展、垃圾焚烧治理、生物能源和地热能开发与利用等方面的研究。一些学者试图围绕“双碳”目标，积极开展对中国中长期碳排放的总体目标和实现路径的研究，分析不同经

---

① 于法稳：《中国生态经济研究：历史脉络、理论梳理及未来展望》，《生态经济》2021 年第 8 期。

② 胡鞍钢：《中国实现 2030 年前碳达峰目标及主要途径》，《北京工业大学学报》2021 年第 3 期。

③ 潘家华、廖茂林、陈素梅：《碳中和：中国能走多快?》，《改革》2021 年第 7 期。

④ 余碧莹、赵光普、安润颖、陈景明、谭锦潇、李晓易：《碳中和目标下中国碳排放路径研究》，《北京理工大学学报》（社会科学版）2021 年第 2 期。

济增速和减排力度情景下，能源系统、碳捕集与封存技术以及碳汇的贡献程度。[①] 从产业部门发展来看，能源工业、制造业、农牧业、金融服务业以及森林湿地海洋的保护与利用，都需要考虑“双碳”目标。[②]

3. *碳排放市场参与者组织行为*。围绕中国碳排放权交易市场，学者积极从碳汇、碳配额、碳金融等方面，展开对市场参与者组织行为的研究。[③] 学者从产业和企业如何提升能源利用效率、提高非化石能源消费比重、降低二氧化碳排放水平、提升生态系统碳汇能力等方面内容开展理论研究。有些学者从碳排放权交易政策的角度研究企业与产业的行为，[④] 有些学者研究碳排放权交易政策对区域能源效率的影响。

展望未来，2030 年达到碳达峰目标距离当前已不算久远，而实现碳达峰、碳中和是一场广泛而深刻的经济社会系统性变革，学界还需加大从产业层面开展包括碳核算、碳捕获利用与封存等与“双碳”目标息息相关的问题研究，同时也需要更加系统和细致地加强对国外碳达峰碳中和进程的对比分析，总结并归纳出适合我国实现“双碳”目标与绿色转型的可行路径。

热点七：数字经济与实体经济的深度融合发展

在经济增速放缓的大背景下，数字经济表现出了蓬勃发展的态势。《中国数字经济发展白皮书（2021）》指出，2020 年我国数字经济规模达到 39.2 万亿元，占 GDP 比重为 38.6%，同比名义增长

---

① 吴茵茵、齐杰、鲜琴、陈建东：《中国碳市场的碳减排效应研究——基于市场机制与行政干预的协同作用视角》，《中国工业经济》2021 年第 8 期。

② 钟茂初、赵天爽：《双碳目标视角下的碳生产率与产业结构调整》，《南开学报》（哲学社会科学版）2021 年第 5 期。

③ 崔春岳、张令荣、杨子凡、王健：《碳配额交易政策下基于收益共享契约的两阶段供应链协调》，《中国管理科学》2021 年第 7 期。

④ 张桂涛：《碳配额交易体系下闭环供应链网络的生产与碳交易策略研究》，《中国管理科学》2021 年第 1 期。

9.7%，数字经济在逆势中加速腾飞，有效地支撑了疫情防控和经济社会发展。“十四五”规划纲要明确指出“加快数字化发展。发展数字经济，推进数字产业化和产业数字化，推动数字经济和实体经济深度融合，打造具有国际竞争力的数字产业集群”。数字经济的健康发展有利于推动构建新发展格局，有利于推动建设现代化经济体系，有利于推动构筑国家竞争新优势。推动数字经济与实体经济深度融合发展，是利用新技术提高全要素生产率，发挥数字技术对经济发展的放大、叠加和倍增作用，要求脚踏实地、因企制宜，避免为数字化而数字化。

基于中国知网的数据，2021 年与数字经济相关的文献约为 8500 篇，其中复印报刊资料经济学、管理学期刊全文转载 137 篇。数字经济相关研究延续性较强，2021 年相关研究成果数量创新高，侧重点也逐步由概念和框架转向了理论阐释和机制分析，其中，数字经济与实体经济深度融合的机制和路径受到关注。整体而言，相关研究取得明显进展，主要体现在以下三个方面。

1. 关于数字经济的理论阐释。互联网、人工智能和大数据等信息技术正以一种前所未有的方式改变人类的生产方式，数字经济时代的劳动更多地体现为自主型、分布型和多元型。[①] 伴随“数字劳动”悄然兴起，在政治经济学研究领域，关于数字劳动的性质及其对政治经济学的挑战受到学者的关注，已有研究认为回归到马克思的政治经济学批判，数字劳动只是人类劳动形式的新变更，数字资本也未改变资本增殖的本性，依旧无法规避资本主义的基本矛盾。[②] 基于数字劳动和资本的结合形式，发展数字经济必须协调好数字劳

① 杨伟国：《从工业化就业到数字工作：新工作范式转型与政策框架》，《行政管理改革》2021 年第 7 期。

② 孟飞、程榕：《如何理解数字劳动、数字剥削、数字资本——当代数字资本主义的马克思主义政治经济学批判》，《教学与研究》2021 年第 1 期。

资关系，推动数字经济高质量发展。①

2. 数字经济与实体经济融合发展的机制。宏观层面，数字经济是推动经济高质量发展的新引擎，相关研究从多维度给出理论阐释。一是将数字技术赋能制造业高质量发展的作用机制总结为四个途径：改变价值创造方式、提高价值创造效率、拓展价值创造载体和增强价值获取能力；② 二是认为数字化本身也是新旧动能转换的重要形式，数字化带来的高素质劳动力扩张、数字资本深化成为创新驱动的源泉；③ 三是关注了人口红利下降背景下数字经济发展引致的低技能劳动力替代效应；④ 四是数字经济影响消费的机制主要是降低了交易成本，创造了新的消费需求，促使居民消费理念和消费行为转变。⑤

中观层面，在数字经济统计方面取得突破性进展。数字经济的分类是统计部门对其进行直接测算的基础，2021 年 6 月 3 日国家统计局发布了《数字经济及其核心产业统计分类（2021）》，这标志着我国数字经济统计工作取得了突破性进展。这种分类方法借鉴了 OECD 分类框架，体现了产业分类方法的创新，还兼顾与《国民经济行业分类（2017）》的对接。⑥ 当然，学界还有不同的产业划分建议，有学者以数字经济广义定义为基础，将其生产活动归纳为核

① 孙蚌珠、石先梅：《数字经济劳资结合形式与劳资关系》，《上海经济研究》2021 年第 5 期。

② 吕铁、李载驰：《数字技术赋能制造业高质量发展——基于价值创造和价值获取的视角》，《学术月刊》2021 年第 4 期。

③ 郑江淮、张睿、陈英武：《数字化转型如何助力构建新发展格局——基于新旧动能转换的视角》，《中国经济学人》2021 年第 3 期。

④ 柏培文、张云：《数字经济、人口红利下降与中低技能劳动者权益》，《经济研究》2021 年第 5 期。

⑤ 马玥：《数字经济对消费市场的影响：机制、表现、问题及对策》，《宏观经济研究》2021 年第 5 期。

⑥ 刘伟、许宪春、熊泽泉：《数字经济分类的国际进展与中国探索》，《财贸经济》2021 年第 7 期。

心活动和应用活动两部分，结合我国数字经济产业分类体系，将数字经济核心活动识别为数字设备制造业、数字产品贸易业、数字技术服务业和数字驱动产业 4 个大类、19 个中类，将数字经济应用活动识别为电子商务产业、数字内容产业、数字金融产业、数字政府产业和其他数字产业 5 个大类、24 个中类。① 还有学者尝试编制数字经济供给使用表，围绕产品—产业—特征活动三重维度设计数字经济供给使用表整体框架，并阐明其核心指标含义。数字经济供给使用表是数字经济卫生账户的核心表式，具有统计协调和分析工具的双重作用，能够准确监测数字产业发展规模及传统产业与数字经济的融合程度。即使从国际上看，这也是前瞻性的探索。② 为了更加清晰地展示当前我国数字经济发展水平和区域差异，还有学者构建了数字经济发展水平指标，测算了数字经济的发展水平及其区域异质性，结果表明我国数字经济发展不充分和不平衡问题依然显著，提高数字经济总水平和高质量发展任重道远。③

微观层面，企业数字化转型的绩效研究成为学界关注的热点。一是探索性地回应了数字化赋能对商业模式创新，特别是价值来源的影响，认为制造企业数字化主要通过连接、管控和解释三种机制体现数字化的价值。④ 二是针对企业管理数字化带来的投入产出效率进行了创新性的探讨。主要结论是企业管理在数字化变革过程中资本产出弹性远高于劳动产出弹性，数字化转型投资项目的投资效率也具有明显的异质性特征，与企业规模有关，并且企业数字化投入和效率

---

① 吴翌琳、王天琪：《数字经济的统计界定和产业分类研究》，《统计研究》2021 年第 6 期。

② 张美慧：《数字经济供给使用表：概念架构与编制实践研究》，《统计研究》2021 年第 7 期。

③ 王军、朱杰、罗茜：《中国数字经济发展水平及演变测度》，《数量经济技术经济研究》2021 年第 7 期。

④ 陈一华、张振刚、黄璐：《制造企业数字赋能商业模式创新的机制与路径》，《管理学报》2021 年第 5 期。

之间是非线性关系，在经历“阵痛期”后，企业数字化管理的优势显著提升。[①] 三是通过案例分析阐明企业作为数字平台的参与者对绩效的影响，认为数字平台有助于缓解传统企业在数字化转型中面临的技术约束，有助于实现效率提升。[②] 此外，还重点关注了企业数字化转型对企业全要素生产率[③]和股票流动性[④]的影响，认为数字化转型降低了外部交易成本、有利于强化市场的正面预期。

3. 促进数字经济与实体经济深度融合发展的规则重构。数字经济时代国际贸易规则和国际税收规则都面临重大挑战，学者就如何积极参与国际规则制定，实现国际和国内制度联动展开热烈讨论。在国际贸易规则层面，因为全球数据价值链正成为全球化收益增加的新维度，限于数据要素自由流动与数字鸿沟的矛盾，在构建数字经济全球治理规则框架中，应特别注重处理好创新和限制垄断之间的平衡问题。[⑤] 在税收规则层面，推进数字税立法已成为国内税收立法和加强国际税法协调的基本选择。数字税立法需要明晰数字经济领域的税收管辖权、应税行为和税收利益分配规则，这对国际税收协调同样非常重要。[⑥]

数字经济对经济社会发展的影响是全方位的，未来仍有许多重要议题有待深入研究。一是数字技术影响劳动力供给的原因及其结果应得到进一步论证；二是伴随数字经济相关指标的完善和数据可

---

① 刘淑春、闫津臣、张思雪、林汉川：《企业管理数字化变革能提升投入产出效率吗》，《管理世界》2021 年第 5 期。

② 陈威如、王节祥：《依附式升级：平台生态系统中参与者的数字化转型战略》，《管理世界》2021 年第 10 期。

③ 赵宸宇、王文春、李雪松：《数字化转型如何影响企业全要素生产率》，《财贸经济》2021 年第 7 期。

④ 吴非、胡慧芷、林慧妍、任晓怡：《企业数字化转型与资本市场表现——来自股票流动性的经验证据》，《管理世界》2021 年第 7 期。

⑤ 黄鹏、陈靓：《数字经济全球化下的世界经济运行机制与规则构建：基于要素流动理论的视角》，《世界经济研究》2021 年第 3 期。

⑥ 张守文：《数字税立法：原理依据与价值引领》，《税务研究》2021 年第 1 期。

得性，关于数字经济与实体经济影响机制和路径分析将更加丰富；三是以更加丰富的案例研究，全面阐释企业数字化对经济效率的影响机制；四是针对构建数字经济全球化背景下的国际规则及国际税收协调制度提出可行性方案；五是强化数字资本和数字金融对实体经济影响的相关研究。

热点八：国际经贸规则重塑与中国应对

当今世界正面临百年未有之大变局。基于规则的国际经贸秩序遭遇全方位挑战，全球正由“经济之争”转向“规则之争”“制度之争”。2021 年中央经济工作会议提出，坚持多边主义，主动对标高标准国际经贸规则，以高水平开放促进深层次改革、推进高质量发展。在全球经贸规则格局步入新时代之际，如何加快适应新一轮国际经贸规则变革重构的大趋势，积极参与全球经贸秩序重塑并把握规则主动权，是中国构建更高水平开放型经济新体制题中应有之义。

基于中国知网的数据，2021 年“国际经贸规则重构”“RCEP”“CPTPP”等相关主题的学术论文有 4000 余篇，其中复印报刊资料经济学、管理学期刊全文转载约 30 篇，研究主题集中在以下三个方面。

1. 新一轮国际经贸规则重构的典型特征。国际经贸规则重构具有两方面的主要特征：一是在 WTO 框架下提高原有经贸规则的标准，如进一步降低关税、提升市场准入水平等。二是提出新的国际经贸规则和议题。近年来，受到以 WTO 为代表的多边体系规则谈判、争端解决机制等失灵的影响，以《区域全面经济伙伴关系协定》（RCEP）、《全面与进步跨太平洋伙伴关系协定》（CPTPP）等为代表的高水平国际经贸协定，引领着新一轮的国际经贸规则重塑。[①] 现

---

① 周禛、左思明：《高水平区域自由贸易协定下原产地规则趋势、影响及中国应对》，《国际经济合作》2021 年第 6 期。

有研究重点从四个方面进行了探讨：其一，对 WTO 的改革内容进行了归纳，包括权威性、有效性、相关性和包容性等。[①] 总的来看，WTO 框架作为多边体系的典范，其规则制定之谈判机制、规则执行之政策审议机制和规则适用之争端解决机制等运行机制的失灵、失常，导致 WTO 面临着巨大危机。其二，对 RCEP 的具体内容和基本特征进行了讨论，普遍认为 RCEP 相较于 WTO 是更高开放水平的包容性区域经贸治理框架，其制度框架达到了更高的开放水平，涉及议题范围更广、包容性更强。[②] 其三，对 CPTPP 的标准和具体条款进行了讨论，包括国有企业立法条款、数字贸易规则等。在 WTO 陷入改革困局的情况下，CPTPP 因其高标准而备受世人瞩目，客观上成为当今国际经贸规则改革和发展的风向标。[③] 其四，对 WTO、RCEP 和 CPTPP 等主要国际经贸规则进行了比较分析，[④] 并重点对服务贸易条款、跨境数据流动条款、原产地规则、技术援助条款等进行了对比研究。[⑤]

2. 国际经贸规则重构带来的冲击。学界主要基于 RCEP、CPTPP 等国际经贸协议和数字贸易等具体议题，对全球经贸规则重塑所带来的冲击进行研究。一是 RCEP 对经济活动、各国经济以及世界经济格局的影响。RCEP 的内容主要包括工业品、农产品和服务的贸易关税承诺，以及一些开放性措施承诺。此外，RCEP 也涵盖原产地规则、海关手续和贸易便利化、贸易救济、人员流动、投资、知识产权、

---

① 张磊、卢毅聪：《世界贸易组织改革与中国主张》，《世界经济研究》2021 年第 12 期。

② 马飒、张二震：《RCEP 框架下东亚区域产业链重构与中国对策》，《华南师范大学学报》（社会科学版）2021 年第 4 期。

③ 周汉民：《从 WTO 到 CPTPP：中国对外开放的进程》，《国际商务研究》2021 年第 6 期。

④ 余淼杰、蒋海威：《从 RCEP 到 CPTPP：差异、挑战及对策》，《国际经济评论》2021 年第 2 期。

⑤ 韩剑、杨凯、邹锐锐：《自由贸易区提升战略下 RCEP 原产地规则利用研究》，《国际贸易》2021 年第 3 期。

电子商务、竞争政策、中小企业、政府采购、争端解决等内容。现有研究主要从以下三个方面讨论了 RCEP 对世界经济活动的影响：①RCEP 有利于降低关税水平和经贸成本，进而促进出口贸易、出口竞争优势、新型跨境物流和各国经济增长。②RCEP 是亚太区域内经贸规则的“整合器”，将促进区域产业链、供应链和价值链的融合和分工，推动东亚区域经济合作深化，进而推动经济全球化和区域经济一体化。[①] ③RCEP 还将影响中日韩、中美、中欧等经贸关系，并进而影响亚太和全球经贸格局。[②] RCEP 背后不仅蕴含成员国之间的地缘经济博弈，更牵涉美国、欧盟这两个世界上最大经济体的政经利益。此外，现有文献还讨论了 RCEP 带来的关税减让、产业竞争、规则及标准对接、国际税收合作与协调等方面的挑战。二是中国加入 CPTPP 的成本收益和影响。当前，中国业已加入 RCEP，但与 CPTPP 标准相比尚有差距。现有文献以中国为研究对象，分析了中国加入 CPTPP 可能存在的挑战、影响、成本—收益、地缘政治收益。[③] 三是新议题带来的冲击，如数字贸易规则对数字服务出口、网络安全、数据安全、个人信息保护、政府获取数据等方面的影响。[④]

3. 国际经贸规则重构下的中国应对方案。目前，中国在全球经贸体制治理过程中主要遇到竞争中立、市场准入、原产地规则、关税保护、电子商务便利化和知识产权保护等焦点问题，都深刻体现在 WTO 的重大改革上，[⑤] 而 RCEP、CPTPP 等国际经贸新规则及其

---

① 宋志勇、朱思翘：《后疫情时代 RCEP 签署对东亚区域经济合作的影响及对策研究》，《国际贸易》2021 年第 5 期。

② 于津平、印梅：《RCEP 时代亚太经贸格局重构与中国的战略选择》，《华南师范大学学报》（社会科学版）2021 年第 4 期。

③ 余淼杰、蒋海威：《从 RCEP 到 CPTPP：差异、挑战及对策》，《国际经济评论》2021 年第 2 期。

④ 彭羽、杨碧舟、沈玉良：《RTA 数字贸易规则如何影响数字服务出口——基于协定条款异质性视角》，《国际贸易问题》2021 年第 4 期。

⑤ 周汉民：《从 WTO 到 CPTPP：中国对外开放的进程》，《国际商务研究》2021 年第 6 期。

新议题，更是对中国经贸等活动造成了巨大冲击。就这一问题的中国应对方案，现有研究主要包括以下几个方向：一是中国如何充分利用和积极应对 RCEP 规则，以充分推动农产品出口、产业链提升，并借助 RCEP 加入 CPTPP、推进中日韩自贸区谈判、完善中国对外自贸区网络，以及强化 RCEP 与“一带一路”的对接等。① 二是就中国如何加入 CPTPP，提出了具体的改革方向，包括货物贸易、服务贸易、投资、知识产权保护、国企改革、数字治理能力、劳工权益保障等。三是具体新议题下的中国应对方案。现有研究主要从国际服务贸易和服务开放新规则、国企条款规则、跨境数据流动条款、全球数字贸易规则②等方面展开了具体的对策分析。

展望未来，中国在参与国际经贸规则重塑的过程中，机遇与挑战并存、收益与风险兼具。中国应通过不同规则差异化选择、国际制度安排选择及自主制度型开放，更主动地谋求与自身经济实力适应的国际地位。

热点九：新冠肺炎疫情对中国经济的冲击及应对之策

2020 年年初暴发的新冠肺炎疫情，对中国经济运行产生了巨大冲击。为有效防控疫情，党中央采取了一系列有力措施，地方政府部门也密集出台了诸多应对政策，在全国上下共同努力下，2021 年全年主要目标较好完成。按照《2022 年政府工作报告》的要求，2022 年要继续做好常态化疫情防控，统筹疫情防控和经济社会发展。

基于中国知网的数据，“新冠肺炎疫情”“重大公共卫生”等相关文献约为 1100 篇，其中复印报刊资料经济学、管理学期刊全文转载 32 篇。该主题的研究是 2020 年学术研究热点的延续，但更

---

① 马飒、张二震：《RCEP 框架下东亚区域产业链重构与中国对策》，《华南师范大学学报》（社会科学版）2021 年第 4 期。

② 沈玉良、彭羽、高疆、陈历幸：《数字贸易发展新动力：RTA 数字贸易规则方兴未艾——全球数字贸易促进指数分析报告（2020）》，《世界经济研究》2021 年第 1 期。

加明显地体现出使用客观数据分析疫情对中国经济带来的冲击、影响机制及应对之策。具体地，研究主题集中在以下几个方面。

1. *新冠肺炎疫情对我国经济的影响*。有学者采用 CGE 模型和相关预测结果拟合了无疫情情况下我国经济总体状况，将 2017 年投入产出表更新至 2020 年，然后估算了疫情的冲击效应，结果显示相较于基准水平，2020 年需求侧间接效应可导致国内生产总值下降 3.3%，而供给侧间接效应可使 GDP 下降 6.4%—12.8%。[①] 相较于疫情对资本的影响，其对劳动力的影响更为直接。疫情冲击下的劳动力市场突出地表现为劳动力短缺和劳动需求下降同时存在。基于 2020 年 3 月至 9 月的个体追踪数据，有研究发现疫情冲击下的就业趋势呈现“V”形特征，即尽管劳动力市场一度受到猛烈冲击，但随着疫情防控的有力开展，劳动力市场趋稳，就业趋势整体向好。[②] 从疫情冲击的结果来看，在不同行业和不同规模的企业之间存在较大差异。例如，疫情对 GDP 增速和就业的冲击是全面性的，但对第一产业产生的冲击较小，对第二、第三产业产生的冲击较大；[③] 服务业中，建筑业、批发零售业和房地产业等受损较大，应引起关注；对于大企业而言，中小企业因得不到充分的政策支持，受损更加严重。[④]

2. *应对新冠肺炎疫情冲击的政策选择*。短期来看，扩张性的总量政策是有效的，特别是在应对经济下行、稳就业上具有明显的缓释效果。例如，基于投入产出表和可计算一般均衡模型的实证分析

---

① 郑联盛、范云朋、胡滨、崔琦：《公共卫生危机对就业和工资的总量和结构影响》，《财贸经济》2021 年第 4 期。

② 蔡昉、张丹丹、刘雅玄：《新冠肺炎疫情对中国劳动力市场的影响——基于个体追踪调查的全面分析》，《经济研究》2021 年第 2 期。

③ 郑联盛、范云朋、胡滨、崔琦：《公共卫生危机对就业和工资的总量和结构影响》，《财贸经济》2021 年第 4 期。

④ 张友国、孙博文、谢锐：《新冠肺炎疫情的经济影响分解与对策研究》，《统计研究》2021 年第 8 期。

表明，政府干预情况下 GDP 下降幅度小于无干预情况。[①] 扩张性的政策虽然有助于经济恢复，但并不利于优化产业结构。因此，长期来看，政策实施应从疫情防控向效率提升和结构优化转换。应统筹总需求与总供给、总量与结构、内需与外需等关系，并更多地采用“直达性”政策支持受疫情冲击较大的产业和劳动者。[②] 具体来说，在就业方面，应通过转移支付和就业帮扶制定针对失业群体的帮扶政策，减少贫困的发生；[③] 针对新冠肺炎疫情冲击后失业保险基础的可持续性压力较大，有学者建议适时提高失业保险费率、继续扩大失业保险制度覆盖面、夯实失业保险缴费基数、灵活调整失业保险金最长领取月数；[④] 还有学者建议可借鉴美国以政府担保无抵押贷款为核心的“薪资保护计划”和德国以社会保险为基础的“短时工作福利”的做法，建立工资分担支付机制，通过政府干预实现社会风险共担。[⑤] 财政政策方面，拓宽应急资金来源渠道、完善应急财政运作体系、规范支出管理体制、加大动态监督力度、定向投入应急资金。[⑥] 货币政策方面，加大实施结构性的货币政策力度，向受损严重的中小企业定向释放流动性或定向降低利率，促进中小企业的复苏与发展。[⑦] 同时应注重防范系统性金融风险。当前疫情风险较高的国家（地区）对外输出金融风险的能力较强，欧美国家

---

① 张友国、孙博文、谢锐：《新冠肺炎疫情的经济影响分解与对策研究》，《统计研究》2021 年第 8 期。

② 郑联盛、范云朋、胡滨、崔琦：《公共卫生危机对就业和工资的总量和结构影响》，《财贸经济》2021 年第 4 期。

③ 蔡昉、张丹丹、刘雅玄：《新冠肺炎疫情对中国劳动力市场的影响——基于个体追踪调查的全面分析》，《经济研究》2021 年第 2 期。

④ 薛惠元、曹思远：《后疫情时代失业保险基金可持续性与经济调节功能研究》，《保险研究》2021 年第 2 期。

⑤ 顾天安、姚晔：《重大疫情危机下劳动者收入如何保障？——工资支付分担机制的国际比较及其对中国的启示》，《公共行政评论》2021 年第 5 期。

⑥ 宏结、钟晓欢：《论疫情之下我国应急财政投入的路径选择》，《产业经济评论》2021 年第 1 期。

⑦ 马理、范伟：《应对疫情的货币政策调控机制研究》，《经济科学》2021 年第 2 期。

是全球股市系统性金融风险的重要源头。在全球金融系统性风险防范中，应高度关注与中国贸易依存度较高、资金流动较为频繁的市场，加强监测跨境资金流动。①

3. *未来经济发展的着力点*。新冠肺炎疫情冲击下，发达经济体经济遭受重创，主要发展中经济体长期经济增长趋势具有不确定性，中国基本步入经济复苏的轨道。应看到此次疫情防控过程中，制度优越性为我国经济恢复及发展赢得宝贵时间。② 未来一段时期内，全球供应链加速调整成为实体经济层面的重要议题。③ 经济发展除受常态化疫情防控的影响外，也受到宏观和微观层面的各种非疫情因素扰动。为实现经济高质量发展，中国应积极推动创新驱动高质量发展、实现区域优势互补协调发展、加快构建新发展格局、稳增长与防风险并重。其中，数字经济是有效统筹疫情防控和经济社会发展的重要路径。不仅是新生的业态，很多传统的业态也在加速转型到互联网上，由接触经济转为非接触经济，减轻了疫情的整体冲击。④

展望未来，中国经济尚处在突发疫情等严重冲击后的恢复发展过程中，国内外形势又出现很多新变化，保持经济平稳运行难度依然很大。短期内仍需要以应急机制、救助机制缓解经济困难。长期来看，在协调发挥财政政策和货币政策作用的条件下，应探索更加精准的应对之策，包括如何实现产业结构的转型升级，如何解决中小企业融资难问题，如何实现“稳就业”和社会保险基金的可持续

---

① 杨子晖、王姝黛：《突出公共卫生事件下的全球股市系统性金融风险传染——来自新冠疫情的证据》，《经济研究》2021 年第 8 期。

② 杨小勇、吴宇轩：《后疫情时期世界经济格局的变化与中国机遇——基于马克思经济危机理论视角》，《上海财经大学学报》2021 年第 1 期。

③ 张宇燕：《新冠肺炎疫情与世界经济形势》，《当代世界》2021 年第 1 期。

④ 郭峰：《数字经济在抗击新冠肺炎疫情中的作用与问题：一个文献综述》，《产业经济评论》2021 年第 1 期。

等。这些问题在疫情防控中暴露出来，却是长期以来经济增长的难点、痛点和堵点，解决这些问题不仅是应对疫情之举，也将成为经济增长的新动力。

三　总结与展望

总结2021年我国经济学与管理学研究热点，有如下四个主要特征：一是根植于中国实践，讲好中国故事。建党百年来经济实践与理论创新、共同富裕等问题具有浓重的中国色彩。从实践中提炼理论、用理论指导实践，是构建有中国特色、中国风格、中国气派的经济学理论体系的时代命题，也是讲好中国故事必要之举。二是综合性、多学科的融合。九个研究热点不是相互割裂的，正如统筹发展和安全、构建新发展格局两个热点既有共通点，又各有侧重点，但均需要解决特定的具体问题，最终是打通全链条，实现学科学术研究的联动发展。三是具有明显的延续性。以迈向第二个百年新征程为起点，这些议题既是结合国内外形势必须解决的现实问题，同时也是学界未来较长时期关注的重点问题。这些宏大的议题不仅需要被具化为特定问题逐步解决，还会因经济社会运行变化产生不同甚至相反的结论。正是由于这种变化才需要理论不断深化完善，以丰富的研究探索总结变与不变的规律，深刻揭示经济社会发展的影响因素，从而推动新发展。四是2021年经济学与管理学研究热点更多涌现的是新问题，例如构建新发展格局、逐步实现共同富裕、新型举国体制、碳中和碳达峰等。结合学术研究规律，对于这些新问题的研究仍将经历现象阐释—问题总结—理论升华的过程，直至沉淀出兼具理论与实践意义的代表性成果。

当前我们比历史上任何时期都更接近、更有信心和能力实现中华民族伟大复兴的目标，但必须清醒地认识到，前进道路上仍然存在难以预料的各种风险挑战；必须清醒地认识到，我国仍处于并将长期处于社会主义初级阶段。展望未来，中国经济学与管理学研究面临的挑战与机遇并存。一方面，国内外复杂的经济社会形势为经济学与管理学研究增加了难度，传统的研究结论是否适用，如何构建具有中国特色的学术话语体系仍是学界面临的重要挑战。另一方面，时代变迁为中国经济学和管理学研究提供了实践土壤，这就为学者提供了丰富的研究选题，通过理论回应新问题带来的挑战，正是不断推动学术研究创新的动力。立足新发展阶段、贯彻新发展理念、构建新发展格局、推动高质量发展，全面深化改革开放，促进共同富裕，推进科技自立自强、坚持人与自然和谐共生，统筹发展和安全，将是学界持续关注的热点问题。但是也应看到，现在的中国经济学和管理学研究展现出了蓬勃的生机与活力，相信在学界共同努力之下，将会取得更加丰硕的研究成果。

本报告由中国人民大学书报资料中心经济编辑部和《经济学动态》编辑部联合课题组组织完成。课题组负责人：李军林、胡家勇；统稿人：许晖；写作人员（按撰写顺序）：刘然、周学英、徐明、李静、张妮、许晖、施贞怀、王蕾；参与讨论修改的人员：杨新铭、李仁贵、武鹏、陈建青、刘新波、何伟、刘洪愧、谭易等。本课题组在讨论与撰写过程中，还得到其他学术单位与机构的支持。

（原载《经济学动态》2022 年第 3 期）

2022年中国经济学与管理学研究热点

一　引言

2022年是党和国家历史上极为重要、极不平凡的一年。党的二十大胜利召开，擘画了以中国式现代化全面推进中华民族伟大复兴的宏伟蓝图。这一年，世界百年变局深度演化，国际环境风高浪急，国内改革发展稳定任务艰巨繁重。面对复杂严峻的国内外形势，我国始终坚持稳中求进、统筹疫情防控和经济社会发展、统筹发展与安全、加大宏观调控力度、应对超预期因素冲击、全面深化改革开放，保持了经济社会大局的稳定，在建设社会主义现代化国家新征程上迈出了坚实步伐。习近平新时代中国特色社会主义现代化建设的伟大实践为我国经济学和管理学研究提供了丰沃土壤和鲜活样本，涌现出了一批扎根中国本土实践的优秀研究成果。

问题是时代之音，实践是思想之源。聚焦我国经济社会发展过程中的重大理论与现实问题，中国人民大学书报资料中心经济编辑部和《经济学动态》编辑部联合课题组延续往年工作，对2022年度我国经济学和管理学领域的研究热点进行了论证与分析。不同于单纯地以高频关键词共现和聚类为主要考量的量化分析，本课题组侧重以专家智力为主、文献计量为辅，采取定量与定性相结合的综合评选标准，以代表性文献为依托，通过对研究热点的价值判断、发展脉络以及研究动向进行深入细致的刻画，以期完整清晰地呈现出年度内经济学和管理学领域重大关键问题的研究轨迹。在热点遴选过程中综合考虑了学术性、社会性、时代性、重要性、包容性以及关注度等一系列因素，以中国人民大学书报资料中心复印报刊资料全文转载文献为基础，经过课题组及相关专家学者的多轮研讨与论证，最终形成2022 年度经济学与管理学领域的八个研究热点：①中国式现代化的经济学阐释；②全面推进共同富裕研究；③加快建设全国统一大市场；④数字经济的深化研究；⑤国际冲突与国际经贸合作；⑥在社会主义市场经济条件下规范和引导资本健康发展；⑦产业链供应链韧性与安全水平提升；⑧多重冲击下的宏观经济政策选择。

新时代赋予新使命。习近平总书记在2022 年4 月25 日视察中国人民大学时强调："加快构建中国特色哲学社会科学，归根结底是建构中国自主的知识体系。"[①] 系统总结和提炼中国特色社会主义经济建设实践中形成的具有原创性、民族性、时代性、系统性、专业性的经济学和管理学理论成就，是加快构建中国特色社会主义经济学与管理学学科体系、学术体系和话语体系的基础。年度研究热点的梳理工作顺应时代要求、回应时代呼唤，在客观记录我国经济学与管理学研究发展轨迹的同时，也为构建中国特色、中国风格、中国气派的经济学与管理学理论体系提供了丰富的文献素材和宝贵的思想基础。

二　2022 年中国经济学与管理学研究热点分析

热点一：中国式现代化的经济学阐释

习近平总书记在党的二十大报告中对党的“中心任务”做出了

① 《习近平在中国人民大学考察时强调　坚持党的领导传承红色基因扎根中国大地　走出一条建设中国特色世界一流大学新路》，《人民日报》2022 年4 月26 日。

新的判断："从现在起，中国共产党的中心任务就是团结带领全国各族人民全面建成社会主义现代化强国、实现第二个百年奋斗目标，以中国式现代化全面推进中华民族伟大复兴。"① 中国式现代化这一重要论断的提出，是新时代新征程中中国共产党在理论和实践上的又一次重大创新突破，关乎党和国家事业的发展全局。中国式现代化道路所创造的人类文明新形态，将彻底打破西方中心主义的世界观，为其他国家提供现代化道路的新选择。准确把握中国式现代化的科学内涵，深刻理解中国式现代化道路的理论与实践逻辑，对在新时代新征程中夺取中国特色社会主义新胜利、全面推进中华民族伟大复兴具有重大的理论与现实意义。

2022 年，基于经济学角度对"中国式现代化"主题进行阐释的文献有 450 多篇，其中，复印报刊资料经济学、管理学期刊全文转载 11 篇。现代化是一个宽泛而丰富的概念，不同学科领域的学者从不同立场和不同层面对现代化进行了深入的探讨。随着中国共产党领导中国人民迈上全面建设社会主义现代化国家新征程，经济学者立足中国国情，围绕中国式现代化的理论内涵和实践进路等方面进行了深入的分析，相关研究主要集中在以下几个方面。

1. 对中国式现代化理论内涵的诠释。学界基于不同角度和侧重点概括提炼了中国式现代化的理论内涵，这突出体现在对中国式现代化的中国特色和理论逻辑的阐释上。①中国式现代化具有鲜明的中国特色。"中国式现代化，是中国共产党领导的社会主义现代化，既有各国现代化的共同特征，更有基于中国自己国情的中国特色。"② 这

① 习近平：《高举中国特色社会主义伟大旗帜　为全面建设社会主义现代化国家而团结奋斗——在中国共产党第二十次全国代表大会上的报告》，人民出版社 2022 年版，第 21 页。

② 习近平：《高举中国特色社会主义伟大旗帜　为全面建设社会主义现代化国家而团结奋斗——在中国共产党第二十次全国代表大会上的报告》，人民出版社 2022 年版，第 22 页。

一重要论断实现了中国式现代化话语在学理上的新的跃升。① 中国式现代化进程中既存在关于工业化、市场化、信息化、经济全球化等方面的一些共同的规律，又并非西方现代化理论的简单复制，而是立足我国自身条件、结合我国实际情况，对马克思主义理论进行发展的产物，与西方资本主义现代化模式有着本质区别，具有一定的“特殊性”。② 党的二十大报告对中国式现代化五个鲜明特征的阐述，集中反映了中国式现代化的历史根基禀赋与目标价值取向及其对人类文明的伟大意义。③ 坚持以人民为中心，体现人民至上的理念，是中国式现代化同西方式现代化最本质的区别，也是中国式现代化的本质特征。④ ②中国式现代化具有深刻的理论逻辑与理论价值。以马克思主义理论为指导，中国式现代化实现了现代化理论中规律性与多样化的统一，形成了以“人民中心论”“本国国情论”“文明协调论”“和平发展论”为理论内核的中国特色的社会主义现代化理论，为人类实现现代化提供了新选择，为世界现代化理论做出了原创性贡献。简而言之，中国式现代化是中国共产党领导中国人民以实现中华民族伟大复兴为目标的社会主义现代化，是中国共产党的领导、社会主义的性质、中国国情的要求和世界先进水平的目标四个要素不可分割的有机整体。⑤

2. 中国式现代化道路的实现路径。高质量发展是全面建设社会主义现代化国家的首要任务，也是推进中国式现代化的本质要求和

---

① 顾海良：《中国式现代化的话语与学理探寻》，《理论视野》2022 年第 11 期。

② 韩保江、李志斌：《中国式现代化：特征、挑战与路径》，《管理世界》2022 年第 11 期。

③ 林毅夫、付才辉：《中国式现代化：蓝图、内涵与首要任务——新结构经济学视角的阐释》，《经济评论》2022 年第 6 期。

④ 洪银兴：《贯彻新发展理念的中国式现代化新道路》，《经济学家》2022 年第 11 期。

⑤ 中国式现代化研究课题组：《中国式现代化的理论认识、经济前景与战略任务》，《经济研究》2022 年第 8 期。

核心抓手，其核心是实现质的有效提升和量的合理增长。① 从具体实现路径看，必须坚持建设现代化经济体系与构建新发展格局协同推进。现代化经济体系建设是高质量发展的基本落脚点，也是推进中国式现代化的首要基础和有力支撑，对建设社会主义现代化强国具有基础性和关键性作用。而构建以国内大循环为主体、国内国际双循环相互促进的新发展格局，是建设现代化经济体系的必由之路、必然选择。② 二者互为表里，内在统一于“新发展理念”，都是实现高质量发展的必然路径。③ 一方面，加快建设现代化经济体系需要质量、效率、动力三大变革，要大力发展实体经济，加快实施创新驱动发展战略，积极推动城乡区域协调发展，着力发展开放型经济。另一方面，努力构建新发展格局要抓住扩大内需的战略基点，将出口导向的开放型经济转向内需创新导向的开放型经济，建立开放的、相互促进的国内国际双循环。④

3. 实现中国式现代化的体制机制保障。公有制为主体、多种所有制经济共同发展，按劳分配为主体、多种分配方式并存和社会主义市场经济体制等组成的社会主义基本经济制度是中国独特的创造，也是中国式现代化最根本的制度保障。⑤ 具体来说：一是收入分配体制层面。规范财富积累机制是对分配制度新的拓展和完善，要保护并优化财富的创造机制，完善体现公平的再分配制度，不断缩小贫富差距，并形成有效的财富积累机制，保护人们的财产权。⑥

---

① 刘伟、陈彦斌：《以高质量发展实现中国式现代化目标》，《中国高校社会科学》2022 年第 6 期。

② 王跃生、马相东、刘丁一：《建设现代化经济体系、构建新发展格局与推进中国式现代化》，《改革》2022 年第 10 期。

③ 韩保江、李志斌：《中国式现代化：特征、挑战与路径》，《管理世界》2022 年第 11 期。

④ 洪银兴：《论中国式现代化的经济学维度》，《管理世界》2022 年第 4 期。

⑤ 胡家勇：《在中国式现代化建设中发挥好资本的作用》，《经济学动态》2022 年第 10 期。

⑥ 吴晓求：《如何实现中国式现代化》，《财贸经济》2022 年第 12 期。

同时，要按照中国式现代化的理论和实践逻辑发挥好资本的作用，通过进一步完善社会主义市场经济体制充分激发资本活力，引导和规范资本的行为，有效抑制其消极作用。① 二是财政体制层面。财政发挥着提供改革动力、化解改革障碍和保障改革方向的重要作用，包容性和激励相容性的财政体制框架也是中国式现代化推进过程中内在激励的真实来源。② 三是金融体制层面。金融是引导、承载、推动、优化资源配置格局转型的最重要机制。进一步提升金融服务实体经济、引导资源配置转型的能力，为资金的流动和资源的配置提供准确灵敏的信号和有效载体，这也是深化金融体制改革的重要方向。③ 四是社会保障体制层面。完备的社会保障体系是推进现代化国家建设的重要支撑，实现中国式现代化也对社会保障的普遍性、精准性、公平性、可持续性和经济友好性提出了新的更高的要求。④

随着学界对中国式现代化研究的不断深化，未来在经济学领域仍会有诸多课题值得探讨和研究：一是加快中国特色社会主义现代化自主理论创新，基于经济学不同学科视角对“中国式现代化”这样一个综合性、系统性和历史性的宏大命题进行全方位、多角度的阐释，为成功推进和拓展中国式现代化提供来自中国特色社会主义经济学的强大理论支撑；二是持续提炼总结经济社会发展阶段与中国式现代化道路发展的历史规律，通过对中国式现代化道路独特性的经验总结和抽象，为真正理解中国式现代化道路的形成逻辑提供

---

① 胡家勇：《在中国式现代化建设中发挥好资本的作用》，《经济学动态》2022 年第 10 期。

② 吕炜、靳继东：《从财政视角看中国式现代化道路》，《中国社会科学》2022 年第 11 期。

③ 高培勇等：《深化经济与金融改革　推进中国式现代化——学习贯彻党的二十大精神专家笔谈》，《金融评论》2022 年第 6 期。

④ 郑伟：《理解中国式现代化对社会保障的新要求》，《社会保障评论》2022 年第 6 期。

助力，也为发展中国家提供可供参考和借鉴的现代化建设经验。

热点二：全面推进共同富裕研究

实现共同富裕是人类社会的价值理想和马克思主义的基本目标，是社会主义的本质要求和中国式现代化的重要特征，已经成为当前推动我国经济社会发展的重大战略。党的二十大报告给予了共同富裕高度定位，明确要求“着力解决好人民群众急难愁盼问题，健全基本公共服务体系，提高公共服务水平，增强均衡性和可及性，扎实推进共同富裕”，强调指出“中国式现代化是全体人民共同富裕的现代化”。[①] 从“摆脱经济贫困走向共同富裕”到“物质生活与精神文明的统一富裕”，再到浙江共同富裕示范区建设，都标志着共同富裕实践的全面推进和国家扎实推进共同富裕的坚定决心。

2022 年，关于共同富裕研究的学术文献有 4400 余篇，其中复印报刊资料经济学、管理学期刊全文转载 70 余篇。共同富裕理论内涵研究不断充实，形成理论与实践相结合、理论指导实践并接受实践检验，再伴随共同富裕实践变化不断创新发展的局面；同时，对精神富裕、共同富裕的测度和立足中国国情推进共同富裕等相关研究领域受到关注。总体而言，学界围绕全面推进共同富裕的研究主要集中在以下几个方面。

1. 共同富裕的科学内涵。新时代共同富裕思想深刻回答了“为什么要实现共同富裕、实现什么样的共同富裕、怎样实现共同富裕”等一系列重大问题。[②] 在共同富裕内涵方向等问题上，学者基本形成了一定共识，即以高质量发展为基础、全体人民共建共享、适度差距

---

① 习近平：《高举中国特色社会主义伟大旗帜　为全面建设社会主义现代化国家而团结奋斗——在中国共产党第二十次全国代表大会上的报告》，《人民日报》2022 年 10 月 26 日。

② 张占斌、毕照卿：《新时代共同富裕思想的逻辑进路、核心要义与精神实质》，《北京工业大学学报》（社会科学版）2022 年第 5 期。

的物质生活和精神生活的全面富裕。[①] 同时，共同富裕也是与“全面小康社会”接续的、提档升级的、中国社会主义现代化建设新阶段的奋斗目标。“富裕”属于生产力范畴，“共同”属于生产关系范畴，共同富裕体现的是生产力与生产关系的统一，全面准确理解共同富裕需要把握好包括全民性与全面性、共创性与共享性、渐进性、差异性以及对福利国家模式的超越性等内涵特征。[②] 新时代共同富裕的科学内涵不仅体现在社会主义的本质要求、中国式现代化的重要特征上，还体现在全体人民的共同富裕而不是整齐划一的平均主义等方面。[③]

2. 共同富裕的理论逻辑、测度指标及影响因素。经济环节的高质量发展是全面推进高质量发展的关键，借此可以促进经济总量的提升、经济结构的优化，进而促进乡村振兴、区域协调发展和居民收入水平提升。[④] 解决好以绝对收入标准衡量的贫困问题是实现“富裕”的最基本要求，缩小收入差距实现发展与共享的统一、效率与公平的和谐也是“共同”的要义所在。[⑤] 因此，如何衡量共同富裕的推进和完成程度成为摆在学界面前的现实问题。要合理测度共同富裕目标的实现情况，不但需要从收入和财富分配、消费等角度来考察，还需要从财富创造行为和过程来考察，更需要从社会主义国家及其政府的职能和治国理政来考察。[⑥] 要强化统筹谋划和顶

---

① 董志勇、秦范：《实现共同富裕的基本问题和实践路径探究》，《西北大学学报》（哲学社会科学版）2022 年第 2 期。

② 周文、施炫伶：《共同富裕的内涵特征与实践路径》，《政治经济学评论》2022 年第 3 期。

③ 刘洪森：《新时代共同富裕的生成逻辑、科学内涵和实践路径》，《思想理论教育》2022 年第 3 期。

④ 徐政、郑霖豪：《高质量发展促进共同富裕的内在逻辑与路径选择》，《重庆大学学报》（社会科学版）2022 年第 4 期。

⑤ 孔祥智、谢东东：《缩小差距、城乡融合与共同富裕》，《南京农业大学学报》（社会科学版）2022 年第 1 期。

⑥ 李正图：《论中国特色共同富裕制度》，《兰州大学学报》（社会科学版）2022 年第 2 期。

层设计，破除城乡二元分割的体制弊端，推动基本公共服务均等化，重视在共同富裕进程中健全基本公共服务体系的重要意义，强化公共服务对巩固脱贫攻坚成果、推动高质量发展、形成合理收入分配格局的作用。[①] 在衡量共同富裕实质性进展上，需要从理论上构建推进共同富裕的指标评价体系，为实现人民性、共享性、发展性和安全性四大指标维度提供基本理论依据，深化对中国特色社会主义共同富裕道路的认识。[②] 同时，还需要不断聚焦能够推进共同富裕建设的各方因素，如数字工具、普惠金融、创业活跃度等。[③]

3. 共同富裕的实现路径。一是依托数字经济形态。共同富裕和数字经济都是现代化建设的重要主题，具有强烈的互动耦合性。数字经济可以通过提升社会生产效率、拓宽发展渠道、加快产业绿色转型、优化市场运行机制、丰富个体社会生活来促进共同富裕，[④] 以创新推进共同富裕的共建机制，缩小区域差距、城乡差距、收入差距、行业差距，以创富助力均衡发展，构筑推进共同富裕的共享机制，[⑤] 解决好数字经济发展的制度性问题。二是通过乡村振兴助力共同富裕。我国已步入共同富裕和乡村振兴叠加实施的关键时期，应通过加速城乡一体化、解决好农村发展的效率和公平问题以及构建科学评价体系，助力农村的良性发展；[⑥] 以农民农村共同富

---

① 李实、杨一心：《面向共同富裕的基本公共服务均等化：行动逻辑与路径选择》，《中国工业经济》2022 年第 2 期。

② 蒋永穆、豆小磊：《扎实推动共同富裕指标体系构建：理论逻辑与初步设计》，《东南学术》2022 年第 1 期。

③ 张金林、董小凡、李健：《数字普惠金融能否推进共同富裕？——基于微观家庭数据的经验研究》，《财经研究》2022 年第 7 期。

④ 蒋永穆、亢勇杰：《数字经济促进共同富裕：内在机理、风险研判与实践要求》，《经济纵横》2022 年第 5 期。

⑤ 师博、胡西娟：《高质量发展视域下数字经济推进共同富裕的机制与路径》，《改革》2022 年第 8 期。

⑥ 孙久文、李承璋：《共同富裕目标下推进乡村振兴研究》，《西北师大学报》（社会科学版）2022 年第 3 期。

裕为导向，促进乡村产业高质量发展和农村经济多元化综合化融合化发展；① 统筹乡村治理主体，激发乡村振兴内生动力，加快农业数字化转型，培养专业人才队伍，共同构成全面实施乡村振兴战略的动力保障，② 推动共同富裕的实现。三是实现共同富裕的基本途径与制度保障。社会保险、社会救助、社会福利和补充保障对共同富裕的实现分别发挥支撑性、兜底性、提升性及促进性作用。③ 应突出社会保障促进社会公平和共享发展成果的功能，规范社会保障体制机制建设并提升其治理效能。④ 四是通过企业的创新发展实现就业人群的共同富裕。数字化转型总体上提高了企业的营业总收入和劳动收入份额，降低了工资收入差距，改善了收入分配的机制，提高了普通员工的自主权。⑤ “新型平台企业”在促进共同富裕、优化资源配置上具有突出作用，是推进共同富裕的重要主体。⑥

学界对于全面推进共同富裕的研究依然在不断深化，未来仍有许多重要研究方向值得关注和探索。一是对数字化进程赋能共同富裕实现的深入研究。数字化带来的经济业态调整，数字技术对调控方法的影响等都为共同富裕理论研究提供了新视角。二是对共同富裕中微观层面的研究以及对共同富裕测度的科学化和可行性研究。三是对共同富裕试点等实践效果的关注、推广和改进的研究。四是

---

① 姜长云：《新发展格局、共同富裕与乡村产业振兴》，《南京农业大学学报》（社会科学版）2022 年第 1 期。

② 文丰安：《全面实施乡村振兴战略：重要性、动力及促进机制》，《东岳论丛》2022 年第 3 期。

③ 刘欢、向运华：《基于共同富裕的社会保障体系改革：内在机理、存在问题及实践路径》，《社会保障研究》2022 年第 4 期。

④ 杨穗、赵小漫：《走向共同富裕：中国社会保障再分配的实践、成效与启示》，《管理世界》2022 年第 11 期。

⑤ 方明月、林佳妮、聂辉华：《数字化转型是否促进了企业内共同富裕？——来自中国 A 股上市公司的证据》，《数量经济技术经济研究》2022 年第 11 期。

⑥ 朱太辉、林思涵、张晓晨：《数字经济时代平台企业如何促进共同富裕》，《金融经济学研究》2022 年第 1 期。

对全球视角的共同富裕的中国道路研究。共同富裕是中国发展的智慧结晶，其经验也应为世界发展所共享。

热点三：加快建设全国统一大市场

2022 年 4 月 10 日，《中共中央　国务院关于加快建设全国统一大市场的意见》正式发布，明确提出要“加快建设高效规范、公平竞争、充分开放的全国统一大市场”，这是构建新发展格局的基础支撑和内在要求。其从全局和战略高度明确了我国建设全国统一大市场的总体要求、主要目标和重点任务，成为“十四五”时期和今后一段时期建设全国统一大市场的行动纲领，是推动我国市场由大到强、加快建设高标准市场体系的重要基础和有力支撑。如何建设全国统一大市场既是一个理论问题，也是一个实践问题，是中国实现第二个百年奋斗目标必须攻克的重大课题。

2022 年，以“全国统一大市场”为主题的学术文献有 300 余篇，远远超过往年，其中复印报刊资料经济学、管理学期刊全文转载 16 篇。目前，学界对全国统一大市场的研究还处于探索阶段，主要围绕全国统一大市场的概念、形成与发展的内在逻辑、面临的困境与制度性障碍以及实现路径等方面进行研究，主要集中在以下几个方面。

1. 对全国统一大市场的认识。针对如何全面正确理解全国统一大市场的科学内涵，学界围绕市场体制、市场规则、市场规模、市场结构、市场功能等进行了多层次、多角度的解读：①全国统一大市场是社会主义市场经济体制下的全球最大的统一开放大市场，也是供应链模式下的多元化的全国统一大市场；[①] ②全国统一大市场需要从整体的国家的视角来理解经济活动，即微观主体在全国范围

---

① 丁俊发：《关于建设全国统一大市场的理论与实施》，《中国流通经济》2022 年第 6 期。

内的市场行为均面临同样的经济制度，不存在地区间和部门间的进出壁垒，市场体系的不同组成部分存在互相促进的正向反馈关系；[①]③全国统一大市场是指具有巨大体量、合理结构以及完善的基础设施和管理制度，能够有效发挥市场流通和经济调节功能的一个国家治理范围内的统一市场，也是世界市场的一个有机组成部分；[②]④全国统一大市场最需要统一的是以共同价值为基础凝聚发展共识。[③]

2. 建设全国统一大市场的理论与现实逻辑。首先，建设全国统一大市场的提出有其深刻的理论逻辑。建设全国统一大市场是中国共产党将马克思主义政治经济学基本原理与中国具体实践相结合的崭新探索，是中国特色社会主义政治经济学的重要实践。一方面，市场是分工的基础，市场容量决定社会分工的程度，同时，分工是提高生产力的必要条件，社会化分工是促进国民经济高质量发展的主要途径；另一方面，全国统一大市场是一个与大国经济循环密切联系的经济范畴，把发展中大国的资源禀赋优势转化为超大规模国家和超大规模市场的竞争优势，是支撑中国经济崛起的重要战略选择。[④] 其次，全国统一大市场建设是基于中国特色社会主义市场经济发展的现实需求。要构建高水平社会主义市场经济体制，就要遵循社会主义市场经济发展的基本规律，加快建设国内统一大市场，充分发挥价格机制、供求机制、竞争机制和风险机制的功能，更好发挥市场配置资源的决定性作用，促进资源优化配置。[⑤] 建设全国

① 高帆：《基于城乡关系视域的要素市场化改革与全国统一大市场建设》，《马克思主义与现实》2022 年第 5 期。

② 陈甬军：《建设全国统一大市场的基本理论和重点路径》，《上海商学院学报》2022 年第 5 期。

③ 陈钊：《何谓统一大市场》，《产业经济评论》2022 年第 5 期。

④ 刘志彪：《全国统一大市场》，《经济研究》2022 年第 5 期。

⑤ 马文武：《加快建设全国统一大市场的理论逻辑与现实意义》，《经济学家》2022 年第 9 期。

统一大市场不仅可以使经济发展的战略回旋处于更为有利的地位，而且可以消除或缓解经济体系和市场行为中长期存在的一些痼疾，更好地提高市场运行的合规化、透明度和公平度，从而使中国特色社会主义市场经济体系更具国际竞争力。

3. 构建全国统一大市场的体制机制性障碍。全国统一大市场建设仍存在许多短板，这突出体现在三个方面。①政府治理失效。一方面，我国以赶超西方发达国家为目标的现代化进程还在进行中，赶超型体制中的增长追赶战略需要政府在纵向资源配置中发挥“有形的手”的作用；另一方面，在改革开放过程中形成的“行政区经济”叠加地方政府主导型产业政策的实施，又加剧了国内市场的分割。[①] ②市场失灵。信息不完全、信息不对称、垄断（包括传统的垄断以及新形式的平台垄断和数据垄断）、不正当竞争、负外部性等市场失灵都会造成要素资源错配。资本无序扩张已成为一种新的市场失灵现象，导致资本错配与“脱实向虚”，致使大量实体企业缺乏必要的资金，扰乱了正常的社会生产秩序。[②] ③城乡二元结构体制。长期存在的城乡二元结构体制和城市偏向的制度安排，导致城乡市场的权利开放不对等和城乡要素市场分割，成为影响全国统一大市场建设的重大障碍。[③]

4. 构建全国统一大市场的具体实现路径。①厘清政府与市场关系。塑造“有效市场＋有为政府”的体制模式，在深入推进社会主义市场经济体制建设中构建全国统一大市场。在营利性、竞争性领域，深入推进以要素市场化配置为重点的改革，解决其市场取向改

① 刘志彪：《全国统一大市场》，《经济研究》2022 年第 5 期。

② 杨新铭、刘洪愧：《要素资源错配、供给效率与全国统一大市场建设》，《求是学刊》2022 年第 6 期。

③ 刘守英、陈航：《城乡融合与统一大市场建设》，《天津师范大学学报》（社会科学版）2022 年第 4 期。

革不足、不透、不深、不广的问题；在非营利性、公共品供给领域不断推进政府职能和财政体制改革，解决该领域中长期存在的市场取向改革过度、过深、过广的问题。[①] ②构建统一的市场主体、市场环境和市场体系。市场主体建设要求在全国范围内规范市场主体的认知和行为，使市场主体行为符合市场经济的内在运行机制，避免人为干预造成的价格扭曲；市场环境建设首先要破除地方保护主义，清除各种市场进入壁垒，消除各种人为的市场分割；统一的市场体系建设需要构建多层次、多类别、多样化的市场，在不同类别市场上，市场和政府各有侧重，公平与效率各有体现，通过多层次市场体系建设来降低要素错配程度。[②] ③数字经济助推全国统一大市场建设。依托数字经济打破市场分割，重塑政府、市场与企业三者关系，通过健全数字经济监管规则、培育数据要素市场、完善算法治理、弥合数字鸿沟等路径引导和规范数字经济发展，以促进全国统一大市场建设。[③]

为加快推进全国统一大市场建设，学界仍需在以下方面进行深入研究：一是持续关注要素市场化改革，尤其是针对数据要素市场化改革展开深入探讨；二是围绕如何更好发挥有效市场和有为政府的作用、正确处理好政府与市场的关系以及构建高水平社会主义市场经济体制展开更为丰富深入的讨论；三是基于系统论观点，着力考察全国统一大市场建设与共同富裕、城乡融合、乡村振兴等方面的相互促进关系；四是努力探索构建测度全国统一大市场发展水平的综合评价指标体系，为衡量全国统一大市场建设的实践效果提供

---

① 刘志彪：《深入推进市场化改革：全国统一大市场建设的关键》，《河北学刊》2022 年第 5 期。

② 杨新铭、刘洪愧：《要素资源错配、供给效率与全国统一大市场建设》，《求是学刊》2022 年第 6 期。

③ 陈伟光、裴丹、钟列炀：《数字经济助推全国统一大市场建设的理论逻辑、治理难题与应对策略》，《改革》2022 年第 12 期。

有力的数据支撑。

热点四：数字经济的深化研究

伴随新一代信息技术的加速应用，各主要经济体在抢占技术制高点的竞争中各显其能，全球正处在数字经济发展的热潮中。2022年1月，《“十四五”数字经济发展规划》明确指出：“数字经济是继农业经济、工业经济之后的主要经济形态，是以数据资源为关键要素，以现代信息网络为主要载体，以信息通信技术融合应用、全要素数字化转型为重要推动力，促进公平与效率更加统一的新经济形态。”党的二十大报告进一步强调要加快发展数字经济，促进数字经济和实体经济深度融合。作为一种新的经济形态，数字经济已成为重组全球要素资源、重塑全球经济结构、改变全球竞争格局的关键力量。2022 年，以数字经济为主题的学术文献有约 9600 篇，其中复印报刊资料经济学、管理学期刊全文转载 284 篇。随着数字经济实践的蓬勃发展，数字经济的相关理论研究也在逐步走向深化，研究成果的数量再创新高，围绕构建数字经济的基础理论框架、数据要素的经济属性和应用分析、数字经济与实体经济的深度融合发展等研究均取得了重大进展，主要体现在以下几个方面。

1. 数字经济基础理论框架体系构建。作为一种新的经济形态，数字经济的实践发展已明显超越理论研究，从而倒逼数字经济相关基础理论研究的创新发展。相关研究基于“内涵特征—现实表现—核心理论—方法体系”的学理链，尝试构建了中国情境下的数字经济理论体系。该理论框架致力于回答两个重要的科学问题，即现有经济理论的核心逻辑在数字经济情景中是否仍然适用，以及如何构建适应数字经济研究的新的方法论体系。① 另有学者尝试建立了数据要素和数字技术相结合的“技术—经济”基础性

① 陈晓红等：《数字经济理论体系与研究展望》，《管理世界》2022 年第 2 期。

分析新框架，该框架通过系统性描述数字经济从“使能”到“赋能”再到“产能”的价值创造过程，实现了数字产业化和产业数字化的融会贯通。[①]

2. *数字经济自身高质量发展*。政治经济学领域对数字经济所代表的新生产方式带来的经济变革进行了深刻的分析和批判。相关研究对剩余价值生产、实现和分配的特点规律，如何发挥数字资本作为重要生产要素的积极作用，建立健全数字劳动者权益保护机制，构筑与完善数字经济有效监管机制等问题作出了回应。其中，对数字平台、数字资本主义的讨论最为突出。平台是数字经济最成功的组织模式，平台的高质量发展代表着数字经济的高质量发展。[②] 数字平台无偿占有用户数据，通过“数字圈地”和“赢者通吃”机制在流通领域占据垄断地位，其获取的巨额收入源于价值分配而非价值创造。[③] 因此，平台在为数字经济做出重要贡献的同时，其面临的垄断和治理问题不容忽视。

3. *数据要素市场相关问题*。学界围绕数据要素的基本经济属性、价值创造规律、数据生产力等，探讨了数字要素的规模报酬性质、数字要素价值化机理、数据生产力的形成和属性等问题。数据要素在参与价值创造过程中表现为三种形式，即数据自身、前期物化在数据收集处理中的劳动、当期用于数据收集处理的活劳动，数据要素的正外部性特征能够推动综合生产力提升。[④] 数据要素也并非越多越好，数据要素具备要素报酬递增和要素报酬递减的两面

---

① 徐翔、孙宝文、李涛：《基于“技术—经济”分析框架的数字经济生产函数研究》，《经济社会体制比较》2022 年第 5 期。

② 李三希、黄卓：《数字经济与高质量发展：机制与证据》，《经济学（季刊）》2022 年第 5 期。

③ 谢富胜、江楠、吴越：《数字平台收入的来源与获取机制——基于马克思主义流通理论的分析》，《经济学家》2022 年第 1 期。

④ 蔡继明等：《数据要素参与价值创造的途径——基于广义价值论的一般均衡分析》，《管理世界》2022 年第 7 期。

性，其综合的数据要素报酬性质是状态依赖的，取决于具体情境属性与各类影响机制的相互作用。[①]

4. 数字经济赋能实体经济高质量发展。学界基于生产、分配、交换、消费四个环节，从宏观、中观、微观三个层次，全方位地关注了数实融合的实践发展，把对数字经济的研究引向深入。①数字经济对就业、收入分配和消费的影响。数字技术的进步引发生产活动去公司化、去组织化，传统的雇员工作被零工等就业形态所取代，导致劳资关系发生重要变化。[②] 虽然数字经济给传统就业形态带来挑战，但数字经济在促进非农就业进而带动经济结构转型方面发挥了重要作用，以数字金融为代表的消费互联网与以自动化和智能化为代表的工业互联网能够依据劳动力技能实现有效的社会分工。[③] 总的来看，数字化转型提高了企业的营业总收入和劳动收入份额，同时实现了“做大蛋糕”和“分好蛋糕”的功能；[④] 在有效促进居民消费增长方面数字经济发挥了显著作用，尤其是对服务型消费、低消费水平和高消费水平人群的促进效果更明显。[⑤] ②数字经济对产业组织以及区域平衡发展的影响。在产业结构转型升级方面，数字技术与生产部门的集成整合可在长期内助力产业结构优化调整，而与金融部门的深度融合可在短期内通过缓解融资约束带动高技术产业发展。[⑥] 技术创新和科技人力资本提升是数字经济促进

---

① 王超贤、张伟东、颜蒙：《数据越多越好吗——对数据要素报酬性质的跨学科分析》，《中国工业经济》2022 年第 7 期。

② 李力行、周广肃：《平台经济下的劳动就业和收入分配：变化趋势与政策应对》，《国际经济评论》2022 年第 2 期。

③ 田鸽、张勋：《数字经济、非农就业与社会分工》，《管理世界》2022 年第 5 期。

④ 方明月、林佳妮、聂辉华：《数字化转型是否促进了企业内共同富裕？——来自 A 股上市公司的证据》，《数量经济技术经济研究》2022 年第 11 期。

⑤ 刘导波、张思麒：《数字经济赋能居民消费：理论机制与微观证据》，《消费经济》2022 年第 1 期。

⑥ 田秀娟、李睿：《数字技术赋能实体经济转型发展——基于熊彼特内生增长理论的分析框架》，《管理世界》2022 年第 5 期。

传统产业结构升级的长效作用机制，而且这种影响具有显著的空间溢出效应。[①] 在产业链和价值链层面，数字经济发展可通过“技术创新能力”渠道和“资源配置效率”渠道驱动全球价值链上游度向高端攀升。[②] 在促进公平、改善不平等方面，数字化赋能经济发展和优化产业结构，对城乡收入差距的影响呈现先下降后上升的“U”形趋势，最终整体上仍有利于缩小城乡收入差距。[③] 数字普惠金融在改善区域经济不平衡方面做出了突出贡献，通过创新和产业转型升级显著缩小了省内、市间和市内经济不平衡，这一效果在非直辖市和南方地区表现得更为突出。[④] ③数字经济与企业高质量发展。数字化转型提升了企业创新水平，改善了资源配置效率，促进了企业全要素生产率的提升。数字化赋能通过规模效应和技术效应实现了制造业企业绿色化转型，并且通过产业链对上下游企业产生了积极的外溢效应。但这种影响更多的是依托国外数字来源，国内外数字技术发展差距的影响须引起警惕。[⑤] ④数字经济的规模测算。通过创新数字经济测度理论，相关研究尝试建立了包含数字经济基础部门、融合部门和替代部门的数字经济核算框架，[⑥] 为全面分析数字经济规模、结构和贡献奠定了基础。

在数字经济实践蓬勃发展的推动下，数字经济理论研究热潮方

---

① 黄赜琳、秦淑悦、张雨朦：《数字经济如何驱动制造业升级》，《经济管理》2022 年第 4 期。

② 齐俊研、任奕达：《数字经济发展、制度质量与全球价值链上游度》，《国际经贸探索》2022 年第 1 期。

③ 樊轶侠、徐昊、马丽君：《数字经济影响城乡居民收入差距的特征与机制》，《中国软科学》2022 年第 6 期。

④ 李彦龙、沈艳：《数字普惠金融与区域经济不平衡》，《经济学（季刊）》2022 年第 5 期。

⑤ 戴翔、杨双至：《数字赋能、数字投入来源与制造业绿色化转型》，《中国工业经济》2022 年第 9 期。

⑥ 陈梦根、张鑫：《中国数字规模经济测度与生产率分析》，《数量经济技术经济研究》2022 年第 1 期。

兴未艾，在多个方面取得了进展，但总体上仍处在研究初期。未来随着讨论的深入和实践的发展，更多的问题有待解释和解决：一是数字经济的概念有待进一步规范，亟须在基础理论层次廓清范畴、逻辑，并建立有解释力的理论框架；二是实践中的一些重要问题尚待更深入的认识和解决，如数字技术如何切实推进经济的数字化转型和智能化升级，如何有效提升经济效率、改善收入差距和不平等，如何做出有效的规范与规制等。

热点五：国际冲突与国际经贸合作

当今世界正处于百年未有之大变局，在世纪疫情、地缘冲突、大国博弈等多重因素的交织影响下，国际形势中的不稳定性、不确定性与不安全性等特征日益突出。在过去的几年里，全球范围内各类风险与挑战加速积聚，大国竞争冲突导致全球经贸摩擦形势严峻。在如此复杂多变、冲突不断的国际新环境与全球新情境下，如何更好地应对合作、竞争、脱钩并存的国际经贸新格局，推动全球经济发展和经贸合作，则成为社会各界关注的热点话题和经济学研究的重大问题。

2022 年，有关国际摩擦与国际经贸的研究文献有 1200 余篇，其中复印报刊资料经济学、管理学期刊全文转载 18 篇。在不稳定、不确定与不安全的国际经济形势下，国际经贸活动的底层逻辑也发生了剧变：经济效率让步于经济安全，经贸利得让步于意识形态，合作共赢让步于封锁脱钩。相关研究主要从国际争端、大国脱钩、经贸摩擦、极端事件冲击等角度，探讨了国际冲突的形成原因、工具手段、具体影响和应对措施，主要体现在以下几方面。

1. 国际经贸视角下国际冲突的形成原因。2018 年以来，国际冲突从原来的经贸领域开始朝着高科技、金融、国家安全、意识形态、地缘政治、国际舆论、规则制定等“超贸易”领域转向，呈现多点爆发、打击精准化、冲突常态化、竞争复杂化的特点。当前从经贸领域到“超贸易”领域，国际经贸合作中国际冲突的形成原因大体可归纳为以下五个。①“本国优先”的贸易保护主义抬头。以中美为代表的结构性矛盾使得双方的冲突摩擦持续存在并不断变化，发达国家推行的“本地优先”策略导致全球经贸活动的逆全球化、内顾化、分散化趋势明显。②俄乌冲突。俄乌冲突会加快经济全球化进程的终结和经济体之间的对立，导致跨国公司将不得不在价值观贸易、供应链安全、保持企业竞争力之间寻求平衡。[①] ③新冠肺炎疫情。新冠肺炎疫情的急速演变发展，导致全球多边主义和分工体系受到极大冲击，全球产业链、价值链、分工链从全球化、一体化向内顾化、分散化转变，各国都将追求产业安全、自主可控作为产业链布局的重要标准，推行单边主义和不合作策略。④大国博弈。以中美贸易摩擦等为主的大国博弈持续不断，欧美国家对华实施“小院高墙”战略，对中国的“一带一路”倡议、高科技行业、数字经济等领域进行持续打压。⑤国家经济组织属性的政治化。在大国竞争甚至对抗日益加剧的背景下，国际经济议程政治化趋势加剧，世界贸易组织等国际经济组织改革议程的政治属性日益增强，议程设置的工具化和武器化倾向日益凸显。[②]

2. 国际经贸活动中国际冲突的工具手段。就国际冲突影响国际经贸合作的相关研究，讨论的关注点逐步从出口管制、技术遏制等常规手段向经济制裁、国际经贸规则和数字规则等主导权的争夺、经济议题政治化等超常规工具转向，具体包括以下四个方面。①出口管制和技术遏制。现阶段，中国等发展中国家在大硅片、

---

① 易小准等：《俄乌冲突对国际经贸格局的影响》，《国际经济评论》2022 年第 3 期。

② 徐秀军、林凯文：《国际经济议程政治化与世界贸易组织改革困境》，《世界经济与政治》2022 年第 10 期。

航空发动机等领域仍依赖从美国等发达国家引进核心技术和进口关键产品,[①] 而美国等国家通过增强投资审查、限制人才交流、对贸易合规性和企业高管等进行严格审查、长臂管辖政策等"抑他"手段限制如半导体等高科技产品的出口。[②] ②经济制裁。国际经贸活动中,美欧等发达国家对俄罗斯等国家采取了包括贸易制裁、金融制裁、个人和企业制裁、科技制裁等手段。经济制裁作为一种能使目标国政策发生改变的工具,可以满足实施国的政策要求,同时作为一种能够体现偏好的表达可以表明实施国的政策立场。[③] ③国际经贸规则和数字规则制定的主导权。美国等发达国家通过维护和争夺国际经贸规则制定的主导权、制造地缘对抗和贸易摩擦等手段打压中国等相关国家。同时,在数字经济领域,数据成为各国争相抢占的基础性战略资源和社会经济发展的重要驱动力,数字领域已成为大国博弈的前沿阵地。[④] ④经济议题政治化。经济、贸易、投资不再只是国际经贸活动层面的考量或竞争,而是动辄与国家安全、意识形态、价值观、人权、环保、社会公平等诸多非经济因素相挂钩。美日欧等发达经济体在 WTO 框架协议下,多次在国有企业、产业政策和补贴规则、数字贸易规则、劳工规则、竞争中性规则、知识产权、市场经济导向等方面拉大与中国规则的差距与分歧。[⑤]

3. 国际冲突对国际经贸活动的具体影响。经济全球化受到部分

---

① 陈思翀、王子瑜、梁倚天:《美国对华科技制裁的反向市场冲击——以华为事件为例》,《国际经济评论》2022 年第 2 期。

② 余典范、王佳希、张家才:《出口管制对中国企业创新的影响研究——以美国对华实体清单为例》,《经济学动态》2022 年第 2 期。

③ 程大为:《经济制裁损害全球共同发展利益》,《光明日报》2022 年 5 月 6 日。

④ 马飒、黄建锋:《数字技术冲击下的全球经济治理与中国的战略选择》,《经济学家》2022 年第 5 期。

⑤ 全毅:《中国高水平开放型经济新体制框架与构建路径》,《世界经济研究》2022 年第 10 期。

国家贸易保护主义和民粹主义的巨大冲击，新冠肺炎疫情全球蔓延和乌克兰危机更令国际贸易、投资、资本流动、人员交往出现减速、停滞甚至倒退。关于国际冲突对国际经贸活动影响的研究，可以归纳为以下三个方面。①宏观层面。国际冲突的出现和以多边规则为基础的全球化体系被严重破坏，这将推动全球化回到“有限全球化”，而经贸政治化影响了全球产业链、国际贸易规则和全球贸易治理。针对中美贸易摩擦负面效应的实证检验发现，经贸政治化的负面影响不仅体现在两国的贸易部门、整体经济，还波及两国和全球的高科技、金融、意识形态和国家安全等领域，[①] 而伙伴关系升级则会推动双边贸易的自由化与扩大化。[②] ②中观层面。国际冲突将加剧全球供应链向近岸化、多元化、区域化的方向演变，但这种影响具有行业异质性。以中美贸易摩擦为例，中国受冲击较大的主要为贸易依存度较高的产业，而美国受冲击较大的主要为农业和中高技术产业。[③] ③微观层面。国际冲突将影响跨国公司的全球布局，导致出现跨国公司生产的本地化与分散化现象。[④]

4. 国际冲突背景下国际经贸合作的应对措施。有效应对国际冲突对国际经贸活动负面冲击的举措主要包括三个方面。①积极推动区域经贸协作。在构建内需增长引擎的同时，通过加强区域经贸协作减缓国际冲突对中国经贸活动带来的负向影响。[⑤] ②构建开放型经济新体制。构建开放型经济新体制是中国在国际格局大变局、国

① 李跟强、潘文卿：《中美贸易摩擦、全球价值链分工与福利效应》，《统计研究》2022 年第 1 期。

② 李兵、董青岭：《伙伴关系升级与对华贸易相互依赖》，《世界经济与政治》2022 年第 7 期。

③ 刘维林：《中美价值链分工的技术溢出效应与脱钩冲击》，《国际经贸探索》2022 年第 1 期。

④ 渠慎宁、杨丹辉：《制造业本地化、技术反噬与经济“逆全球化”》，《中国工业经济》2022 年第 6 期。

⑤ 杨长春、张潇、何明珂：《大变局下全球中高端制造供应链重构趋势及我国对策》，《经济管理》2022 年第 5 期。

际经贸规则加速重构、中国对外经济摩擦加剧以及大国竞争与博弈日益激化的历史背景下提出的战略对策。③主动参与全球经贸治理。应在国内具有比较优势的重点领域加紧制定统一规则，在国际经贸合作中实施并推广“中国标准”，努力推动自身角色从全球贸易治理规则的维护者和促进者向制定者演变。

展望未来，世界经济合作重新起航仍面临诸多国际冲突导致的不稳定性、不确定性与不安全性等的阻碍，未来的研究将朝着基于微观数据、着眼特定行业、关注具体场景、强调政策效应等方向深入展开，仍有许多重要议题有待研究，主要包括：一是深入挖掘世纪疫情造成的逆全球化与内顾化影响，二是继续探讨俄乌地缘政治冲突对全球供应链的冲击，三是量化研究美欧发达经济体加息政策的负面外溢性，四是重点关注中美贸易摩擦等大国博弈造成的不确定性后果。

热点六：在社会主义市场经济条件下规范和引导资本健康发展

我国改革开放的一个重大理论突破就是承认并肯定资本在社会主义市场经济中的存在及其积极作用。然而，资本逐利的本性导致了其无序、无限制扩张的冲动，由此产生的系统性风险需要引起高度重视。2022 年 4 月 29 日，中央政治局就依法规范和引导我国资本健康发展进行集体学习，习近平总书记在主持学习时强调要“依法规范和引导我国资本健康发展，发挥资本作为重要生产要素的积极作用”。[①] 党的二十大报告中也明确指出要“健全资本市场功能，提高直接融资比重。加强反垄断和反不正当竞争，破除地方保护和行政性垄断，依法规范和引导资本健康发展”。[②] 如何防止资本无

① 《习近平在中共中央政治局第三十八次集体学习时强调　依法规范和引导我国资本健康发展　发挥资本作为重要生产要素的积极作用》，《人民日报》2022 年 5 月 1 日。

② 习近平：《高举中国特色社会主义伟大旗帜　为全面建设社会主义现代化国家而团结奋斗——在中国共产党第二十次全国代表大会上的报告》，《人民日报》2022 年 10 月 26 日。

序扩张、引导社会主义市场经济资本健康发展已成为我国顺利推进全面深化改革的一项关键内容，是社会各界共同关注的焦点问题。2022 年以"资本"为主题的相关文献有 3000 多篇，其中复印报刊资料经济学、管理学期刊全文转载 17 篇。学界针对"资本"的相关研究从整体上来说取得了新进展，防止资本无序扩张、引导资本市场健康发展等话题备受关注，主要体现在以下几个方面。

1. *社会主义市场经济下资本的特性与行为规律*。正确认识和把握资本要素的特性、深化社会主义市场经济下的资本理论研究，是规范和引导资本健康发展的基础。社会主义市场经济下的资本同样也具有逐利、流动和扩张等特性，但不同于资本主义市场经济条件下的资本自由运动，公有制为主体的所有制结构等社会主义生产关系不仅为经济发展与人的发展的有机统一提供了根本的政治前提和制度基础，而且为发挥资本要素的积极作用并有效控制其消极作用提供了强有力的内在约束，使社会主义市场经济条件下的公有资本和非公有资本在推动经济发展的同时，共同服务于满足人们需要的社会主义生产目的，并以此不断促进人的全面发展和全体人民的共同富裕。这是社会主义市场经济条件下的资本与资本主义市场经济条件下的资本的本质区别。① 需要特别注意的是，伴随数字经济的发展出现了一种新的资本形态——数字资本，如互联网金融资本、平台经济资本等，其主要依托虚拟空间或虚拟空间与实体平台相结合，② 并呈现出很强的科技属性和国际属性。对于这些新的资本形态，除积极鼓励支持之外，还要高度重视其超常规发展手段，深入

① 胡怀国：《社会主义市场经济条件下的资本要素：特性、作用和行为规律》，《经济学动态》2022 年第 9 期。

② 刘凤义：《论社会主义市场经济中资本的特性和行为规律》，《马克思主义研究》2022 年第 9 期。

研究其行为规律，做出准确判断。[①]

2. *资本无序扩张的逻辑与现实考察*。资本扩张行为产生于资本对劳动的绝对占有和支配，并依靠剩余价值资本化来追求自我增殖和扩张，而由资本的自然属性衍生出的对利润的无限制和无止境追求是资本扩张行为产生的根本原因和原始动力。[②] 若不对资本无序扩张行为加以有效约束，则将会给经济社会带来一系列危害：资本过度积累将导致各种市场垄断、资本违法违规并购会严重损害竞争、资本过度虚拟化和金融化将产生系统性金融风险、资本与权力的结合极易滋生腐败等。[③] 在趋利动机下资本持续涌向虚拟经济领域将加重“脱实向虚”，其忽视效率抑制创新的扩展模式严重阻碍了我国经济高质量发展，对实现全体人民共同富裕和维护国家安全都会造成重大威胁。[④]

3. *在社会主义市场经济条件下规范和引导资本健康发展的基本路径*。规范和引导资本健康发展的根本目的是通过创造和积累财富最终实现共同富裕，应在充分发挥资本作为生产要素“做大蛋糕”作用的同时“分好蛋糕”，规避资本无序发展带来的贫富分化问题。要坚持党对经济工作的集中统一领导，更好发挥政府作用，避免因为资本的内在矛盾限制生产力的发展。同时，还要发挥好公有资本的主体作用以及国有资本的主导作用，鼓励并保护非公资本发挥积极作用，限制其不利影响，通过完善立法和有效监管防止资本无序扩张破坏市场秩序。[⑤] 具体到金融领域，防止资本无序扩张最关键

---

① 洪银兴等：《资本的特性、行为规律与发展规范》，《国际经济评论》2022 年第 4 期。

② 郭威、李泽浩：《资本无序扩张行为的政治经济学分析》，《经济学家》2022 年第 10 期。

③ 刘伟：《规范和引导社会主义市场经济资本健康发展》，《经济学动态》2022 年第 8 期。

④ 乔晓楠、何自力、王奕：《防止资本无序扩张的政治经济学分析》，《南开经济研究》2022 年第 5 期。

⑤ 赵峰、田佳禾：《规范和引导资本健康发展：资本二重性及其矛盾的视角》，《改革》2022 年第 8 期。

的是要阻止金融和产业结合，实现产融分离。金融行业也要实行分业经营，银行享受政府的信用担保就必须接受严格的监管。对中小投资者的保护不够是中国资本市场最核心的问题，要严格落实投资者保护政策，让投资者有信心开展风险投资，从而促进我国经济创新式发展。①

4. 社会主义市场经济下资本市场体制机制的完善。坚持中国特色社会主义基本经济制度是规范和引导资本健康发展的根本立足点和出发点。现阶段中国资本市场为实体经济服务的重心已从传统工业企业转向了科创型及成长型企业，政府所扮演的角色也从顶层制度的设计者逐步转向维护市场秩序的监管者，相关制度不断迈向市场化、法制化、国际化。中国资本市场除了承担满足社会直接融资需求并服务实体经济的历史使命，还担负着推动科技创新进步和经济发展转型的新使命。然而，市场法制建设方面的缺陷和不足，如基础性制度的缺失和透明度不足，严重制约着其功能的发挥和效率的提升。② 健全的资本产权制度和法律制度、严格的执法监督是实现资本要素自由流动、资本价格灵活反应和资本竞争公平有序的重要保障条件。③

在社会主义市场经济条件下，如何规范和引导资本健康发展、建设中国特色资本市场制度体系，是一个新的时代命题。展望未来，为在社会主义市场经济条件下进一步规范和引导资本健康成长，持续推动我国资本市场高质量发展，学界还需在以下两方面展开深入研究：一是进一步加强对资本问题的理论研究，把握好社会

① 洪银兴等：《资本的特性、行为规律与发展规范》，《国际经济评论》2022 年第 4 期。

② 吴晓求、何青、方明浩：《中国资本市场：第三种模式》，《财贸经济》2022 年第 5 期。

③ 李松龄：《资本有序或无序扩张的理论界定及其制度规范》，《现代经济探讨》2022 年第 10 期。

主义市场经济条件下资本的特性，不断进行理论创新，努力创建中国特色社会主义资本理论新体系；二是深入探索适合我国资本市场发展的体制机制，使市场更好地发挥价值发现和财富管理等功能，为中国经济向高质量发展转型提供动力支持。

热点七：产业链供应链韧性与安全水平提升

在百年未有之大变局下，新冠肺炎疫情影响交织“逆全球化”趋势凸显，美国对华遏制政策不断升级，科技创新活动展现出国家间创新体系的竞争与博弈，各国政策纷纷表现出政府深度干预产业竞争的取向。在此背景之下，我国把产业链供应链韧性与安全水平提升放在重要的战略位置。党的二十大报告指出，要“加快建设现代化经济体系，着力提高全要素生产率，着力提升产业链供应链韧性和安全水平”。[①] 强化产业链韧性是应对断链风险和构建国际国内双循环新发展格局的重要策略，关乎现代化产业体系的建设成效。2022 年，有关产业链供应链安全以及产业链现代化的相关文献有 2000 余篇，其中复印报刊资料经济学、管理学期刊全文转载 70 余篇。围绕产业链供应链韧性与安全水平提升这一议题，学界针对产业链供应链韧性的时代特征与生成逻辑、现实关切与政策支持等诸多重点热点话题展开了颇有深度的丰富讨论，主要集中在以下几个方面。

1. 我国产业链供应链韧性与安全水平提升的理论逻辑与政策制度研究。当前，“逆全球化”趋势交织新冠肺炎疫情的流行，加剧了各种不确定性带来的冲击，推动了全球价值链布局的调整。[②] 基于安全化理论，一国在参与全球供应链体系时将面临三类安全问

① 习近平：《高举中国特色社会主义伟大旗帜　为全面建设社会主义现代化国家而团结奋斗——在中国共产党第二十次全国代表大会上的报告》，《人民日报》2022 年 10 月 26 日。

② 张杰：《中美科技创新战略竞争驱动下的全球产业链演变格局与应对策略》，《世界经济与政治论坛》2022 年第 7 期。

题，即绝对安全、相对安全和系统安全。[①] 因此，产业链供应链韧性的价值主要不是针对常规问题，而是要看其应对产业链供应链失稳、风险、应急、功能退化等韧性危机是否有效和效能如何。产业链供应链韧性有着具体特定的真实世界，解释、分析和揭示产业链供应链韧性复杂现象和客观规律需要充分关注其独特性与话语语境。[②] 大变局冲击下，产业链韧性在内容、方法、过程与目标等视域都展现出新的时代内涵，在宏观、中观与微观层面都展现出时代化特征，蕴含着产业迈向全球价值链中高端的宏观逻辑、自主创新与产业链配套能力建设的本土逻辑、生产决策灵活性与多元化交易网络形成的微观逻辑、关键技术突破举国体制的政策逻辑。[③] 对产业链链长制度的讨论，是该领域讨论最多、热度最高的政策制度论题。产业链链长能够在特定条件下弥补市场机制和行政机制的治理缺陷，是市场机制和行政机制之外实现产业链协同的第三种治理机制。中央企业可以通过协同供应链稳产保供等多种途径，实现产业链链长的产业链治理功能。[④]

2. *增强产业链供应链韧性与安全水平的实践探索*。目前，我国多数企业仍然处于产业链供应链的中低端环节，产业控制力和影响力偏弱，各种外部冲击导致风险趋升。随着国内外形势变化和我国产业分工位势的不断上升，产业链供应链短板和弱项逐渐凸显，日益成为威胁产业链安全的堵点和断点。有效增强我国产业链供应链自主可控能力，首先在于始终坚持推进马克思主义中国化时代化，

---

① 赵可金、郎昆：《中美竞争下的供应链安全研究》，《东北亚论坛》2022 年第 2 期。

② 盛昭瀚、王海燕、胡志华：《供应链韧性：适应复杂性——基于复杂系统管理视角》，《中国管理科学》2022 年第 11 期。

③ 肖兴志、李少林：《大变局下的产业链韧性：生成逻辑、实践关切与政策取向》，《改革》2022 年第 11 期。

④ 中国社会科学院工业经济研究所课题组：《产业链链长的理论内涵及其功能实现》，《中国工业经济》2022 年第 7 期。

通过坚持公有制主体地位和国有经济主导作用确保国家意志在经济建设中得到充分贯彻，并依托建立社会主义市场经济体制和积极主动对外开放为我国产业链供应链安全水平的提升赋予动力，并使之具有世界意义。① 具体而言，我国需深化研发国际合作、推进数字化转型与数字治理、完善生产性服务业集聚配套能力、开拓市场潜力、强化多链融合和应急储备等政策取向。此外，增强产业链供应链自主可控能力应依托我国既有产业规模优势、配套体系优势和超大市场优势，着力破解关键堵点和断点，逐步增强产业链供应链自主可控能力。②

3. 数字化转型与金融发展对产业链供应链安全的支持。①数字化转型。产业数字化转型是数字经济的重要内容之一，其核心是围绕数据要素优势解决复杂系统中的供应链转型升级难题，这也是构建数字化供应链转型升级及全链路优化的目的。数字化供应链转型升级及全链路优化不仅要实现价值网络和嵌入资源两大部分的共享与衔接，更要实现消费者、生产者、供应商和其他互补机构组成的有机整体的协调共融，以推进产业数字化转型，增强发展动力。②金融发展。供应链金融能级的跃迁，是促进生态系统通过吸收金融服务能力和数字化能力产生的效能而不断实现跃迁，并以释放新的融资需求为阶段跃迁标志，最终形成了深度耦合的数字商业生态。③ 供应链金融商业模式通过场景创新实现价值创造，其商业模式创新的关键是解决好信用传递和风险问题。④

---

① 李天健、赵学军：《新中国保障产业链供应链安全的探索》，《管理世界》2022 年第 9 期。

② 付保宗：《增强产业链供应链自主可控能力亟待破解的堵点和断点》，《经济纵横》2022 年第 3 期。

③ 宋华、陶铮、杨雨东：《“制造的制造”：供应链金融如何使能数字商业生态的跃迁——基于小米集团供应链金融的案例研究》，《中国工业经济》2022 年第 9 期。

④ 李健等：《供应链金融商业模式、场景创新与风险规避——基于“橙分期”的案例研究》，《管理评论》2022 年第 2 期。

4. 对重点领域产业供应链安全的研究。我国重点领域产业供应链安全问题受到学界高度关注，尤其在农业、制造业等领域。①农业方面，部分农产品供应链全链条存在安全风险，可能引发结构性失衡。国际粮食供应链安全面临包括国际粮食供应风险、运输风险和需求风险在内的供应链内部风险及以粮价波动风险为主的供应链外部系统风险，当前新冠肺炎疫情蔓延、自然灾害频发及地缘政治冲突等诱发国际粮食供应链安全风险愈加凸显。[①] ②制造业方面，高端技术和核心零部件进口依赖度高、生产的高端环节技术落后、卡脖子现象突出、制造业核心环节外迁导致了区域供应链重组乃至空心化风险。战略资源供应链面临采购渠道中断与运输路线受限等风险。[②]

展望未来，学界将从两个方面继续深化相关研究：一是夯实政策层面的研究，在厘清产业链链长理论机理的基础上，寻求社会共识，发挥国资国企管控优势，深化体制机制创新，强化部门间协同，充分激发链长企业牵引功能和产业链相关企业的协作积极性；二是深入关注重点领域重点部门在全球产业链供应链中位置的安全，通过不断提升国家安全意识和危机意识，寻求持续推动重点产业升级、提升产业质量水平与竞争力的路径与对策，以构建起更具韧性、更富竞争力、更具持续发展能力的面向未来的现代化产业新体系。

热点八：多重冲击下的宏观经济政策选择

2021 年中央经济工作会议明确指出："我国发展面临需求收缩、供给冲击、预期转弱三重压力。世纪疫情冲击下，百年变局加速演进，外部环境更趋复杂严峻和不确定性。"[③] 会议要求，2022

---

① 丁存振、徐宣国：《国际粮食供应链安全风险与应对研究》，《经济学家》2022 年第 6 期。

② 魏际刚、刘伟华：《对保障重点产业供应链安全的战略思考》，《北京交通大学学报》（社会科学版）2022 年第 1 期。

③ 《中央经济工作会议在北京举行　习近平李克强作重要讲话　栗战书汪洋王沪宁赵乐际韩正出席会议》，《人民日报》2021 年 12 月 11 日。

年“经济工作要稳字当头，稳中求进，各地区各部门要担负起稳定宏观经济的责任，各方面要积极推出有利于经济稳定的政策，政策发力适当靠前”。① 在此背景下，以“稳”为核心抓手，深刻认识和总结我国经济增长和宏观调控政策的特点和经验，分析和把握新时代我国经济面临的挑战和客观规律，对推动我国宏观经济稳定均衡运行、实现高质量发展具有十分重要的意义。

2022 年，以“宏观经济政策调控”“三重压力”“稳中求进”“财政金融协同”“逆周期”为主题的相关文献约为 700 篇，其中复印报刊资料经济学、管理学期刊全文转载 21 篇。相关研究集中于探讨宏观经济治理体系构建、宏观经济调控的理念创新以及相关的政策分析，具体体现在以下几个方面。

1. 我国宏观经济治理体系的创新与完善。当前，我国经济高质量发展依然面临各种风险叠加带来的多重困境，虽然从短期来看，“三重压力”来源于新冠肺炎疫情与外部环境更趋复杂严峻带来的冲击，但从中长期来看，其集中反映了中国经济在宏观经济稳定、经济结构转型与长期经济增长三个层面所面临的持续压力。为有效应对“三重压力”的冲击，宏观政策新理论应将稳定政策、增长政策和结构政策纳入统一框架中，② 进一步提升宏观经济治理体系和能力的水平，使宏观经济政策与科技政策、改革开放政策、区域政策、社会政策相互协调，形成推动发展的合力。在具体政策工具运用上，应通过宏观经济政策跨周期与逆周期相互配合，淡化经济周期波动性。③ 短期内应重点关注扩大需求，提振消费；中长期则应

---

① 《中央经济工作会议在北京举行　习近平李克强作重要讲话　栗战书汪洋王沪宁赵乐际韩正出席会议》，《人民日报》2021 年 12 月 11 日。

② 陈彦斌、刘哲希：《宏观政策“三合一”应对“三重压力”》，《财经问题研究》2022 年第 3 期。

③ 刘伟：《稳定经济增长　完善宏观治理——我国经济发展趋势及宏观调控政策分析》，《经济科学》2022 年第 2 期。

重点关注投资，为持续性的经济增长提供政策支持。①

2. 宏观经济政策选择的多维度分析。首先，多重冲击下我国宏观经济政策仍有选择空间。我国的公共财富占社会总财富的比例约为 30%，这为政府应对冲击提供了条件；同时，我国货币政策始终保持在合理区间，工具手段充足，利率水平适中，与其他经济体相比，我国的财政和货币政策选择仍有较大空间。② 其次，财政金融协同是重点选择。在应对多维不确定性冲击时，货币与财政政策的协调配合可为财政政策创造空间，增强政策可持续性，特别是“增加财政支出 + 债务管理 + 混合型货币政策”方案在调经济、稳金融和控债务方面具有突出优势。③ 财政政策方面，目前的政策重点是专项债和减税退费政策。深化央地财税体制改革，有利于应对地方财政压力。④ 货币政策方面，应加大货币政策总量宽松力度，利用结构性货币政策着力提振最终需求、防范化解重点领域风险、稳定市场信心。⑤ 金融体制方面，调整货币投放机制、增加国债持有是政策选择的重要方向。财政货币政策协同方面，学界重点关注了地方政府债务。地方政府举债的货币扩张效应会降低经济的稳定性和产出的持续性，为抑制该货币效应产生的不利影响，更好的选择是货币政策采取适度从紧的反向协同配合。⑥ 地方政府债务风险化解方面，应加强货币政策和财政政策间的协调，如金融部门在制定货

---

① 刘金全、陈润东：《经济周期和财政政策周期交互视角下的乘数效应研究——基于全国层面和省级层面的分析》，《财经研究》2022 年第 3 期。

② 中国宏观经济形势分析与展望课题组：《外部冲击频发期的宏观经济政策空间》，《经济学动态》2022 年第 5 期。

③ 邓创、吴超、赵珂：《重大危机事件下的不确定性冲击、传导机制与政策协同应对》，《国际金融研究》2022 年第 2 期。

④ 中国社会科学院宏观经济研究智库课题组：《有效应对外部变化继续促进经济恢复——2022 年秋季中国宏观经济形势分析》，《改革》2022 年第 10 期。

⑤ 张晓晶等：《三重压力下的中国金融发展》，《金融评论》2022 年第 1 期。

⑥ 刘蓉、李娜：《地方政府举债的货币扩张效应及其政策协同》，《财贸经济》2022 年第 1 期。

币政策和推进金融监管的过程中，应将其对地方政府存量债务再融资的影响考虑在内，避免货币市场波动通过财政溢出渠道带来区域性甚至系统性的地方政府债务风险；财政部门在发行国债和地方政府债券时应加强与中央银行的沟通，避免由于发行规模和节奏的频繁变化而加大政策利率的波动、增加地方政府存量债务的接续风险。①

3. *宏观经济政策选择的理论反思*。2008 年国际金融危机爆发后，很多发达经济体遭遇了政策空间不足的问题。货币政策中利率触及有效下限，限制了货币政策的扩张空间，政府债务高企也限制了财政政策的扩张空间。宏观经济政策呈现出明显的财政政策主导和赤字货币化趋势，既是对外生冲击频发的反应和调整，也是拓展政策空间和增强经济韧性的努力。② 现代货币理论由此得到了学界重视，学者对现代货币理论进行了深入剖析，认为应有选择性地采纳现代货币理论所倡导的政策建议，加大财政政策对经济的刺激与救助力度，更好地加强财政政策与货币政策的协同性，促使经济尽快复苏。为提高政策的有效性，应进一步完善市场机制，发挥市场在资源配置中的决定性作用。③

综合以上研究，当前关于宏观经济政策的讨论呈现出两个特点：一是多数为规范性分析，政策的适用性有待进一步验证；二是相关的实证分析集中于财政与金融的结合点，即地方政府债务问题，研究范围有待进一步拓展。展望未来，为推动我国宏观经济均衡运行，实现高质量发展，宏观经济领域应在以下四个方面展开深化研究：一是总结分析我国经济增长和宏观经济调控的经验，提炼

---

① 吴文锋、胡悦：《财政金融协同视角下的地方政府债务治理——来自金融市场的证据》，《中国社会科学》2022 年第 8 期。

② 中国宏观经济形势分析与展望课题组：《外部冲击频发期的宏观经济政策空间》，《经济学动态》2022 年第 5 期。

③ 杨瑞龙：《现代货币理论对我国宏观经济政策制定的适用性考察》，《学术研究》2022 年第 8 期。

具有中国特色的宏观经济运行规律；二是全面而深入地剖析我国经济运行情况，探索政策可行空间；三是持续丰富跨国经验分析，为我国提供有益借鉴；四是注重追溯理论根源，为政策选择提供坚实的理论基础。

三 总结与展望

新时代中国经济发展的生动实践为经济学与管理学研究者提供了宝贵的“第二种机会窗口”，具有重大影响力的学术话语不断涌现，研究主题之间的关联渗透性逐渐增强，问题导向和时代特征更加鲜明，共同推动了中国经济学与管理学理论研究和政策实践的发展，并呈现以下一系列明显趋势。

第一，更加注重学理化和系统性，构建中国自主的知识体系与话语体系意识凸显。构建中国自主的经济学与管理学体系，其前提是要树立系统性思维，在全局性的学科体系、学术体系与话语体系范畴内，构建一套涵盖新的“思维原则—核心概念—基本原理—科学议题—方法论与方法体系”的完整学理链。全面建设中国式现代化、数字经济、资本的健康发展都是关系我国发展全局的重大理论与实践命题，对其科学内涵、理论体系框架、规范机制等核心关键问题的学理性剖析与探索，不仅为解释中国丰富实践提供了强大可靠的理论支撑，也为我国形成系统性的自主话语体系奠定了坚实基础。并且，以“中国式现代化”为统筹，共同富裕、数字经济、建设全国统一大市场等不同研究主题均存在相互之间的融合渗透，共同为构建中国特色经济学与管理学体系提供了理论基础与实践依据。

第二，中国特色和问题导向更加坚定。只有立足中国的研究才能真正解释中国问题，真正与世界对话。共同富裕、建设全国统一大市场、宏观经济政策调控等都是典型的中国特色范畴，具有丰富的实践基础。以中国特色宏观政策调控为例，其既具有西方宏观经济理论中以熨平短期经济波动为目的逆周期调节功能，也有通过供给侧结构性改革调整经济结构、促进长期经济增长的功能。面对复杂的国内外环境，有力的宏观经济政策调控对我国经济运行保持韧性活力发挥了关键性作用。上述中国特色范畴需上升到理论高度，以更好地指导中国实践。

第三，与时代同频共振，与国家同向同行。一方面，对我国经济发展实践中重大关键问题的研究仍处于动态变化和持续深化过程中；另一方面，实现中华民族伟大复兴的历史进程并非一帆风顺，伴随着全球大变局的加速演进和日益严峻复杂的国内外环境，新的时代命题不断涌现。中国式现代化、数字经济、国际冲突与贸易合作、建设全国统一大市场、产业链和供应链安全等问题都具有鲜明的时代特征。这说明当前我国经济学与管理学研究已实现与经济社会的高质量发展需求有机结合、与国家政策方针和现阶段经济管理实践中的重大问题保持密切同步，为解释、预测和指导中国经济实践提供了强有力的智力支撑，也大大推动了中国特色经济学与管理学的基础理论创新。

2023 年是全面贯彻落实党的二十大精神的开局之年，迈向全面建设社会主义现代化的新征程，我们站在了新的历史更高起点上。党的二十大报告阐明了新时代党和国家事业发展的一系列重大理论和实践问题，提出了一系列新的重要思想、重要观点、重要战略和重要举措，为未来发展绘就了蓝图、指明了方向，对这些重点领域、重大关键主题的研究将构成发展中国特色社会主义经济学与管理学学科理论体系的逻辑主线。中国经济学与管理学研究者需要以习近平新时代中国特色社会主义思想为指引，立足中国特色社会主义道路实践，以“中国式现代化”为核心主线，通过科学提炼和总结经济管理实践背后的中国逻辑和中国规律，为我国立足新发展阶段，贯彻新发展理念，构建新发展格局，推动更高水平的改革开放、更高质量的经济增长和更加可持续的经济发展提供更系统、专业、严谨的理论支持，为应对时代之变和全人类发展提供中国智慧和中国方案。

本报告由中国人民大学书报资料中心经济编辑部和《经济学动态》编辑部联合课题组组织完成。课题组负责人：李军林、胡家勇；统稿人：靳毓；写作人员（按撰写顺序）：于蓉蓉、徐明、周学英、刘然、施贞怀、万千、张妮、许晖；参与讨论修改的人员：李仁贵、张皓、武鹏、陈建青、刘新波、何伟、刘洪愧、谭易等。本课题组在讨论与撰写过程中，还得到其他学术单位与机构的支持。

（原载《经济学动态》2023 年第 3 期）

后　记

“中国经济学与管理学研究热点分析”年度报告最初由中国人民大学书报资料中心经济编辑部组织完成，随后由中国人民大学书报资料中心经济编辑部和《经济学动态》编辑部联合课题组组织完成，均正式刊载于《经济学动态》期刊。《中国经济学与管理学研究热点（2016—2022）》即为2016—2022年度中国经济学与管理学研究热点分析报告的汇编。鉴于报告写作和发表跨越了若干年份，体例上存在前后不完全一致的情况，本次汇编出版对报告做了统一体例的工作，并对此前报告中的若干疏忽和瑕疵做了修订和完善。当然，不足之处在所难免，恳请广大读者批评指正。

本书的汇编整理工作由经济学动态编辑部与中国人民大学书报资料中心经济编辑部共同完成，《经济学动态》编辑部的李仁贵、谭易、陈建青、刘新波、何伟、刘洪愧、孙志超，中国人民大学书报资料中心经济编辑部李军林、张皓、靳毓、万晓琼、许珲、刘然、万千、徐明、张妮、周学英等参与汇编整理、讨论与定稿等工作。同时，感谢胡家勇、杨新铭、武鹏、王蕾、施贞怀、李静、于蓉蓉等课题组其他成员的前期贡献，感谢中国社会科学出版社王曦主任的辛勤付出，感谢中国社会科学院经济研究所与中国人民大学书报资料中心领导的关心和支持。

2023年8月